JN288077

考古学と歴史

白石太一郎

考古学と歴史（'04）
©2004　白石太一郎
装幀・本文基本レイアウト　蟻原敏通

n－3

まえがき

これから一五回にわたって、わたくしと五人の先生方で「考古学と歴史」というテーマで、考古学とはどのような学問であるのか、また考古学が日本列島の古代の歴史をどこまで明らかにしているのかについてお話しします。

考古学とは、人々が生きるためにこの大地に働きかけたあとである「遺跡」や、そこから発見されるさまざまなモノ、すなわち「遺物」から、人間の歴史を考える学問です。人間の歴史を追求する学問としては、人々が書き残した文献史料から歴史を研究する狭義の歴史学（文献史学）を思いうかべる人が多いことでしょう。確かに過去の人々が書き残した文書や記録、典籍などからは、政治・経済・社会・宗教・思想など過去のさまざまな分野にわたる人々の活動をうかがうことが可能です。したがって、過去の歴史を研究する際に最も有効で便利な材料は文献史料であり、文献による歴史研究がすなわち、歴史学そのものと理解されてきたのは理由のないことではありません。

しかし、人は日常茶飯事、すなわち、その時代の人々が当たり前のことと思っているようなことは、よほど特別な場合を除いては書き残しません。また文書や記録を作成するのは、何らかの目的があって作るわけですから、そこに書かれていることがすべて事実かどうかはわかりません。さらに人間が文字を使用するようになったのは、長い人類の歴史の中ではごく最近のことですから、人類の歴史の九九パーセント以上を占める文字以前の長い時代の歴史は、文献による歴史学ではまったく明らかにすることができないわけです。

これに対して、考古学の資料である遺跡や遺物は、人類の誕生の時からすでに存在し、また文献史料にありうるような作為は考えられません。したがって、文献史料の不十分なところを補うものとして、遺跡・遺物などの考古資料や、それらの資料から歴史を復元する考古学が果たす役割が重要なことがおわかりいただけるでしょう。まさに、考古学は文献史学、さらに風俗・習慣・言い伝え・祭礼などの伝承資料から歴史や文化を考える民俗学とともに、広義の歴史学を構成するものにほかなりません。

日本でも、明治以降、近代科学としての考古学が発達してきましたが、とくに、ここ三十年ほどの間における国土の開発に伴う考古学的調査の進展と、それに伴う研究の前進は著しく、従来の日本古代史は、考古学によって大きく書き替えられたといっても過言ではないでしょう。この講義では、最近の考古学が明らかにした先土器（旧石器）時代以来の日本列島の原始・古代の歴史を、それぞれの時代の研究をリードされる先生方に直接お話しいただきます。また、最近の考古学の射程は、単に原始・古代ばかりでなく、中世や近世についても調査・研究が進められ、文献史料からだけではわからない中・近世像が次第に明らかにされつつあります。こうした古代以降の新しい時代に関する考古学研究の成果の一端を理解いただくため、ここでは中世の考古学についてもとりあげています。また、弥生時代以降日本列島の中の地域とは異なった歴史的展開を遂げ、これまた文献史料だけでは解明が難しい、中世以前の北海道と琉球列島に関する考古学研究の成果についても講義いただきます。

さらに、最近の考古学では自然科学との提携が進み、例えば、資料の年代決定一つをとってみても、自然科学との共同作業が欠かすことができなくなってきています。ここでは、考古学と自然科学の提携の実際についても、そうした研究を進めておられる自然科学の研究者に講義をお願いいいたしました。
一五回という限られた中で、少し欲張った講義計画を立てたため、担当講師の先生方には、ずいぶんご無理をお願いすることになってしまいました。この講義が、日本考古学の最新の研究成果を理解いただくとともに、さらに、考古学の果たす役割やその現代的課題についても考えていただく契機となれば幸いです。

二〇〇四年二月

白石太一郎

目次

1 考古学への招待

白石太一郎

一、考古学とはどのような学問か

●考古学とは

考古学という学問は、少なくとも現在の日本では歴史学の一つの方法と認識されている。「少なくとも」と時代と地域を限定したのは、「考古学」の語義が時代と地域によって必ずしも同じではないからである。例えば、時代についていえば、かつては考古学の対象は人類の歴史の比較的古い段階を対象にしていたが、最近では中世や近世、さらには近代までその対象が拡大している。

一方、地域に関しては、アメリカ合衆国などでは、考古学は人類の社会や文化の形態あるいは動態の一般法則を追求する、人類学の一部門と位置付けられている。しかし、日本や中国・韓国など東アジア諸国やヨーロッパの多くの国々では、考古学はあくまでも歴史学の一部門として位置付けられており、この講義もまたこの立場に立つ。

「考古学」という言葉は、英語の Archaeology の訳語で、本来ギリシャ語で古代ないし古物を意味する、アルカイアと学問を意味するロゴスの語が合体したものである。したがって、「古代の学」の意味にも「古物の学」の意味にも解されるが、現在ではもっぱら後者の意味で用いられ、過去の遺物などのモノ資料から歴史を考える学問と理解されている。日本で初めて考古学の講座が置かれた、京都大学の考古学教室の初代の主任教授であった浜田耕作は、一九二二年に著した『通論考古学』の中で、「考古学は過去人類の物質的遺物により人類の過去を研究するの学なり」と定義しているが、これは現在でも変更する必要はない。

●歴史学としての考古学

一般に、人間の過去の歴史を知ろうとする場合、最も直接的な材料として利用しやすいのは文字で書かれた資料、すなわち、文献史料である。また、それは単なる事件の経過だけではなく、人々の思想や心情まで知ることができる場合すらある。しかし、文献は何らかの目的をもって書かれたものであり、常にそれが歴史的事実かどうかは別問題である。また、人間が記録するのはその多岐にわたる行動のうちのごく一部にすぎない。その時代の人々が当たり前のことと考えている日常茶飯事は記録されない。さらに、人類が文字を使用するようになったのは、その長い歴史の中ではごく最近のことであり、人類の歴史の九九パーセント以上の長い時代は文字のない時代である。

こうした文献史料の限界を補うものとして重要な役割を担うのが、人々が残したさまざまなモノ資料、すなわち、考古資料であり、また、風俗・習慣・儀礼などの伝承資料、すなわち、民俗資料である。文献史料による歴史研究には、徹底的な史料批判をはじめそのための方法が確立されているのと同じように、こうした考古資料や民俗資料を歴史研究に生かすには、それぞれの資料に即した独自の方法が必要である。それがすなわち、考古学であり、民俗学にほかならない。このように考古学は、文献史料による文献史学（狭義の歴史学）、民俗資料による民俗学とともに、広義の歴史学を構成する一つの方法にほかならないのである。

考古学が、文献史学・民俗学とともに広い意味での歴史学を構成するものとすれば、それらの間に一定の役割分担が考えられるのは当然である。それぞれの資料の性格からも、これらの諸学はそれぞれ得手不得手がある。ただし、このことが、考古学が対象とする時代を限定するものではないことを正しく認識する必要がある。確かに文字がない時代、あっても極めて少ない時代、すなわち、原始・古代について考古学が果たす役割が大きいことはいうまでもない。しかし、中世や近世についても、民衆の生活の実態、あるいは、土器や陶磁器など民衆の生活必需品の生産や交易の実態について、文献から知られる情報は極めて限られている。新しい時代についても、こうした分野で考古学が果たす役割はけっして小さなものではなく、文献史学、考古学、民俗学がそれぞれ補完しあってはじめてバランスのとれた歴史の復元が可能となるのである。

●遺跡・遺構・遺物

考古学の資料は、過去の人々の残した遺跡と遺物であるとされている。「遺跡」とは、人間が生きるため、その他さまざまな目的でこの大地に働きかけたその痕跡にほかならない。人々が住んだムラの跡、都市の跡などの生活遺跡、民衆の共同墓地から巨大な古墳に至るさまざまな墳墓遺跡、耕地、灌漑施設、製鉄、製塩、製陶などの生産遺跡、カミ祭りの場や寺院などの宗教遺跡、政治支配のための都城、官衙《かんが》、城柵などの政治遺跡、その他道路、港、狼煙《のろし》台などの交通遺跡など、あらゆる人間生活や行動の跡が含まれる。

こうした「遺跡」は、住居、倉庫、宮殿などの建築物、窯跡、溝、土塁、さまざまな目的で掘られた穴などの「遺構」の複雑な組み合わせによって構成されている。さらに、これらの遺跡からは、、人間がさまざまな目的のために製作し、使用した石器・木器・金属器などの道具、土器などの容器、装身具、武器、祭器などのモノ、すなわち、「遺物」が出土する。「遺物」には、製作途中の未完成品や、他所から運ばれた未製品の原料はもとより、人間が食料とした動植物の残りかすなどをも含む。また、遺跡からの出土品に限らず奈良の正倉院の宝物などの伝世品もまた、考古学的な方法による研究の対象となれば「遺物」である。このように考古学の資料は、その存在形態から「遺跡」「遺構」「遺物」に分けて考えることができる。

このうち「遺跡」と「遺構」は動かすことのできないもの、「遺物」は移動の可能なものとして区分される。しかし、「遺構」は単独では意味がなく、それらがどのように組み合わせられて「遺跡」を構成しているかが重要である。また、「遺物」もどの「遺跡」のどの「遺構」から出土したか、また、どの「遺跡」のどの包含層から出土したかが明らかにされて、はじめて考古資料としての価値をもつ。出土地不明の遺物は単なる参考資料にすぎないのである。

「遺構」や「遺物」は、「遺跡」における本来的な位置付けが明らかにされなければ、資料的価値はない、あるいは、極めて少ないといわざるをえない。その意味から、考古学の資料は、「遺構」と「遺物」の組み合わせからなる「遺跡」そのものにほかならないといえよう。したがって、考古学とは遺跡学であるということもできる。

二、考古学の新しい動向

●自然科学的研究法の進展

考古学の最近の動向としてまず指摘しておかなければならないのは、考古学の研究にさまざまな自然科学的な研究法が導入され、それが考古学の研究を大きく支えるようになってきていることであろう。考古学が歴史学の一つの方法学である以上、考古資料の年代を決定することがまず要請される。次章で詳しく触れるが、そのため考古学は長い時間をかけて独自の年代決定法を研いてきた。二〇世紀後半以降そうした考古学的年代決定法とは別に、さまざまな自然科学的な年代決定法の研究が進展してきた。

最近、日本列島の弥生時代の開始年代が、従来の見解よりも五百年もさかのぼる可能性が指摘され、大きな話題となった炭素年代法もその一つであり、そのほかにも年輪年代法、フィッション・トラック法、熱ルミネッセンス法などがあり、日本列島の考古学研究でも、それらの成果を無視して研究を進めることは不可能になってきている。ただ、確実な試料が得られれば、一年単位の正確な年代決定の可能な年輪年代法など一部の方法を除くと、それらの自然科学的な年代決定法もいくつかの仮説を前提としており、そこで得られた年代は、考古学的方法などで得られた年代とのクロスチェックが必要なことはいうまでもない。

こうした年代決定法だけではなく、例えば、特定の青銅器などに含まれる鉛同位体の分析から、その青銅器の原料の産地を同定する方法などについても、研究が著しく進んできている。例えば、日本列島出土の三角縁神獣鏡についても、その鉛同位体の分析から、含有される鉛の産地が中国であることが指摘されている。これが誤りないとすれば、考古学的には確定できない三角縁神獣鏡の製作地が中国である可能性が強くなるが、これについては疑問を提起する考古学研究者もあり、さらに、考古学、自然科学双方からの検証作業が必要である。

このほか、各時代の遺跡の遺物包含層に含まれる生物遺体の分析から、その遺跡が形成された時代の自然環境を復元する研究などの進展も著しい。とくに、花粉分析法は、それぞれの地層が形成された時代の植物相を極めて高い確度で復元できる方法として注目されている。縄文時代の集落の周辺に大きなクリ林が形成されていたことが、花粉分析の結果明らかにされている[1]（図1-1）。縄文人はまだ農耕を始めてはいなかったが、自然の植生に手を加えてクリを増

1　辻誠一郎「日本列島の環境史」『倭国誕生』日本の時代史1、吉川弘文館、二〇〇二年。

殖させ、管理していたのである。

また、膨大な量の考古学的資料の多様な分析には、コンピューターによる情報処理は不可欠であり、こうした面からも自然科学との提携は、最近の考古学研究にとって欠くことのできないものとなってきている。ただ、そうした自然科学との提携を進める前提として、分析資料を提供する側の考古学の、基礎的方法にのっとった調査や研究が厳密に行われなければならないことはいうまでもない。

●ニュー・アーケオロジー

第二次世界大戦後、自然科学的な研究法の導入とともに、考古学の側でも従来の考古学のあり方に対する反省から、新しい方法論の追求が盛んになった。とくに、アメリカの考古学では、L・R・ビンフォードらによる、プロセス学派のニュー・アーケオロジーの

図1-1　縄文時代クリ林（青森県三内丸山遺跡復元模型、青森県教育庁文化財保護課三内丸山遺跡対策室所蔵）

運動が盛んになり、世界各国の考古学研究にも大きな影響を与えた。彼らは文化の編年と伝播の研究から一歩も出ない従来の考古学研究を批判し、人間の生活それ自体や社会構造の復元研究の重視を主張した。

第二次世界大戦までの欧米の考古学では、農耕文化や文明の起源はすべて西アジアにあり、ヨーロッパや東アジアの農耕文化や文明は、すべてこの西アジアで成立した文化や文明が伝播したものにほかならないという、一元的な伝播論に基づく歴史解釈が主流であった。ところが、大戦後の自然科学的な年代研究、とくに炭素年代法の研究の進展の結果、一元的な伝播論的な歴史解釈が成立しえないことが明らかになるとともに、ニュー・アーケオロジストたちは、従来の文化伝播論に替えて環境と人間の生活様式の関わり、あるいは、生業と社会組織との相関関係など、人類文化に共通する人類学的な法則性の追求を課題とする研究、とくにその方法論の研究を意欲的に進めた[2]。

こうしたニュー・アーケオロジーの運動がアメリカで起こったこともあって、この新しい考古学の動向は、人類一般に共通する法則性の追求という人類学的な傾向が強いが、それは人間の歴史の追求を目的とするヨーロッパや日本の考古学にも大きな影響を与えている。人々の生活のあり方を追求するために従来ほとんど顧みられなかった生物遺体、すなわち、自然遺物の研究などが盛んになり、また統計学的な方法が考古学にも導入され、従来は考古学では不可能とさえみられていた社会組織の復元的な研究などが模索されるようになった。歴史学的考古学と人類学的考古学の違いをこえて、こうしたプロセス考古学の手法には、学ばなければならないところも少なくない。また、二〇世紀的な学問分類に基づく歴史学と人類学といった枠をこえた新しい歴史研究の方向を探る上に、人類学とも近い位置にある考古学が果たす役割は決し

2 C・レンフルー（大貫良夫訳）『文明の誕生』岩波現代選書、一九七九年。

て小さくないと思われる。

三、考古学と現代社会

●環境問題と考古学

二〇世紀後葉から、環境問題が全人類の将来にも関わる大きな課題として登場してきた。この環境問題にも考古学が果たす役割は決して小さくない。考古学では、発掘した遺跡の時代の明らかな地層の生物遺体、とりわけ花粉の分析によって、それぞれの時代の自然環境を正確に復元することができる。それぞれの地域で、それぞれの時代、人々はどのような環境の中で自然と関わってきたのかを考古学は明らかにできるのである。これは文献史料による歴史研究にはとうてい望めない課題である。

また、さまざまな自然災害に、人々がどのように対応したのかも、考古学的な調査研究によって明らかにすることができる。群馬県では榛名山の二ッ岳が、古墳時代の後期の六世紀初頭と中葉の二回にわたって大噴火を起こす。それは群馬の各地や利根川の流域に大きな災害を起こすが、人々はこの大災害にめげず、再び村や耕地の開発に取り組んだことが発掘調査によって明らかにされている。

発掘調査はまた、過去の地震の痕跡をも地中から見つけ出すことができる。液状化現象の跡が発掘される例は多く、また地層の前後関係から地震の時期を明らかにすることができるのである。阪神淡路大地震を起こした断層は、安土桃山時代の慶長元年（一五九六）にも大きな地震を引き起こし、豊臣秀吉が築いた伏見城が倒壊したことが文献史料からも知られているが、この時の地震が三世紀後半に造営された神戸市西求女塚古墳の堅牢な竪穴式石室を完全に崩壊させていたことが、発掘調査によって明らかにされている（図1-2）。

　それぞれの地域で、どのような環境の下で人々は暮らしてきたのか。また環境の大きな変化、例えば、大災害に我々の祖先はどう対応したのか。こうした環境変化や災害と、それに対する人間の対応の歴史を明らかにする上に、考古学は大きな役割を果たしうるのである。環境学、気象学、地震学など、さまざまな分野との共同調査・共同研究こそが、環境保全や環境変化への対策に考古学を生かすためには不可欠

図1-2　慶長の大地震で崩壊した神戸市西求女塚古墳の竪穴式石室（神戸市教育委員会）

であろう。

●開発と遺跡の保存

先に述べたように、考古学の研究資料である遺跡とは、人々が生きるためにこの大地に働きかけたその痕跡をいう。当然、人々はその時代に即した技術と方法で何度もこの大地に働きかける。東京の汐留貨物駅の跡には、新しい高層ビル街が忽然と現れたが、この再開発に先立って大規模な発掘調査が実施された。江戸時代初期にこの地を埋め立てて大名屋敷が建てられ、さらに、明治になってこの地に新橋ステーションが設けられたことが明らかにされた（図1-3）。それぞれの時期の土木技術の水準が明らかにされ、土地利用の変遷の具体的なあり方が掘り出された。ここでは新橋ステーションの一部が保存され、あとは再開発されて新しいビル街に一変した。

人類が生存するためには、この限りある大地を有効に活用する必要があり、当然のこととして同じ土地に対して何度も繰り返して働きかけ、すなわち、再開発が企てられる。この意味から、遺跡とは本来的に破壊される運命にあるものということができる。したがって、その遺跡が歴史的に大きな価値があり、長期的に考えて将来の人々に役立つものであれば、その保存が図られなければならない。再開発を断念しても遺跡を保存するのは、まさに人

図1-3　東京汐留で発掘された新橋駅のプラットホーム（東京都教育庁）

類の叡知である。安易に遺跡を破壊し、人類の遺産を消滅させた責めは、現代に生きるわれわれが後世の人々に対して負わなければならないのである。

遺跡の保存は極めて大きな、かつ難しい問題であるが、無謀な環境破壊を防ぐ大局的な環境保全策とも連動させて、是非とも進めなければならない大きな課題であろう。

参考文献

1. 浜田耕作『通論考古学』（復刻版）雄山閣出版、一九八四年。
2. 近藤義郎・横山浩一ほか編『岩波講座日本考古学』1 研究の方法、岩波書店、一九八五年。
3. 近藤義郎・横山浩一ほか編『岩波講座日本考古学』7 考古学と現代、岩波書店、一九八六年。
4. 鈴木公雄『考古学入門』東京大学出版会、一九八八年。
5. 田中琢・佐原真編『発掘を科学する』岩波新書、一九九四年。
6. 新井房夫編『火山灰考古学』古今書院、一九九三年。
7. 辻誠一郎『考古学と植物学』考古学と自然科学③、同成社、二〇〇〇年。
8. 西本豊弘・松井章編『考古学と動物学』考古学と自然科学②、同成社、二〇〇〇年。

2 考古学の方法

白石太一郎

一、発掘調査

●発掘調査の基本

考古学研究がまず遺跡の発掘調査から始まることはいうまでもない。前章で述べたように、考古学研究の資料は、人間が生きるためにこの大地に働きかけた痕跡にほかならない「遺跡」である。そして、この遺跡はさまざまな遺構や遺物包含層から構成される。また、それらの遺構や包含層にはさまざまな遺物が内包されている。発掘調査とは、この遺跡におけるさまざまな遺構群の構成、そこにおける遺物のあり方、すなわち、遺跡での諸遺構や遺物の関係性を明らかにする行為にほかならない。

同時に存在した住居などの建物、周溝、柵列などの施設の組み合わせが明らかになって、はじめて集落の構造が解明できる。また、それらの遺構群の時間的な変化をあとづけることによって、集落の変遷過程が明らかになる。また、一つの住居、あるいは、墓室における遺物の配置情況や共存関係を明らかにしてはじめて、それらの品物が果たした役割を知ることができる。また、遺物出土の共存関係や上下関係によって、それらの同時代性や変化の方向を明らかにできるのである。

ただ、遺跡にもさまざまな種類があり、そのあり方も地域や時代によって大きく異なる。例えば、西アジアでは日乾レンガ造りの建物群からなる集落が何層にも重なった、テル（遺丘）と呼ばれる遺跡が形成されており、それぞれの時代の集落が文字通り上下の関係で検出される（図2-1）。それに対して、日本列島ではこうした遺構群が上下に何層にも重なっているような例は少なく、古代の宮殿跡などでも、同一の平面の地層に各時期建物の掘立柱を立てる柱穴が複雑に重複して検出される（図2-2）。したがって、それらの建物の前後関係は柱穴の切り合い関係などから判断しなければならない。

また、遺跡の性格によっても発掘の方法はそれぞれ異なる。お墓である古墳の場合と、ムラの跡である集落遺跡の場合、集落に付随するゴミ捨場でもある貝塚の場合では、それぞれ発掘方法が異なるのは当然であろう。したがって、発掘の実施にあたっては、まずその遺跡のあり方に最も適当な発掘方法とその手順、すなわち、発掘計画が決められなければならない。また、遺跡を全掘することは多くの場合困難であり、部分的な調査に終わることが多い。したがって、発掘調査の計画を立てる前に、その目的を明確にしておく必要があることはいうまでもない。発掘調査はある意味では人体の解剖と同じで、それは遺跡の破壊でもある。その意味からも、発掘調査に際しては遺跡のもつ多くの情報を正しく把握し、正確な記録を残すことが求められるのである。

ここでさまざまな遺跡の発掘方法を述べることは不可能であり、また、それは実際に発掘に参加して経験しなければ会得できない部分も多い。ただ、具体的な発掘調査がどのように行われるのか、その結果何が明らかにされたのかを知るためには、各地で行われている発掘調査の現地説明会などに参加してみることをおすすめしたい。いくつかの発掘調査を見学することによって、発掘の基本的な方法を知ることは十分可能である。

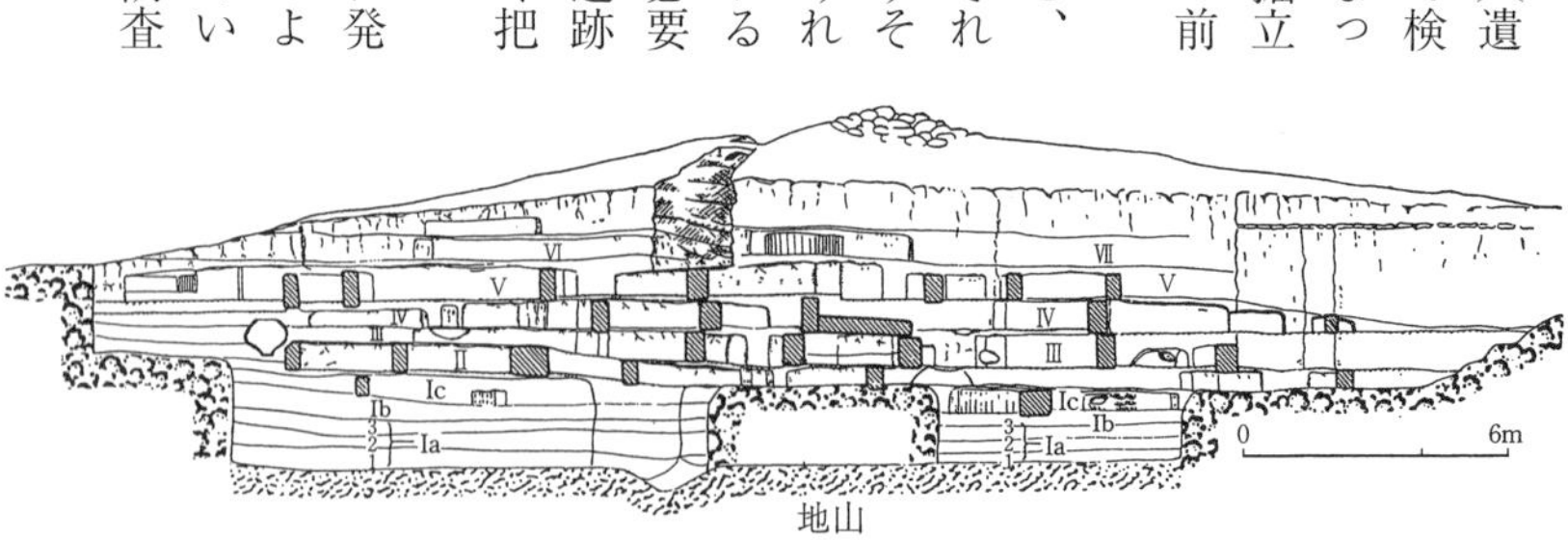

図2-1　イラクのテル・ハッスナの遺跡の断面図

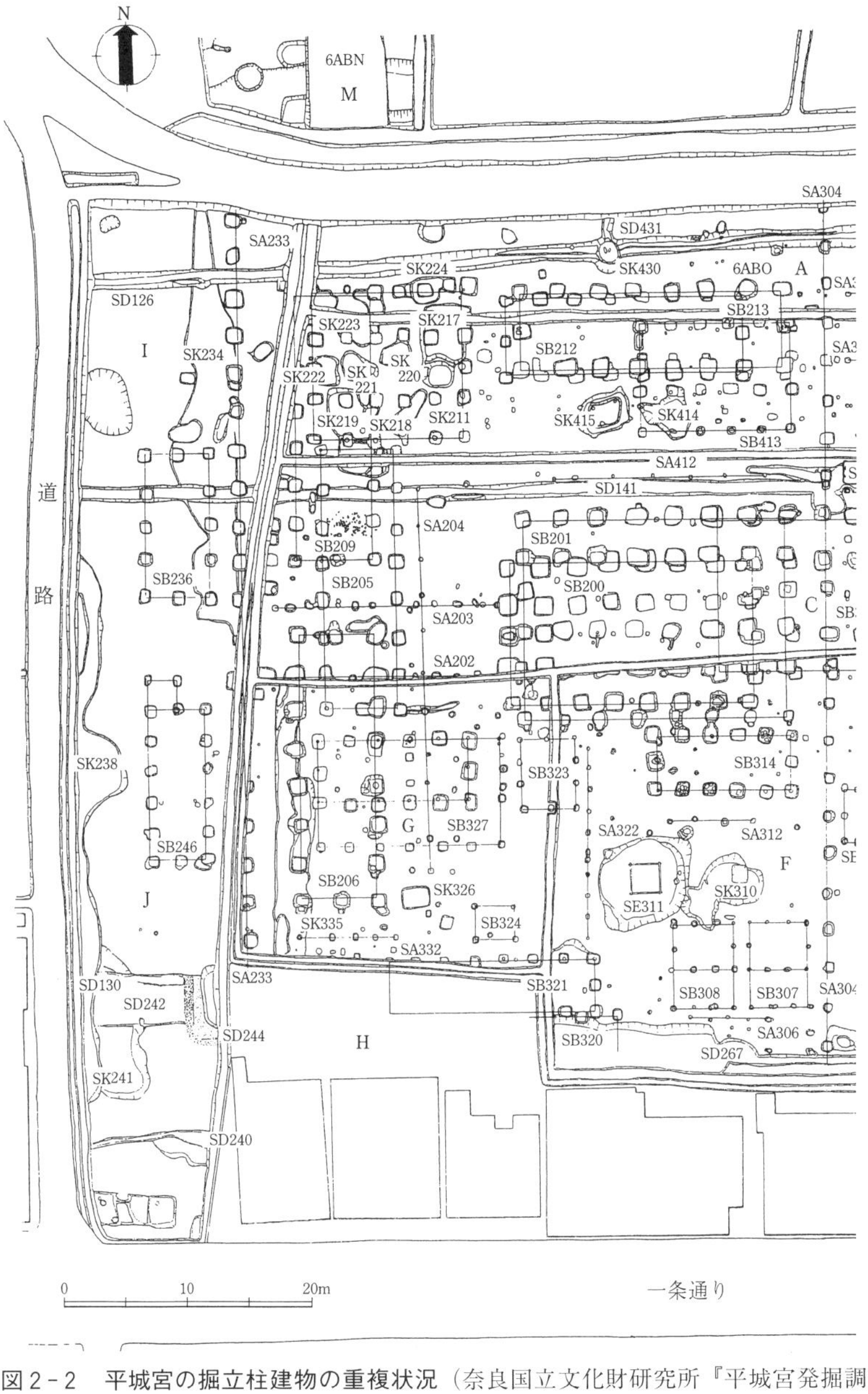

図2-2　平城宮の掘立柱建物の重複状況（奈良国立文化財研究所『平城宮発掘調査報』Ⅳによる）

二、年代の決め方

●型式学と層位学

考古資料を歴史研究に役立てるためには、何よりもまず最初に資料である遺跡・遺構・遺物の年代を決めなければならない。文献史料にも必ず年代が書かれているわけではないが、たとえ年号が書かれていなくても、その内容からその年代を類推することは比較的容易である。それに対して、考古資料に年号が書かれているような例はまず期待できない。そこで考古学は、長い時間をかけて独自の年代決定法を発達させてきた。それが型式学的方法と層位学的方法の二つの方法である。

型式学は、生物学における進化論の原理を考古学の研究に応用したもので、人工遺物についても、原初の祖型的なものから次第に発達し、やがて退化していくという考え方に基づき遺物や遺構の変遷順序を想定する。また、特定の機能をもった器官が退化し痕跡器官（ルジメント）化し、ついには単なる装飾にすぎなくなっていく過程を復元的に想定する

図２－３　エジプト先史時代の把手付土器の変遷（ペトリーによる）

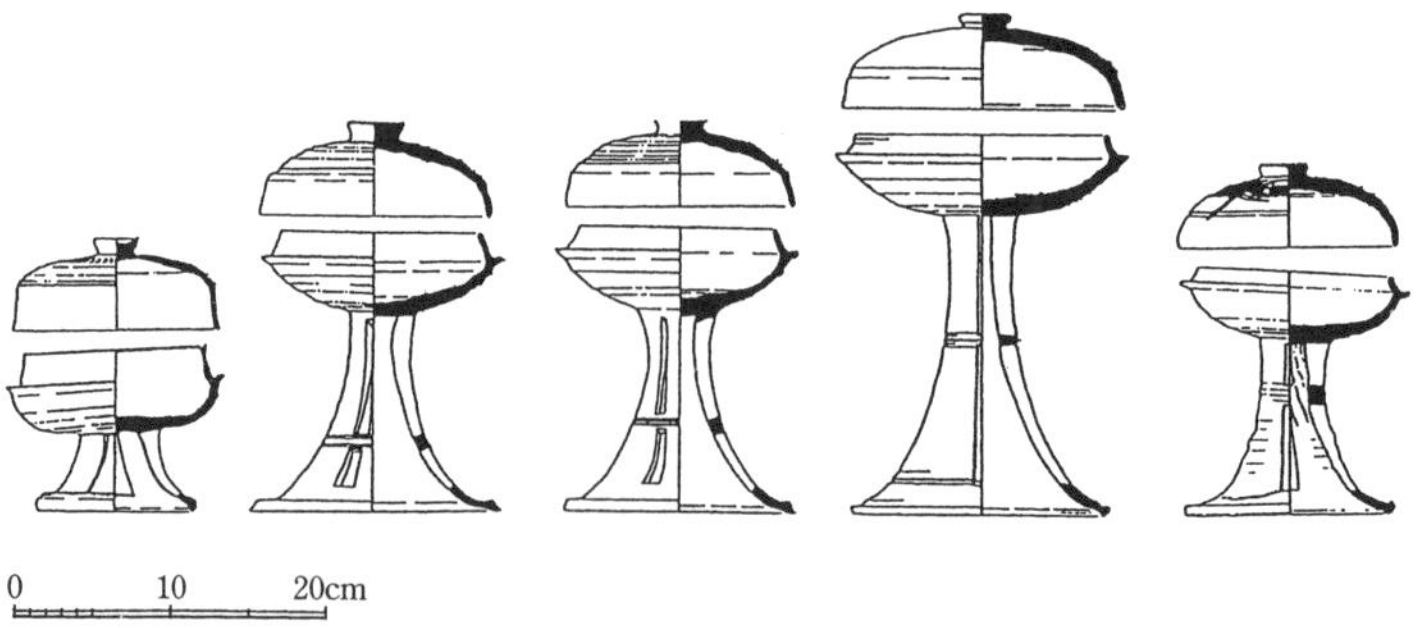

図２－４　須恵器の高杯の型式変遷（左から右へと変化した）

（図2-3）。ただ、土器の把手が次第に退化して機能を果たさなくなって痕跡器官化する場合のように、型式変化の方向を想定できるものはよいが、そうした器官の退化をあと付けることができないものも多い。例えば、古墳時代の須恵器の高杯《たかつき》のように、その脚部が短いものから長いものまでさまざまな形態がみられる場合にも、はたして短いものから長いものへ変化したのか、その逆かは型式学的方法のみでは明らかにできない（図2-4）。こうした場合に効力を発揮するのが、あとで述べる層位学的方法である。

図2-5は、奈良県天理市の中山念仏寺墓地に現存する年号銘から造立年代のわかる墓碑について、各型式ごとの占める比率とその変化を二十年単位で示したものである。背光五輪塔類から舟形への変化は、五輪塔の表現がなくなるだけであるからその変化は一斉に起こるが、舟形から櫛形への変化は漸次進んだもので、両方の型式が並び行われた期間も

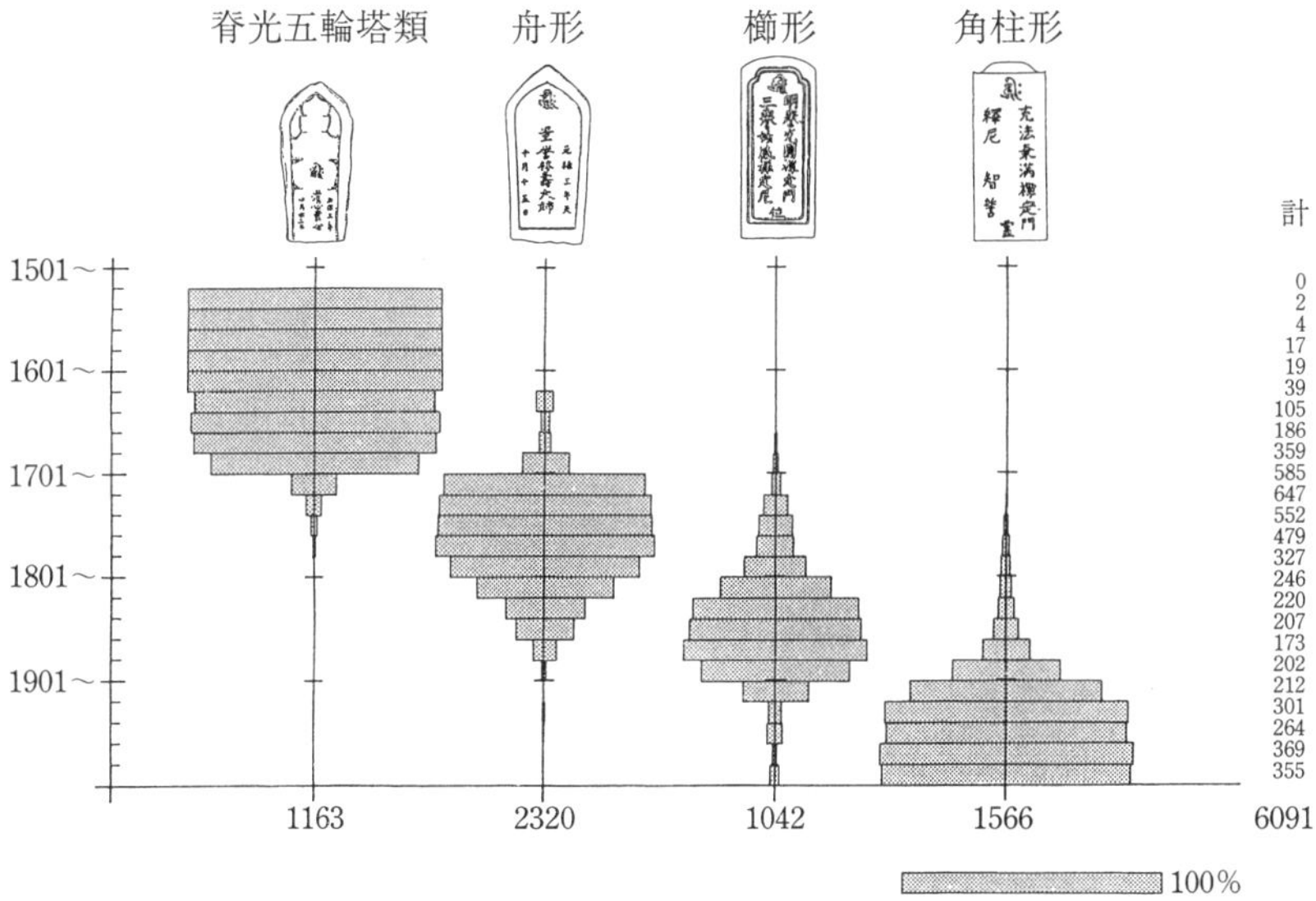

図2-5　墓碑の型式別出現頻度の変化（奈良県中山念仏寺墓地）

長い。古い型式が新しい型式と一斉に交替するのではなく、古い型式が新しい型式の出現によって次第にその役割を新しい型式に譲っていくことがわかる。このように、型式変化のあり方はその背景や要因によってそれぞれに異なることを正しく認識しておく必要がある。

なお、形式と型式は、それぞれ form と type の訳語として用いられ、低次の概念として形式が、より高次の概念として型式が用いられる。実際には、形式は単なる機能や用途による分類単位として用いられるのに対し、型式は、型式学的な操作を経て認識された一定の時間的・空間的限定をもつ形式の組み合わせをいう場合が多い。

層位学的方法は、地質学で用いられていた方法を考古学に応用したもので、地層が撹乱されていない同一地点では、下層が上層より古い堆積であるという原理に基づいて、各層に含まれる遺物や遺構の前後関係を明らかにしようとするものである（図2-6）。先の須恵器の高杯についても、いくつかの遺跡の発掘調査で、脚の短いものが長いものより下層で検出されれば、短脚から長脚へと変化したことが確認できるのである。

なお、先に触れたように、堆積層の薄い日本の遺跡では、同一平面での遺構の切り合い関係からその前後を判断しなければならない場合も少なくない。古い掘り穴の上に新しい掘り穴が重なっているわけで、これもまた一種の層位関係である。

「層位は型式に優先する」といわれる。確かに型式学的方法のみでは前後関係を決定するのが困難な場合も多いが、両者はいずれがすぐれているかというような関係にあるのではなく、相互に補完的な役割を果たして、はじめて考古学的な年代決定が可能になるのである。

火山の多い日本列島では、各地でさまざまな時期に噴火した火山の火山灰が広域に堆積している。研究の進展の結果それらの広域火山灰の識別が可能になっており、離れた地域間の年代

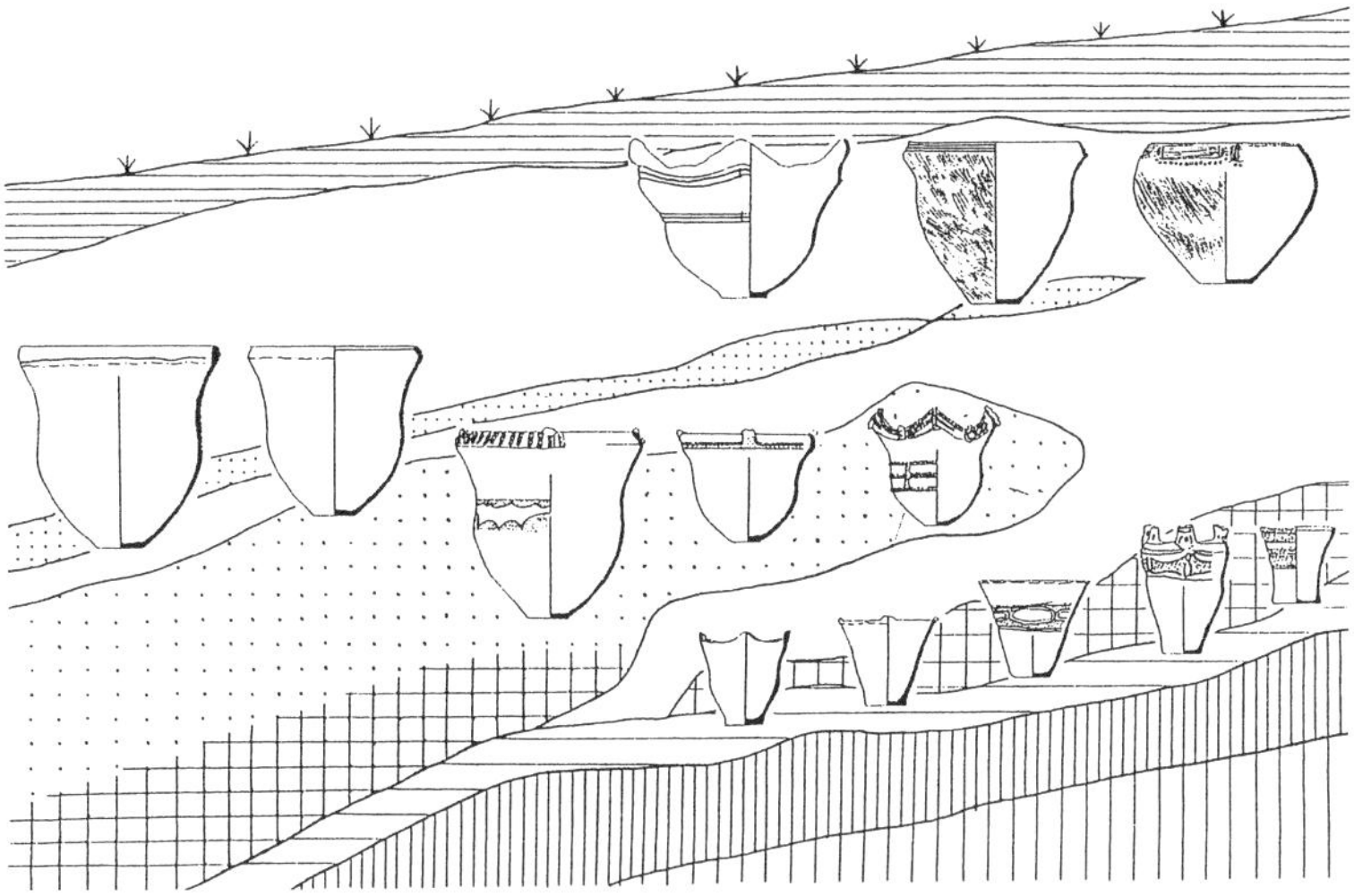

図２-６　静岡県蜆塚貝塚における層位と型式の関係（麻生優による）

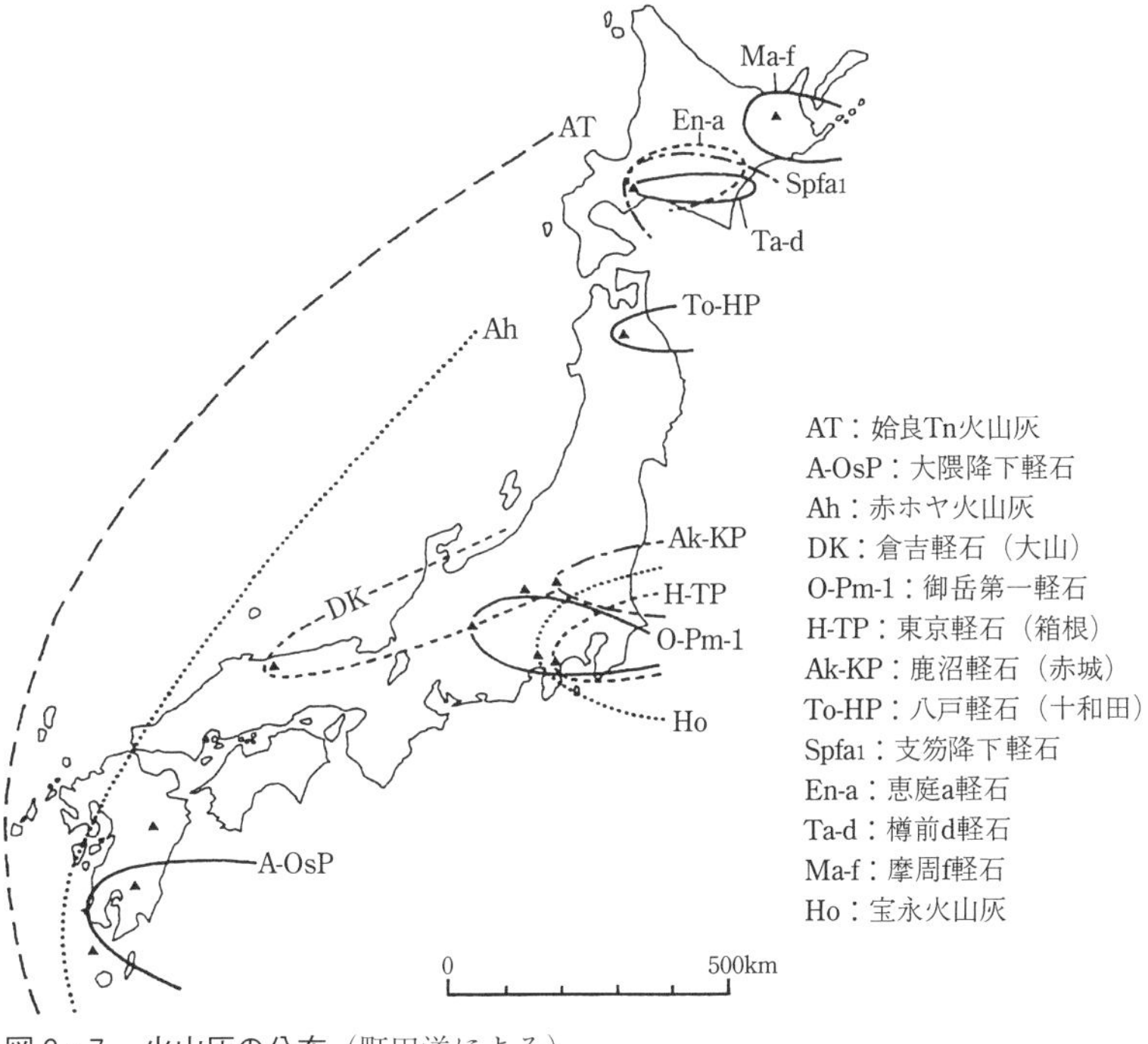

図２-７　火山灰の分布（町田洋による）

の並行関係を確認できる鍵層として、考古資料の年代決定上重視されるようになってきている（図2-7）。

●相対年代と絶対年代

このような型式学的・層位学的方法によって決定される考古学の年代は、あくまでも個々の遺物なり、遺物群（型式）なりの相対的な前後関係にすぎないのであって、例えば、西暦六四五年というような絶対的な暦年代ではない。ただ、純粋に考古学的な方法によって絶対年代を求めることは無理であって、文献史料を援用するか、あるいは自然科学的方法の助けを借りなければ絶対年代を想定することは不可能である。また、そうした方法をとっても、いろいろな可能性が想定され、すぐに絶対年代を決定することはなかなか困難である。例えば、現在古墳時代に近畿地方で生産された須恵器を十あまりの型式に区分する相対編年はほぼでき上がっている。そして、それぞれの型式の絶対年代、すなわち、暦年代が追求されているが、最古の型式についても、それを五世紀初頭に求める説から五世紀中葉に求める説まで、さまざまな暦年代観が提示されており、必ずしも確定していない。

それでは、考古学は他の学問の助けを借りて絶対年代が確定するまで、歴史の研究や記述はできないのであろうか。けっしてそんなことはないのであって、仮にその全体の絶対的な年代幅が不確定であるとしても、縄文時代の草創期から、早期、前期、中期、後期を経て晩期に至る時代の変化を追求することは可能であり、意味のあることである。ただし、そうした考古学的な年代が、あくまでも相対的なものであることを認識しておく必要があるのである。このように、相対年代と絶対年代を明確に区別し使い分けることは、考古学が編み出した有効にして合理的な方法上の区分なのである。

●自然科学的年代決定法

弥生時代以降については、製作年代の明らかな中国鏡などとの共伴関係から、あるいは、数少ない年号銘資料から、さらには文献から存続年代の想定される遺跡からの出土品などから、考古資料の絶対年代が想定されている。ところが、それ以前の段階については、こうした方法によって絶対年代を想定することはまず不可能である。また弥生時代以降についても、こうした考古学的・歴史学的方法ではなかなか確実な暦年代を確定することができない場合が多い。そのため、さまざまな自然科学的な年代決定法が模索されている。

地球上の生物は放射性炭素14を体内に取り入れるが、死ぬと、この炭素14は一定の割合で減少し、五千七百年ほど経つと半減する。生物遺体に残る炭素14を測定して、生物の死後の年代を測定するのが炭素14年代法である。また、樹木の年輪の幅が雨量など年々の気候差と関係して変動することから、年輪幅の変動をパターン化して比較することによって、樹木の年代を求めるのが年輪年代法である。

このほか、鉱物あるいはガラスに、天然に含まれている微量のウランの核分裂の飛跡が残されているが、この飛跡が加熱されると消える特徴を利用して、飛跡を数えることによって資料の加熱後の年代を求めるのがフィッション・トラック法である。また、土器中に含まれる鉱物は焼成された時に放射線が0になっているので、現在土器がもっている放射線量を測定し、その地点の現在の年間放射線量から年代を求めようとする熱ルミネッセンス法などもある。

こうしたさまざまな自然科学的年代決定法が試みられているが、これらのうち比較的原理が単純で良好な試料が得られれば、一年単位の確実な年代の得られる年輪年代法以外は、それぞれ多くの前提条件があり、出された年代をそのまま暦年代とすることはできない。そのため、炭素14年代法については、最近では加速器質量分析法（AMS法）によってその高精度化が進むとともに、年輪年代法によって正しい暦年代の得られた試料を炭素14年代法で測定し、炭素14年代を補正する方法が採用されるようになってきている（暦年較正・較正年代）。その結果、日本列島における縄文時代の始まりが約一万六千年前に、水田稲作農耕の始まりが約三千年前までさかのぼる可能性が高いことが指摘されている。これについては次章で詳しく述べていただくが、こうした自然科学的年代決定法にもまだ多くの問題があり、さまざまな方法によるクロスチェックが必要なことはいうまでもない。

三、考古学による歴史の復元

●考古学と文献史料

モノ言わぬ考古資料に歴史を語らせるのは容易ではない。考古学の資料であるモノには、残りやすいものと残りにくいものがあることをまず認識しておく必要がある。人々の生活のあり方やさまざまなモノの移動、すなわち、生産と流通の問題などは考古学の得意な課題であるが、人々の社会関係や精神生活に関わる問題などは苦手な課題である。ただ、考古学研究者はそうした困難な課題にも挑戦している。こうした考古資料をどのように操作して具体的な歴史研究に役立てるかは極めて重要な課題であるが、その実際の方法については、第4章以降の各講師の具体的な講義から学びとっていただくほかはない。ただ、ここでは考古学による歴史の復元を行う上で是非正しく認識しておく必要がある考古学と文献史料の問題について簡単に触れておきたい。

すでに述べたところからも明らかなように、考古学の資料はあくまでも遺跡・遺構・遺物であり、そのため独自の研究方法が樹立されている。また文献史料に基づく文献史学においても、厳密な史料批判を基礎とする独自の方法が確立されている。考古学も文献史学も、ともに歴史の復元を目的とするものであるから、そのためには考古資料であれ、文献史料であれ、利用できる資料は総動員するべきであるという考え方も成り立つ。ただ、その場合にもわきまえておかなければならないことは、基礎的な資料操作の段階で、その扱い方の方法が異なる考古資料と文献史料を混用してはならないということである。文献史学と考古学が協力し合う最大の利点は、対象とする資料と方法を異にする二つの方法によって、相互に検証し合い、そのことによって史実に迫るところにある。それを基礎的な資料操作の段階から混用してしまっては、クロスチェックの役割が果たせないからである。

また、考古学的研究に文献史料を利用する際にも、考古学の研究者であるから基礎的な史料批判が免除されるわけではない。考古学的な資料操作には極めて厳密な態度をとる考古学研究者が、いとも簡単に古事記や日本書紀の史料を無批判に使用している場合が見受けられる。たとえ考古学の研究者であろうと、文献史料を利用する場合には基礎的な文献批判は欠くことができないのであり、また、永年の文献史学の史料研究の蓄積を無視することは許されないのである。考古学、文献史学、さらに民俗学が、それぞれの方法を尊重しあって、はじめて総合的な歴史研究が可能になることを知らなければならない。

参考文献

1．浜田耕作『通論考古学』（復刻版）雄山閣出版、一九八四年。

2．近藤義郎・横山浩一ほか編『岩波講座日本考古学』１ 研究の方法、岩波書店、一九八五年。

3. 鈴木公雄『考古学入門』東京大学出版会、一九八八年。
4. 藤本強『考古学の方法—調査と分析—』東京大学出版会、二〇〇〇年。
5. 国立歴史民俗博物館編『考古資料と歴史学』吉川弘文館、一九九九年。

3 自然科学と考古学

今村峯雄

一、はじめに

●考古学における自然科学の役割

自然科学による考古遺物研究活動の流れは大別して二つあり、まず「歴史を復元するための情報を得る」ことであり、また、一つは「遺跡・遺物を保存・保管する」ことである。そのいずれもが重要な役割であるが、ここでは歴史情報を得るという観点から、考古学における自然科学の役割を考える。

●考古学における自然科学の活用

歴史学としての考古学を考えるとき、その基本的な姿勢は、対象となる事象を遺跡・遺構・遺物から抽出し、その特徴・特質を時間的・空間的にとらえることだと考えることができよう。その中で、自然科学の方法から得られる情報は、とくに、モノである遺物を通じて得られる情報である。その考え方と分類には、さまざまな考え方があり得るが、その主な項目を表3-1に示してみた。

歴史の認識を、私たちは、事象とモノの動きから考察する。そのためには、まず時間情報が必要である。また「めじるし」となる、モノの特徴や特質である。この中で、絶対年代の情報や材質・原料などの情報は、自然科学によってより多くのものを学ぶことができる。そこで、

表3－1　資料（遺跡）情報と自然科学的情報

資料情報	自然科学的情報（対象例・応用例など）
1．材質	岩石種・生物種（骨など）・樹種（木製品など）等
2．構造	内部構造（鉄関連遺物など）
3．技法	材料・構造
4．年代	年輪、同位体（^{14}Cなど）、放射線効果（ルミネッセンス、ESR、フィショントラック）等
5．産地	鉛同位体（青銅器など）、元素・鉱物組成（黒曜石、陶磁器など）
6．環境（気温、植生等）	堆積物酸素同位体、花粉等
7．食性	CN同位体（骨コラーゲン）、脂肪酸等
8．その他	DNA等

本章では年代測定法について、まず年輪年代法と^{14}C年代法（炭素14年代測定法）を取り上げ、次に産地分析法としての青銅器の鉛同位体法を具体的に取り上げることとした。

二、年輪年代法と^{14}C年代法

年輪年代法は木材を対象に、年輪幅のパターンから年代を決定する測定法である。年輪年代法は、測定精度が非常に高く優れた方法である。しかし、百年以上の年輪をもつ、特定の種類の保存のよい木材資料に限られるなど、資料を入手する上で大きな制約がある。

^{14}C年代法は、大気から光合成で生物体などに固定された放射性の^{14}C同位体[1]に注目し、その濃度が生物の死後、時間とともに減衰する現象[2]を利用する。^{14}C法は、先史時代の汎用性の高い年代測定法として世界的に最もひろく用いられている。しかし、年代決定の精度は年輪年代に比べ劣る。

^{14}C法はその基礎を年輪年代に負っている一方で、年輪年代法も^{14}C法を活用する場合があるなど、二つの測定法は相互に補完し合う形で発展している。

●年輪年代法（図3－1）

一九〇〇年代の始め、アメリカの天文学者、ダグラスによっ

1　元素を構成する中心の原子核の中性子の数だけが異なる元素のことである。炭素は複数の炭素同位体、^{12}C、^{13}C、^{14}Cの混合物で、現在の大気では、それぞれ一対一〇〇分の一対一兆分の一の割合で含まれる。

2　^{14}Cは、原子核が不安定なためにベータ線（高エネルギー電子）とニュートリノを放出して^{14}Nに変化する。このように放射線を放出し別の原子核に変化するような同位体を、放射性同位体と呼ぶ。

て開発された方法である。

木の年輪細胞は、樹皮と内側の樹幹の間の形成層で作られる。春から夏にかけて細胞が発達し、夏を過ぎると細胞の発達が抑えられ細胞密度の濃淡ができる。その幅は、春から夏にかけての気温や雨量によって左右されるといわれる。夏が寒冷な年は狭くなり、温暖な年は広くなる。この気候を反映した年輪幅の変動のパターンを利用し、一種の指紋照合によって変化の特徴から年代を決めるのが年輪年代法である。

実際には、古い木材のデータをいくつも重ねて、標準となるパターンをまず作り、それと未知試料の年輪パターンを重ね照合し、年代を決める。欧米では約一万年までの標準パターンが作られている。この標準のパターンは、気候が似通った、それぞれの地域で作る必要がある。日本の標準は、奈良文化財研究所（古環境研究室）によってはじめてつくられ、年輪年代法を考古学に応用することが可能になった。現在、スギで前一三一三年まで、ヒノキで前九一二年まで、コウヤマキで、紀元二二年から七四一年まで（フローティング）の標準パターンが得られている。

●年輪年代の応用例

奈良文化財研究所の光谷拓実は年輪年代を、さまざまな木製品の年代測定に適用してきた。とくに、建築部材の年代測定では、多くの貴重なデータを提供している。例えば、大阪・池上曽根遺跡では、出土した大型建造物のヒノキ柱根五本の年代が分析され、最も若い伐採年代は前五二年と判定された。その結果は、弥

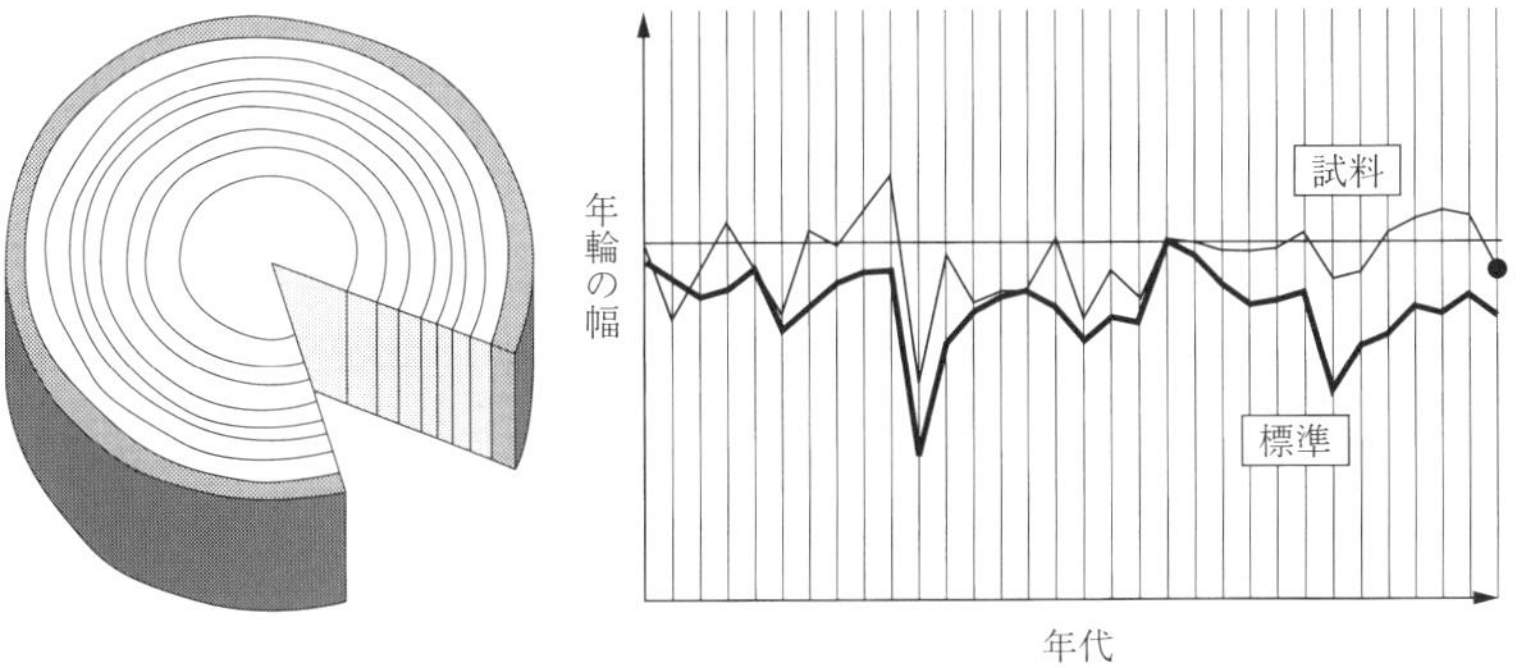

図３－１　年輪年代法とその考え方

生時代中期後葉の従来の年代観から得られるものよりも約百年古いものであった。それはまたその後の弥生時代の年代に関する議論を巻き起こすさきがけとなった。なお、同じ柱はその後炭素年代でも測られ、前六〇±二〇年という推定年代が得られている。

また最近の事例として法隆寺五重塔の心柱の伐採年の測定がある。紀元五九四年という結果が得られ、法隆寺の再建、非再建説の議論に貴重なデータを提供した。

なお年輪年代法は、非破壊で行うことができるので多くの美術工芸品の年代決定に用いられていることも特筆すべきであろう。

●^{14}C年代法

放射性炭素(^{14}C)は、半減期[3]が五七三〇±四〇年という非常にゆっくりした速度で壊変する。^{14}Cが、基準年（紀元一九五〇年）の濃度に対して、どの程度減衰し残存しているかを調べることで約五万年までの年代が推定できる。

^{14}C年代法は、アメリカの放射化学者のリビーによって開発された。リビー（一九四九）は、年代のわかった木材やエジプトなどの歴史遺物の^{14}C濃度を測り、この仮定が正しいことを確かめた。^{14}Cの半減期は人類の歴史を調べるのに適した時間であること、炭素は、動植物を構成する組織の主要元素で、人間の活動に伴って多くの炭素遺物が残されることが、重要なポイントである。

この方法は、ヨーロッパ文明の起源に対する従来の考え方を大きく変えるなど、世界の先史時代考古学研究に、革命をもたらした。日本でも神奈川県夏島貝塚や長崎県福井洞窟など、多くの縄紋遺跡の遺物（木炭や貝殻など）の年代が測定され、日本の土器文化が一万年以上前にさかのぼることを明らかにした。

3 放射性同位体の減衰のスピードは、もとの数が半分になる時間で計られる。これを半減期と呼んでいる。半減期の値は原子核固有の性質で外界の環境の影響を受けない。

●ベータ法とAMS法

^{14}C法では、壊変の際のベータ線を放射線検出器で測定するのが伝統的な測定法である。一九六二年頃には、学習院大学や理化学研究所が、自前の放射線検出装置での測定を本格的に開始し、日本でも^{14}C年代測定が数多く行われた。

こうした中で、一九七七年に、加速器を用い、試料に含まれる微量の放射性同位体の濃度を測定するAMS法[4]が提唱された。AMS法では、資料をイオンの状態にして加速し直接一個一個数えるので非常に高い感度が得られる。その結果、ベータ線法で一グラム必要だった炭素試料が、千分の一以下で測定できるようになった。またその後、性能の改善が進み、最新の装置では一ミリグラム前後の炭素試料を三〇分ほどで±三〇～±四〇年の精度で測定できるようになった。名古屋大学に設置されている装置もその一つである（図3-2）。

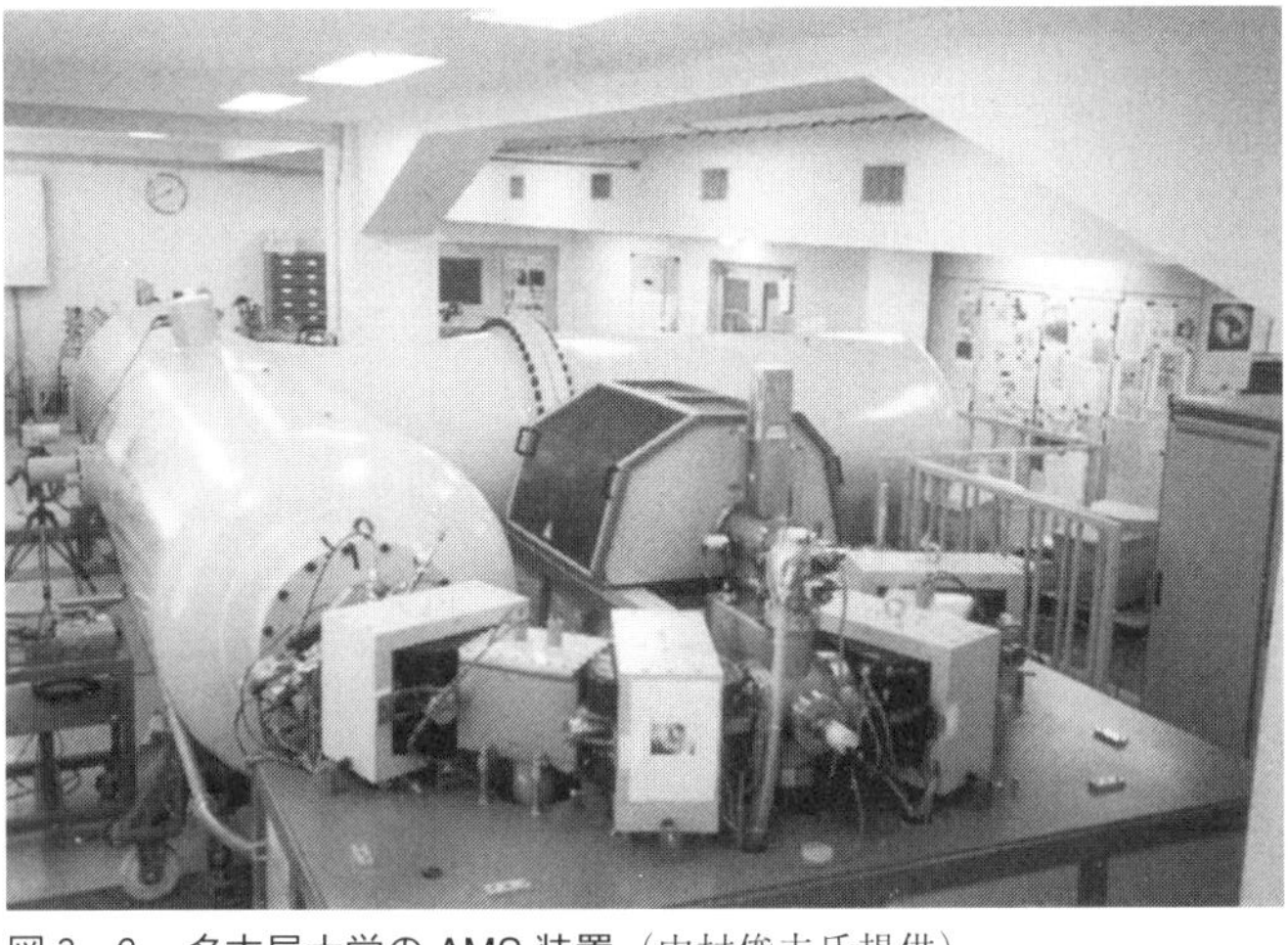

図3-2　名古屋大学のAMS装置（中村俊夫氏提供）

4　Accelerator Mass Spectrometry
なお、ベータ法とAMS法は、測定法が異なるだけであって、誤差が同じであれば、両者に測定値の優劣はない。

ＡＭＳ法で重要なのは、必要な量がわずか一ミリグラムほどで足りるために、資料の中で最も適したもの、最も汚染の少ない信頼性の高い資料を選んで使えることである。

●^{14}C年代の暦年較正

^{14}C年代は、大気の^{14}C濃度が一定であったという仮定のもとで計算されるモデル年代で一九五〇年からさかのぼった年代（単位BP）で与えられる。大気の^{14}C濃度は、太陽活動や地球の磁場の変化により変動する。[5] しかし、その変化は、大気が約百五十年分の^{14}Cのプールとなっているため緩やかであり、長期的で持続的な変化のみが^{14}C濃度に反映される。また、気候変動は大気と海洋の間の二酸化炭素の交換や分布に影響を与えて、大気の^{14}C濃度の変動をもたらす。

そこで古木の年輪を用いて過去の大気中の^{14}C濃度の変化を修正する研究が行われ、^{14}C年代と実年代の対応関係が詳しく調べられた。[6] 過去の大気の^{14}C濃度の変化を国際的なデータベースとしてまとめる作業は、一九八六年に始まった。一九九八年には、「INTCAL 98」と呼ばれる国際標準の暦年較正曲線が作られ、過去二万四千年の較正データとなっている。そのうち過去約一万二千年分は古木の年輪に基づいた、ほぼ十年ごとのデータを与えている。こうして、現在では、過去約一万二千年前までは^{14}C年代の測定値をかなり高い精度で実年代に置き換えうるようになった（図３―３）。

●日本の木材の^{14}C年代

図３―４は、日本のスギ材を用いて、^{14}C年代を測定した結果である。[7] INTCAL 98のデータは北米やヨーロッパの木材を使っており、マツやナラ材である。日本産木材の測定データとよく一致していることがわかる。しかし、よく見るとAD 80―AD 200では三十年ほど古い傾向があるので将来こうした地域的な違いを精確に調べる研究が大切になると考えられる。

5　^{14}Cは地球の外から降り注ぐ宇宙線（主に陽子）によって生成する二次中性子が、大気の^{14}Nと核反応を起こし作られる。電荷をもった粒子は磁場の力で曲げられる性質がある。そのため例えば、太陽や地球の磁場が弱くなると宇宙線が地球に入射しやすくなり^{14}Cの生成量が増加する。

6　一九五〇年の値を一として示す、実際の^{14}C濃度の値である。変化がないとした場合の値と比べてある。

　測定された^{14}C濃度に対するこの理論曲線との交点から得られる年代が、「^{14}C年代」に相当する。真の年代、つまり「実年代」は、観測値に基づいた曲線との交点から得られる。

7　M. Sakamoto ほか、Radiocarbon 45、二〇〇三年。

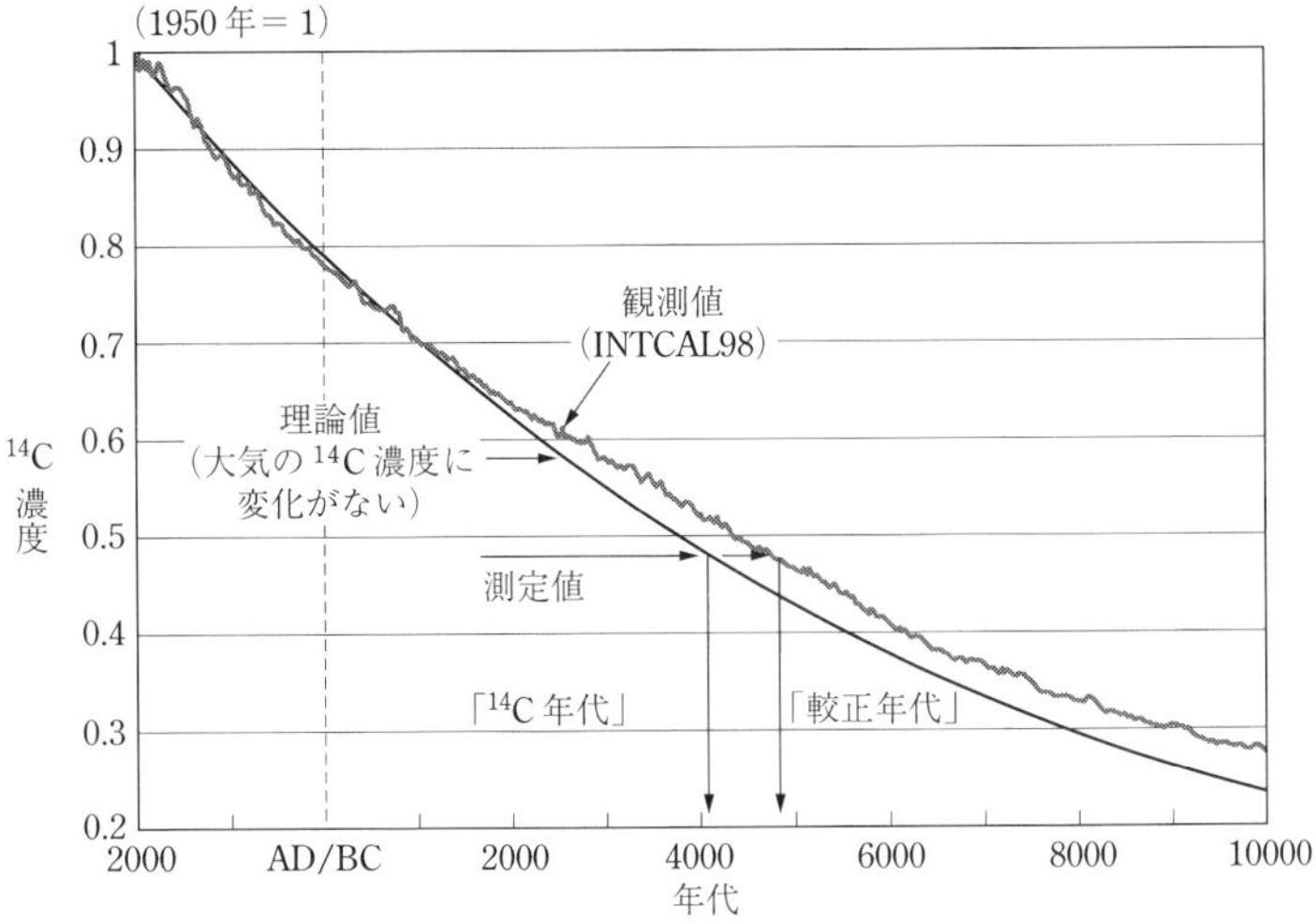

図 3-3　^{14}C 年代と暦年較正曲線（M. Stuiver ほか、Radiocarbon 40、1998）[6]

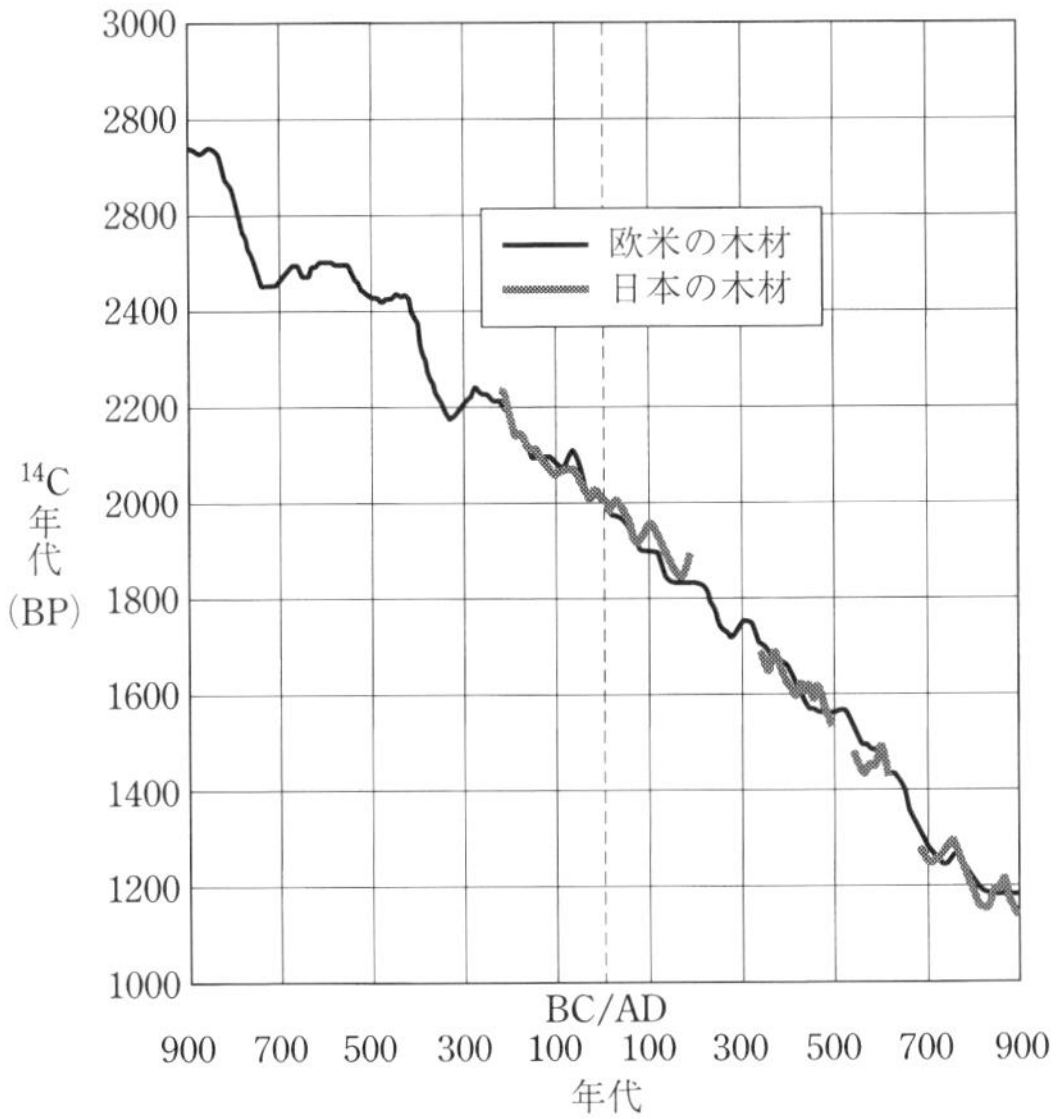

図 3-4　日本の木材の^{14}C 年代と INTCAL 98 との比較[7]
（M. Sakamoto ほか、Radiocarbon 45、2003）

●^{14}C年代測定のための試料

遺跡では、同じ場所が繰り返し居住されていたことも多く、遺跡の上に遺跡が重なっていることがたびたびある。同じ地層から出土したものが、同時期のものである保証はない。居住することはある意味で周りの地層を乱すことであるし、居住された後も樹木の生長と消滅が繰り返されることで、遺物の攪乱が起こる。とくに小さな遺物は動きやすいことがわかっている。[8]

年代測定試料は、まず「目的」の遺物との関係が明確であることが最重要である。土器そのものに付着しているコゲやスス、ウルシの類は直接土器の使用年代を与えるという利点がある。

次に、年代測定試料としての適否がある。^{14}C測定法では、試料の炭素源として大気などの均一な系を想定している。木材、堅果類などの植物、ウルシなど、また陸生の植物を食する動物等の骨等の遺物、またそれらが炭化したものが年代測定に適している。古代の鉄は木炭を熱源として製鉄・精錬されているので中に含まれる炭素は使われた燃料剤の年代を示す。木材の場合は、一年ごとに年輪が刻まれ、内側では年輪分だけ古くなる。

海洋表層の溶存炭酸は、絶えず大気と二酸化炭素の交換を通じて濃度がかなり均一化しているの（脚注）ので、貝殻などが年代測定にしばしば利用されるが、海洋リザーバー効果[9]と呼ばれる変動を考慮する必要がある。

●^{14}C年代法の応用Ⅰ――土器型式と実年代（図3-5）

日本考古学では、土器型式によって詳細な編年――すなわち、新旧を基準にした年代の枠組み――が行われている。この図では、関東・中部地域の縄紋中期土器に付着した炭化物や住居内の木炭の年代を測定し、それぞれの土器型式に対する年代を推定した例である。縦軸に^{14}C年代の測定値を、横軸に較正年代を見積もって示したものである。一つの土器型式を一群と考え、

8　筆者らの経験でも、例えば、同じ地層からの木炭がまったく異なる年代を与えるとか、古いはずの小さな種実の年代が江戸時代とか現代とかとてつもなく新しい年代を与える例がしばしばみられた。

9　深海からの湧昇流の古い炭素の影響を受け、平均で約四百年古い。海域や時間による^{14}C変動が知られており注意が必要である。

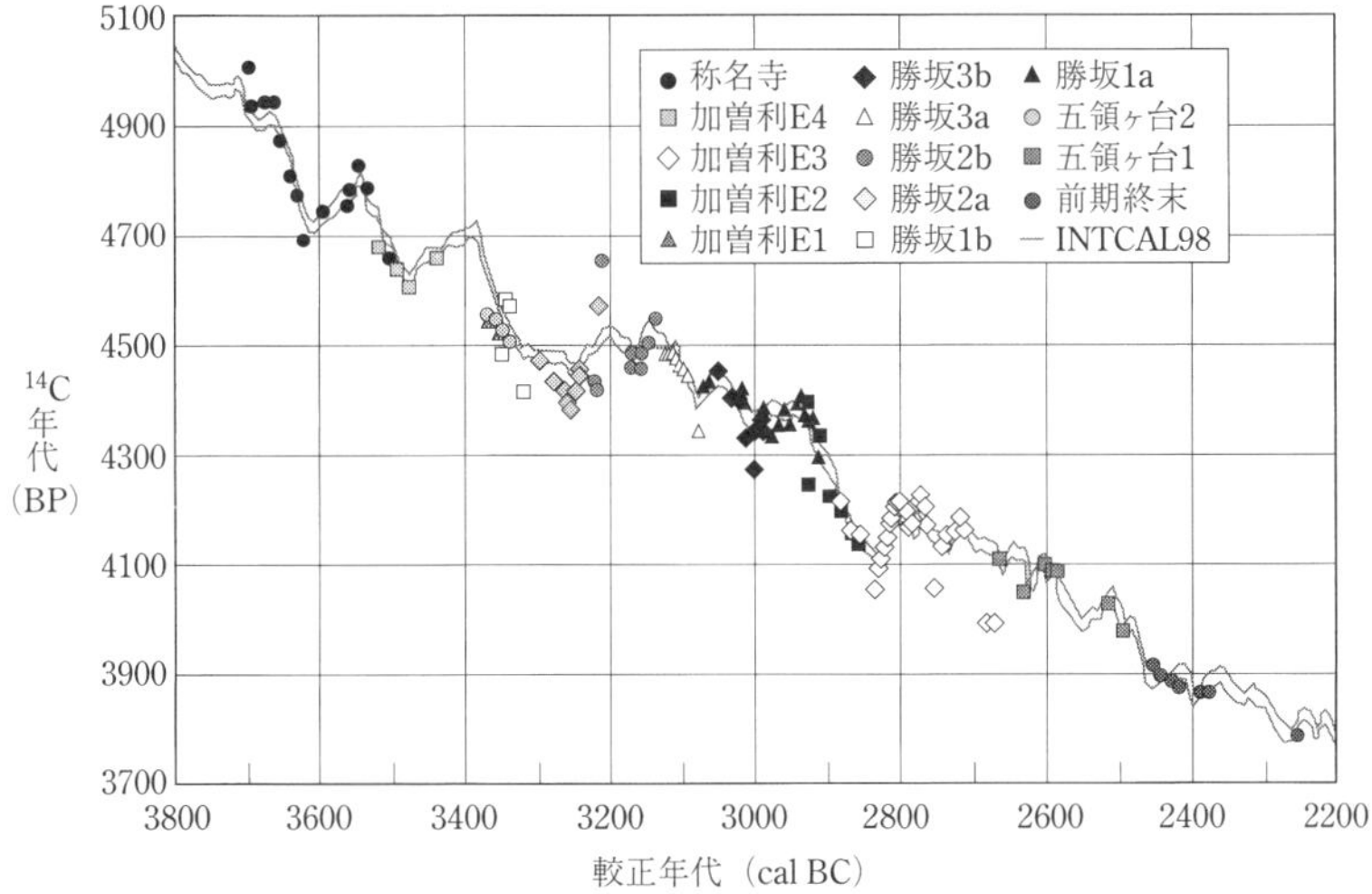

図3-5　考古編年との対比による縄紋中期土器の高精度実年代測定[10]

測定された炭素年代を暦年較正曲線にあてはめることで、年代をかなり的確に推定できる（同じ型式は、同じ記号で示してある）。全体は、暦年較正曲線「INTCAL 98」にほぼ沿った形で再現できることがわかる。

●^{14}C年代法の応用Ⅱ——ウイグルマッチ法による精密測定（図3-6）

出雲大社境内遺跡出土の神殿柱材（図3-7）の年代測定をウイグルマッチ法について行った例である。ウイグルというのは、曲線における波上の凹凸のことである。この例では、神殿の「宇豆柱」と呼ばれる部分の柱材（径が一・五メートルの材三本が一体となって出土）の一本（南材）から、二十年おきに九試料を採取して^{14}C年代測定を行った。

INTCAL 98のパターンと比較し、一種のパターンあわせで年代を計算した結果、この南側に位置する柱の伐採年は、九五パーセントの確率で一二二八±一三年と判

10　今村峯雄ほか『考古学と自然科学45』二〇〇三年。

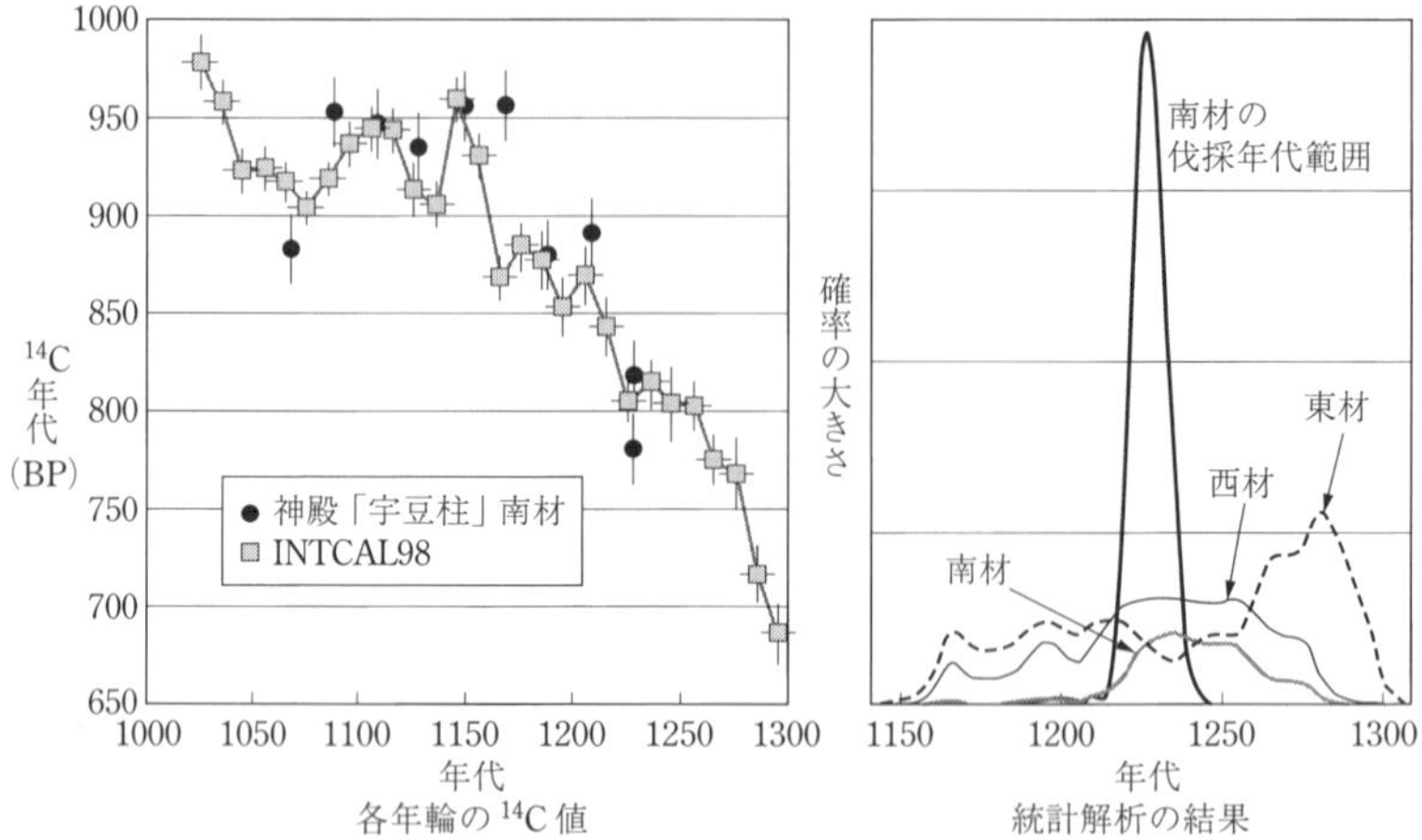

図3－6　ウイグルマッチ法による出雲大社境内遺跡出土の本殿柱根の年代測定[11]

図3－7　出雲大社境内遺跡出土の神殿柱材（宇豆柱）
（島根県埋蔵文化財センター提供）

11　今村峯雄ほか『日本文化財学会第18回大会要旨集』二〇〇一年。
右囲の中の幅の広い分布曲線はそれぞれの表面試料から得られた測定値に基づいて解析した結果を示す。

定された。その後、別の柱根（心御柱）の底部から板材が出土し、これは、一二〇〇三年に奈良文化財研究所で年輪年代を測定した結果最外輪が一二二七年と判定された。これらの結果から、この古代神殿は、一二二五年に倒壊し、宝治年間の一二四八年に竣工した杵築大社の神殿跡であると判断された。

以上見てきたように、年代測定法の中でも年輪年代法と^{14}C年代法とは、考古学の研究に有効な年代を与えることができるようになってきた。方法の精密化と適用年代の拡大に努力が注がれており、将来考古学の研究の重要な手段となることが期待される。

三、青銅器の鉛同位体法と産地・流通の研究

青銅器は、その形や様式によって分類されるが、どのような素材であるのか、さらに、原産地はどこなのかについては、分析化学による方法が有効である。古代の青銅器は、銅のほかに鉛・スズを主成分として含む。また砒素やビスマスなどのほか、金・銀などの貴金属系の微量元素が含まれて、これらは原料に含まれていた不純物を反映している。鉛・スズの割合は、製品の硬さの調整のほか、色合いを整えたり、鋳型に流し込むときの流れ具合などをよくするために調整する。すなわち、加工の段階で変動する。元素の組成は、黒曜石などの石材などの原産地を知る手段として有効であるが、青銅器のように混合加土するような場合には、原料の原産地による変化のほか、製作者の技術も反映して、複雑となって判断が難しい。

●鉛同位体と青銅器の産地同定

一方、元素の同位体組成に注目して研究する方法がある。ほとんどの元素は複数の同位体をもっている。また、その組成は加工などによって変化しない。もし同位体組成が産地間で異な

れば、主要成分元素の同位体組成を調べることで、産地に関する情報を得ることができるはずである。

主要元素の中で、鉛の同位体組成は、産地間、とくに、中国・朝鮮半島・日本の間で差があることが知られている。鉛の同位体は、鉛２０４（^{204}Pb）、鉛２０６（^{206}Pb）、鉛２０７（^{207}Pb）、鉛２０８（^{208}Pb）からなる。これらの同位体は、太陽系ができたときに存在したそれぞれの同位体のほかに、鉱物の中でウランやトリウムから放射壊変で生まれる鉛２０６（ウラン２３８→^{206}Pb）、鉛２０７（ウラン２３５→^{207}Pb）、鉛２０８（トリウム２３２→^{208}Pb）がある。このため、鉱石の中の鉛・ウラン・トリウムの量の含有量と、鉱石ができた年代によってさまざまな差が生ずる。

●東アジアの青銅器と鉛同位体比

図３-８は、東アジアの青銅器で測定された鉛同位体比（原子数の比）の特徴をグループ分けしたものである。[12] 馬淵久夫・平尾良光は、朝鮮半島・中国・日本の古代の数多くの青銅器の鉛同位体を分析した。その結果その特徴を四つのグループに分けることができることを示した。朝鮮半島のデータは細型銅利器（剣、戈、矛）、多鈕細文鏡（K）から、中国は前漢の鏡（W）と後漢中期以降の鏡（E）、日本は和同開珎（J）から得られた。中国の前漢と後漢中期以降の違いは原料の産地の違いで、前者が華北、後者が華中・華南であるという。和同開珎を指標にするのは、この時期をしばらくさかのぼる七世紀末に日本の銅生産が本格的に始まったとみられるからである。

●鉛同位体から見た青銅器原料の流通経路

さて、弥生時代から古墳時代にかけての日本の青銅器原料を鉛同位体の移り変わりから見て

12　齋藤努・馬淵久夫「鉛同位体比による青銅の産地推定」『科学の目で見る文化財』国立歴史民俗博物館、一九九二年。

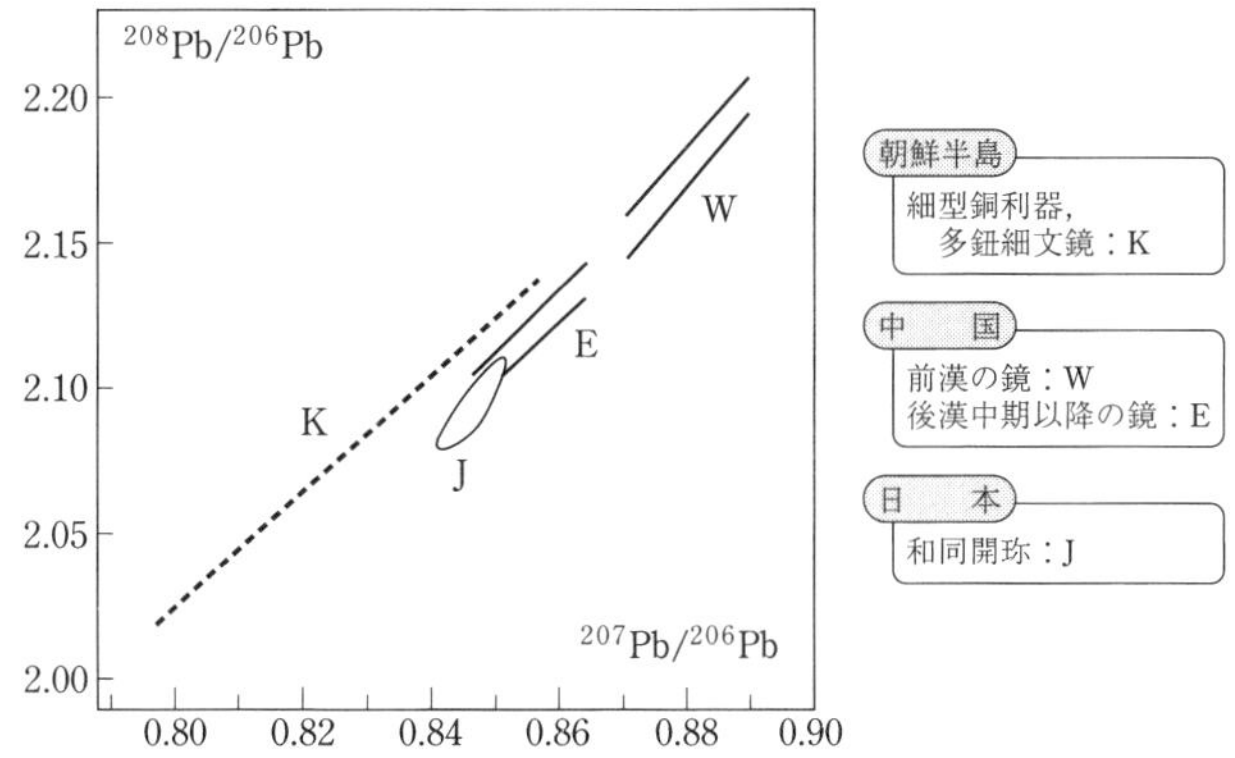

図3-8 東アジア青銅器の鉛同位体比図[13]

みよう。まず銅鐸であるが、佐原真の鈕（吊り手）による分類で菱環鈕式と呼ばれる最古段階のものはKの領域に現れ、朝鮮半島の細型銅利器などと同じ領域に来る。次の段階の外縁付鈕式の古段階のものは、KとWの両方の領域のものが見出される。中段階の扁平鈕式、新段階の突線鈕式はともにWの領域になる。

また、青銅鏡は、弥生時代のものはほとんどがW領域で、古墳時代からはEの領域に変化する。これらの変化は、青銅器に用いられる鉛の原料とその入手経路の時代的な変化を示唆している。

ここでは、鉛同位体比のデータから、青銅器素材の共通性を論ずることができることを見た。そこに、年代情報を持ち込むことで、地域を越えて流通する青銅器の鉛原料の共通性と時代変化を追うことができる。

考古学はこれまでひろく隣接分野の研究成果を取り入れて発展してきた。科学とそれを基礎とする科学技術は日進月歩であり、考古学にもその成果を積極的に取り入れる努力がなされている。ここでは紙

13 馬淵久夫「青銅器文化の流れを追って」『続考古学のための化学10章』東京大学出版会、一九九二年。

面の都合から、さまざまな自然科学の研究法の中からその中のごく一部の研究、すなわち、年輪年代法・^{14}C年代法と鉛同位体法を取り上げて解説した。

こうした自然科学の方法から得られる情報を、総合的な視点にたち考古学の研究に活用する努力が重要であることを、最後に強調したい。

参考文献

1．長友恒人編『考古学のための年代測定学入門』古今書院、一九九九年。
2．馬淵久夫・富永健編『考古学と化学をむすぶ』東京大学出版会、二〇〇〇年。
3．光谷拓実『日本の美術6　年輪年代法と文化財』二〇〇一年。
4．今村峯雄「考古学における^{14}C年代測定　高精度化と信頼性に関する諸問題」『考古学と化学をむすぶ』東京大学出版会、二〇〇〇年。

4 先土器時代から縄文時代へ

今村啓爾

一、先土器文化研究の進展と遺跡ねつ造事件

●岩宿遺跡の発見とローム層の研究

一九四七年アマチュア考古学者相沢忠洋によって群馬県笠懸町岩宿遺跡が発見され、日本に縄文時代より前、土器出現以前に人類文化が存在したことが明らかになった。この発見に触発され、日本の各地で先土器時代に属する遺跡の発見が相次ぐところとなった。この時代の遺跡は、関東地方では関東ローム層と呼ばれる火山灰の堆積の中から発見されたので、これをきっかけに地質学者による関東ローム層の研究も進展した。

南関東地方では段丘地形との関係でローム層が大きく四つに区分された。立川ロームは一番上の立川段丘面が形成されてから後の堆積部分である（図4-1）。立川ロームの部分を詳しく見ると、東京都の台地上ではどこでも図4-2のように地層が重なっている。暗色帯というのは色が少し黒っぽい部分で、腐植質を多く含んでいる。関東ローム層は富士山・箱根といった関東西部の火山から噴出した火山灰が堆積したものなので、広い地域に同じような堆積が見られるのである。この重なっている地層のどれに含まれているかによって、その遺跡の古さや他の遺跡との年代関係がわかるので、地層の判定は先土器文化研究の第一歩となる。もちろんこのような細かい地層の重なり方は日本の地域ごとに異なるが、それらを越えて広く分布する広

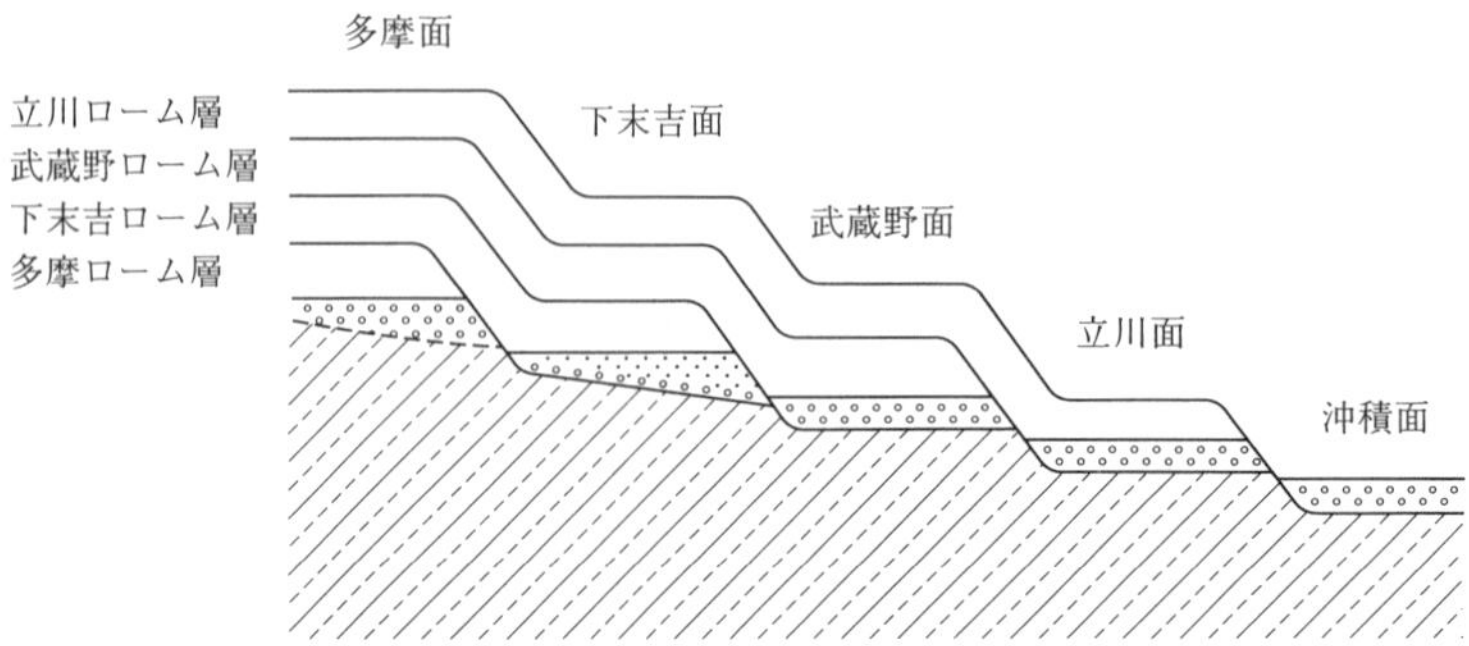

図4－1　関東ローム層の堆積と段丘地形の関係

域火山灰というものもある。その代表例が立川ロームの第1暗色帯と第2暗色帯の間にあるATパミスと呼ばれるもので、これは現在の鹿児島湾に位置する姶良《あいら》カルデラという火山が約二万一千年前に大爆発をしたときに噴出され、ほぼ九州から本州の全域に堆積したガラス質の火山灰である。このような広い地域に及んでいる地層の存在によって地方間の地層の年代関係を把握することができる。

●前・中期旧石器存否論争

このように遺跡の発見が進んでいったが、確実な遺跡は関東ローム層の一番上の、立川ロームと他の地域の同じ時代の地層からだけ発見され、それより下のもっと古い地層である武蔵野ロームや下末吉ロームからは発見されること

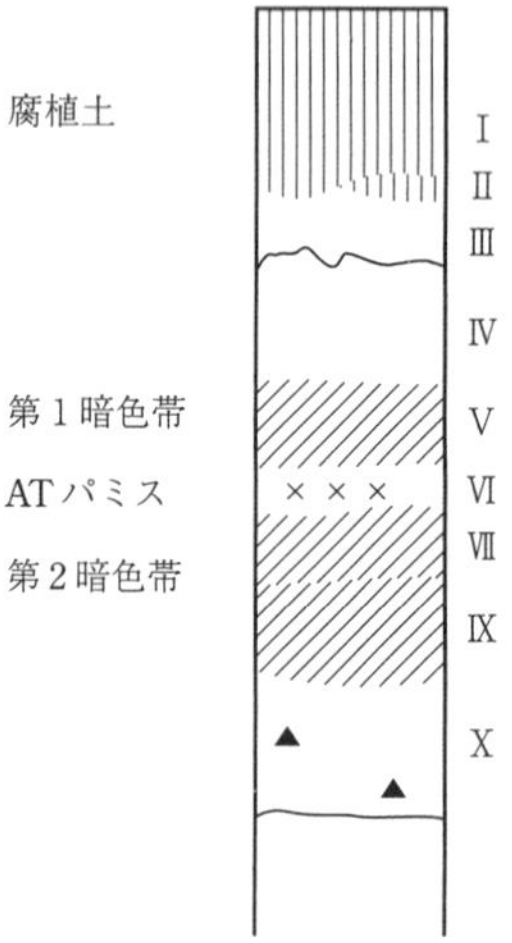

図4－2　立川ローム層の区分

がなかった。立川ロームは約三万年前よりも後、世界の時代区分でいうと後期旧石器時代に相当する地層である。そこで日本には三万年以前の、世界の前期・中期旧石器時代に相当する時代の遺跡はないのか、その頃は人が住んでいなかったのかということが問題となった。多くの学者がこの三万年前という年代の壁を破ってさらに古い遺跡を発見しようと努力した結果、可能性のある候補として多くの地点があげられた。しかし、確かに人の作った石器が採集されたところでは含まれていた地層が確認できないし、古い地層から出たことが確かなものは本当に人の手による石器とは認め難いとして、誰もが納得する証拠は得られず、前・中期旧石器の存否論争が続いた。

●遺跡ねつ造事件

ところが一九八〇年代に入り、宮城県の座散乱木《ざざらぎ》というところで三万年をさかのぼる古い地層から、確かに人が打ち欠いたと認められる石器が発掘され、待望の確実な資料として注目されるところとなった。この遺跡の「発見」と「発掘」には藤村新一というアマチュアの石器収集家がかかわっていたが、彼はそれからも次々にさらに古い「遺跡」を「発見」してゆき、遺跡発見の超能力者として研究者やマスコミの賛辞を集めるところとなった。

彼のすばらしい遺跡発見能力に魅せられた数人の考古学者たちが彼とチームを組み、一緒に調査を進めたことがかえって問題を大きくすることになった。藤村は縄文時代の遺跡で現在は畑になっているようなところで採集した人工の石片をたくさん持っていたが、発掘のときに仲間の目を盗んで、そのような石片を古い地層の中に埋め込んでいったのである。調査をしている人たちにとってみれば、いままさに自分たちが露出させた古い地層の中に含まれていたのだから、当然その地層の時代の石器だと信じて疑わない。

このようにしてまず一緒に発掘をしている専門の考古学者たちがだまされ、その専門家たちが学会で学術的な報告をするものだから考古学界全体も信用することになった。彼は名声を求めてますます古い地層の中に石器を埋め込む、そのたびに新聞やテレビが日本最古の遺跡の発見として大きく報道するというとんでもないことが二十年も繰り返されることになった。もっとも、小田静夫や共同研究者のキーリーらは早い段階から石器の包含状態に対する疑問を示し、石器ではないと批判したが、その意見に賛成する人はほとんどいなかった。出土したのが人の手になる加工品であることは疑う余地がなかったからである。

二〇〇〇年十一月、毎日新聞社のカメラマンが早朝遺跡で石器を埋め込む藤村の姿を撮影するというスクープをきっかけに、彼がそれまで発見したと称していた二百個所に近い数の遺跡がすべてねつ造であることが明らかになった。こうして日本に前・中期旧石器時代に相当する遺跡があるのかどうかという問題は二十年前まで立ち戻ることになった。

その後学界では、藤村が関与していない遺跡で年代の古いものがあるかどうか、すべての遺跡の洗い直しが進行しているが、現在のところ愛知県加生沢《かせいざわ》、大分県早水台《そうずだい》、岩手県金取《かねどり》などが有力な候補となっている。加生沢は遺跡自体が工事で失われてしまっているが、金取は遺跡が残っており、二〇〇三年の再調査で地層の古さも確認されたので今後の調査の進展が待たれる。

二、石器の研究

●先土器文化研究のありかた

遺跡ねつ造を見抜けなかったことにおいてすべての考古学者は責任を免れないのかもしれな

い。しかし藤村を囲む、資料の公開にも閉鎖的な団体によって犯された誤りを考古学者全体の責任とするのは理不尽である。なぜなら世界の後期旧石器時代に相当する新しい部分については、日本中ですでに五千個所もの確実な遺跡が発見されており、しかもこの時代については、発見成果主義とは無縁な地味な調査・研究が多くの人たちによって続けられ、世界に誇れる着実な成果が積み重ねられてきたのである。このような汗と努力の結晶である正当な学術研究の成果まで、功名心にはやるねつ造行為と混同され、評価が損なわれることがあってはならない。

日本の先土器時代の遺跡では、ごく例外的な場合を除き、木や骨で作られた道具は長い年月のうちに分解してしまっているので、石以外のものが出土することはほとんどない。遺構として確実なものに、調理に使われた焼け石からなる「礫群《れきぐん》」や少数の墓穴があるが、住居については、そう主張されているものは少なくないのだが、どれも確実とはいいがたいのが実情である。要するに石器以外の資料が極めて乏しいのが日本のこの時代の遺跡であり、研究は石器という限られた資料を手がかりに、どこまで失われた生活や文化を復元できるかという課題への挑戦となるのである。

●石器の変化

立川ロームの時代の地層の中に含まれる石器の種類は年代とともに変化する。ATパミスより下、三万年から二万一千年前の段階では、石斧《せきふ》、初歩的なナイフ形石器、台形様石器などが主体であるが（図4-3）、この時代の文化の特徴として地域差が小さいことがあげられる。北海道から九州まで類似の石器をもつ文化が広がっていたのである。石器の中でもとくに注目されるのが石斧で、数も多く、しばしば先を磨いて刃をつけている。これは世界で最も古い磨製石器である。もともとヨーロッパで旧石器時代という言葉が作られたとき、磨製石器が存在しないことが基本的な特徴として認識されたが、驚くべきことに年代的に相当する日本の先土器時代には磨製石器が存在するのである。

ATパミスより上の層、つまり姶良カルデラの爆発という出来事より後の時代になると、石斧はほとんど見られなくなり、ナイフ形石器の製作技術が向上し、やがて槍先形石器が現れてナイフ形石器と交代していく。そのほかにも台形石器やスクレイパー、彫器などの発達が見られる。この時期の特徴は、地域ごとの石器作りの間にはっきりした違い、地域差が明確になる点であるが、とくに現在の瀬戸内海を取り囲む近畿・中国・四国地方では瀬戸内技法と呼ばれる特別な剝《はく》片製作技法（図4-4）を土台にして国府型ナイフが作られた。これはこの地域で石器作りに利用されたサヌカイトという石の性質に適応した技術と考えられてい

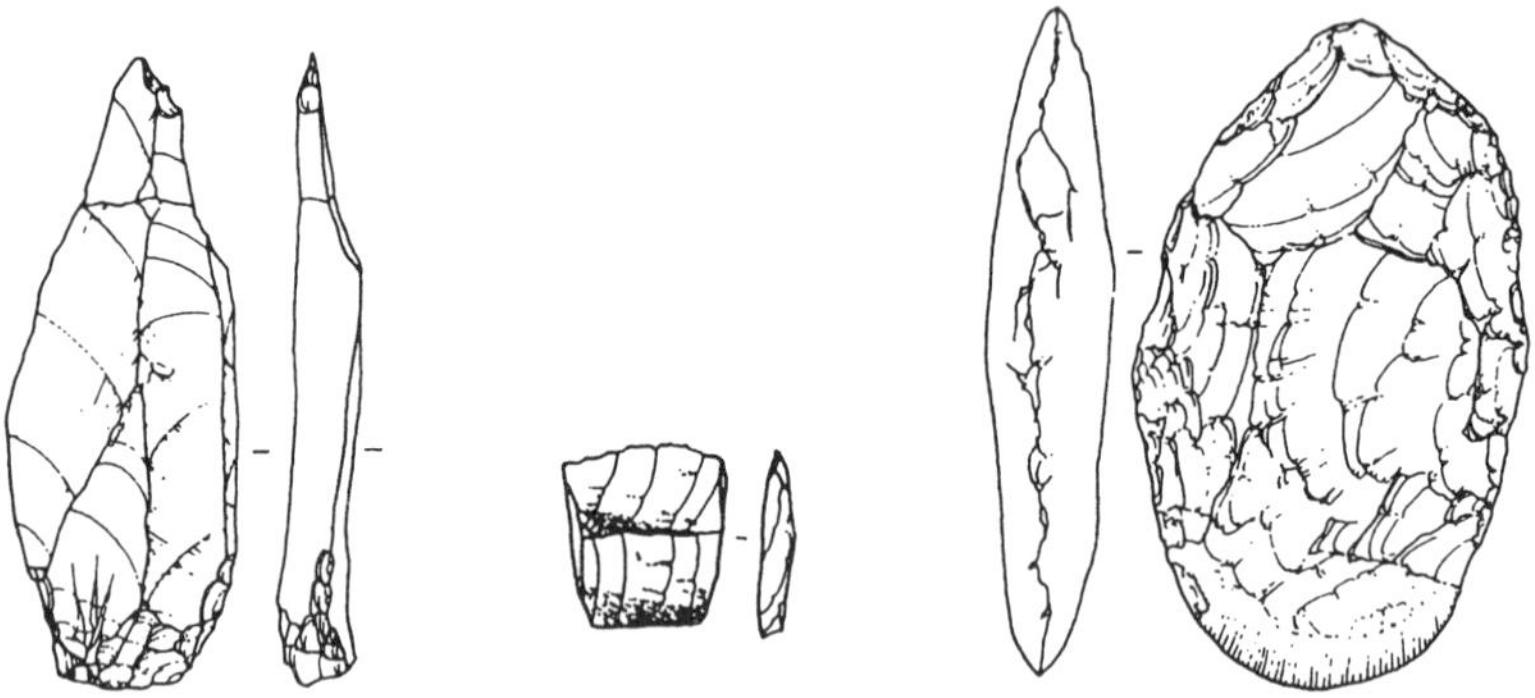

図4-3　立川ローム層下部の石器（東京小平市鈴木遺跡、左から初歩的なナイフ形石器、台形様石器、刃部磨製石斧）

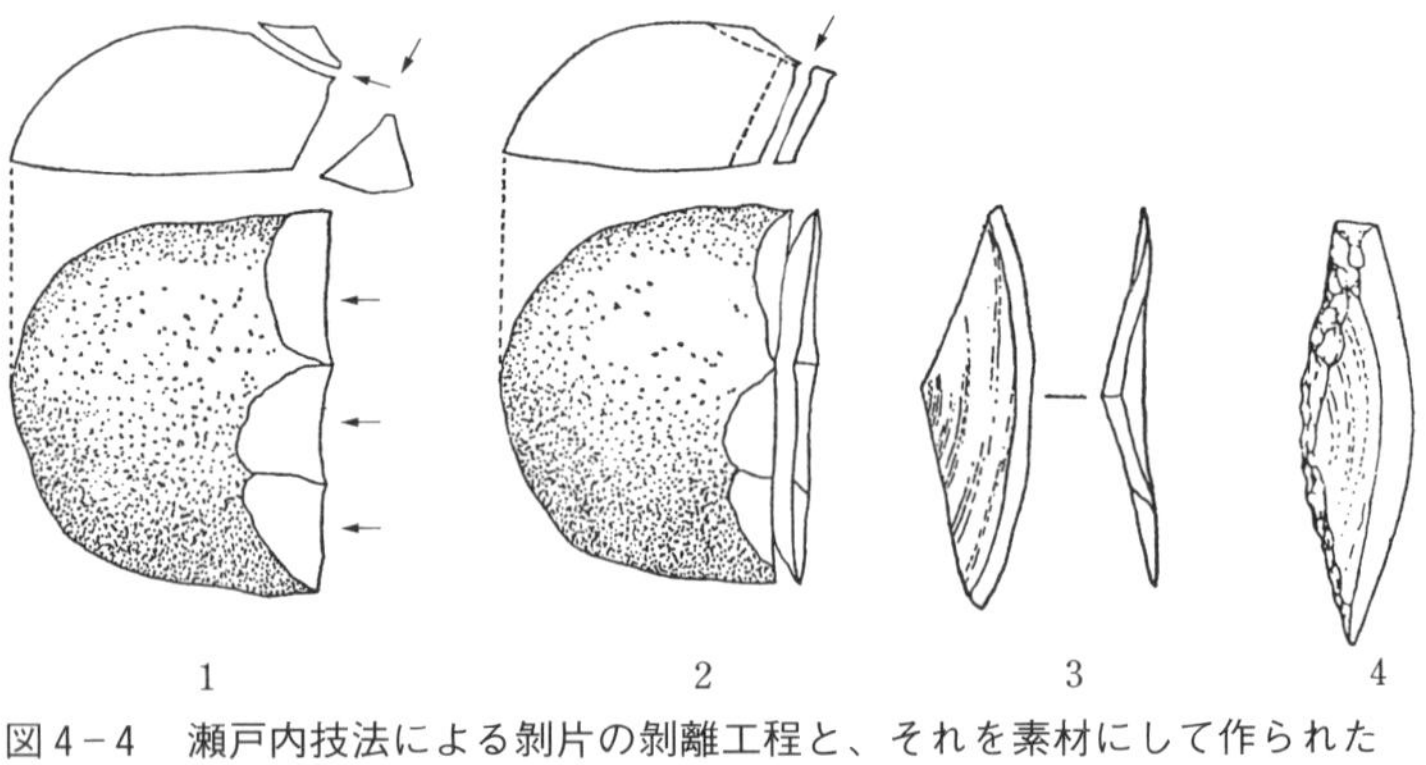

図4-4　瀬戸内技法による剝片の剝離工程と、それを素材にして作られた国府型ナイフ（鎌木義昌による）

る。

●石器の接合研究

日本の先土器文化研究で重要な方法になっているのが石器の接合である。遺跡を発掘したとき、狭い範囲から同じ質の石の破片がまとまって出土することがある。これは一つの原石を打ち欠いて石器を作った跡だと考えられるので、そのような石の破片を一括して研究室に持ち帰り、立体ジグソーパズルのようにくっつけていく。これがうまくできると、当時の人たちが原石をどのような順序で割っていって石器を作ったのか、石器作りの技術が復元できることになる。先土器時代の人たちは一人一人自分勝手な流儀で石器を作っていたのではなく、彼らが属する集団の文化的伝統に従い、共通の方法で石器を作っていた。だから接合研究で石器作りの技術が復元できると、石器の形どうしを外見で比較するのよりもずっと正確に石器作りの技術や変化、ひいては文化全体のつながりも解明される。さらにまた、この分析方法は、当時の人々の移動と停泊の生活のありかたを知るための有力な手段と考えられていることを次に紹介しよう。

●石器材料の消費の経過と移動生活

図4-5に示したのは埼玉県の砂川遺跡で発掘された接合資料である。石刃という短冊形の石片を作り、それをナイフ形石器に加工する工程が復元された資料であるが、これから面白いことがわかる。まず類型Aの資料であるが、原石を打ち欠きはじめた初期の段階の石片がなくて、中ぐらいの段階からあとの部分がひとかたまりに接合されている。これはどこか別の場所で原石の打ち欠きが始まり、ある程度小さくなってからこの砂川遺跡に持ち込まれ、最後まで使い切られたことになる。また類型Bの資料では、打ち欠きの初めの部分は発掘されたけれど、

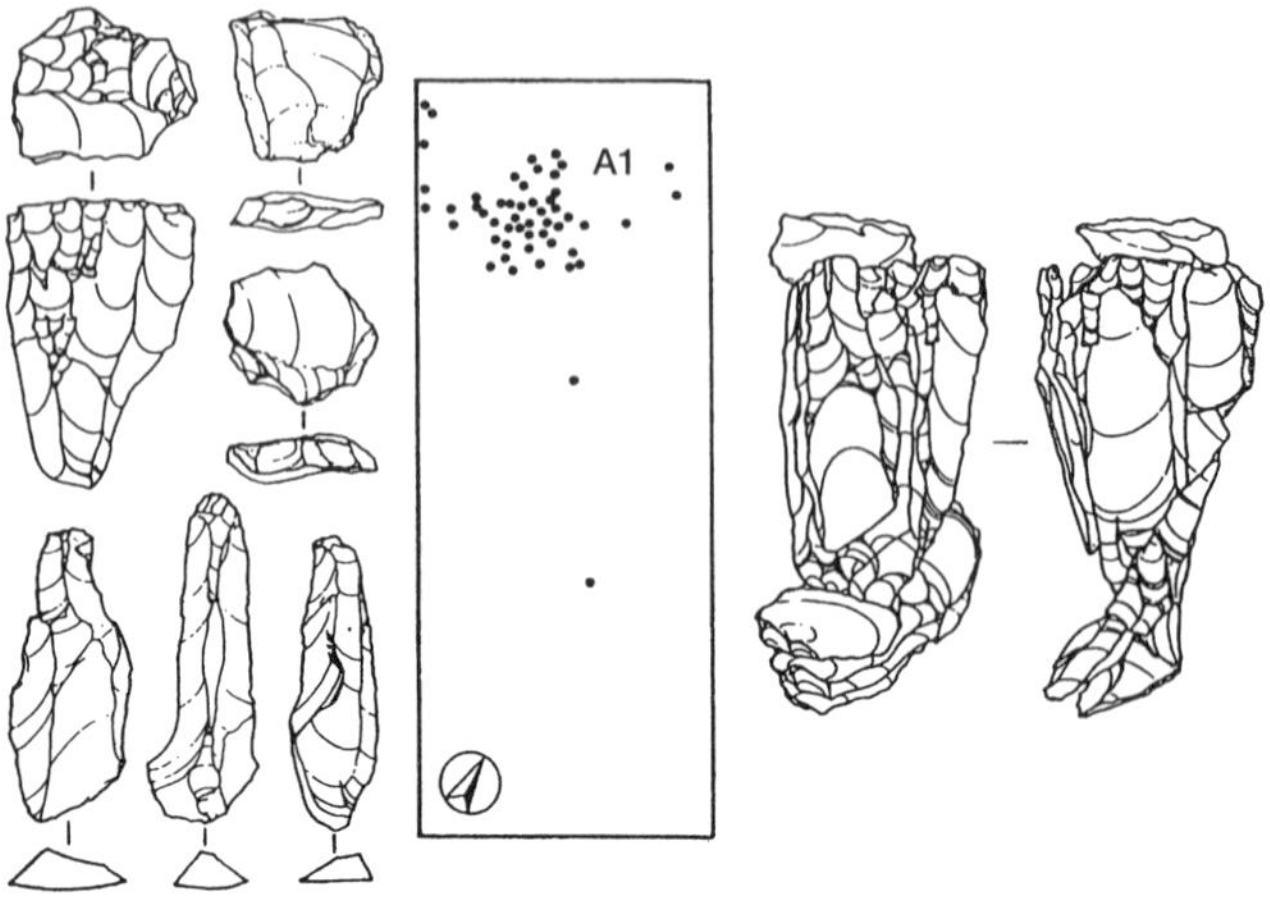

類型A

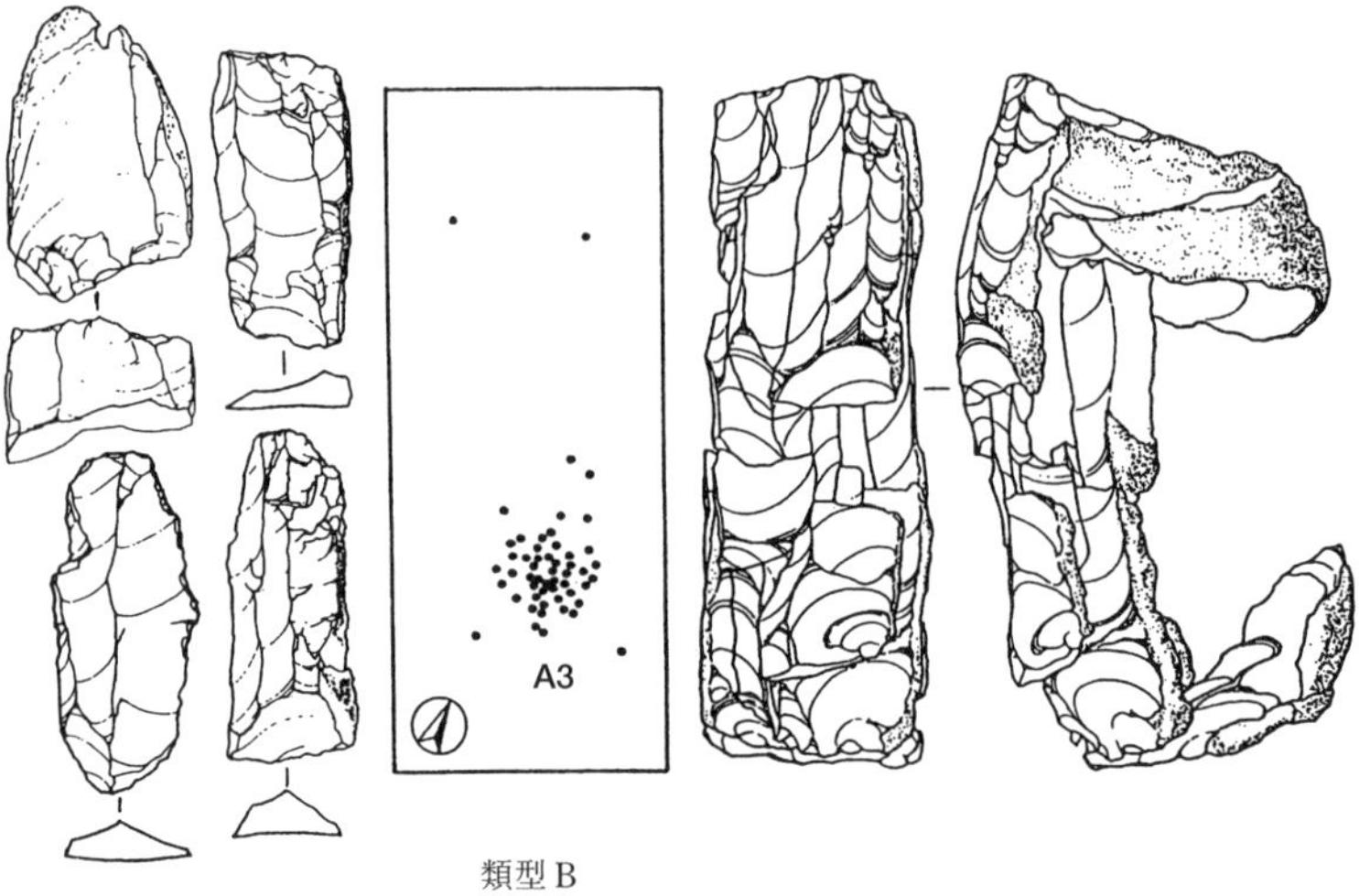

類型B

図4－5　埼玉県砂川遺跡の接合資料（左は接合前、右は接合後、中央は出土時の分布）

芯に近い部分がすぽっと抜けており、その部分の破片はまったくこの遺跡に残されていない。これはこの遺跡で途中まで使ったあと、残りの部分を他の場所に運び出して使ったものと考えられる。あるいはまた図にはないが、ナイフ形石器が出土したが、それを作ったときに出たはずの石片がまったくこの遺跡に残されていない場合を類型Cと呼ぼう。他の場所で作られた石器の完成品だけが砂川に持ち込まれた場合である。このような一連の資料の動きを模式的に表現したのが図4-6である。これを見ると、一つの原石を打ち欠いて石器を作り消費していくという、常識的には比較的短時間で終了すると思われる経過が、実際にはこの砂川遺跡内で全部行われたわけではなく、砂川に来る前の場所で始まって、砂川に持ち込まれたり、砂川で始まり、移動していった先で続けられたりしたことがわかる。当時の人々の生活の移動性が非常に

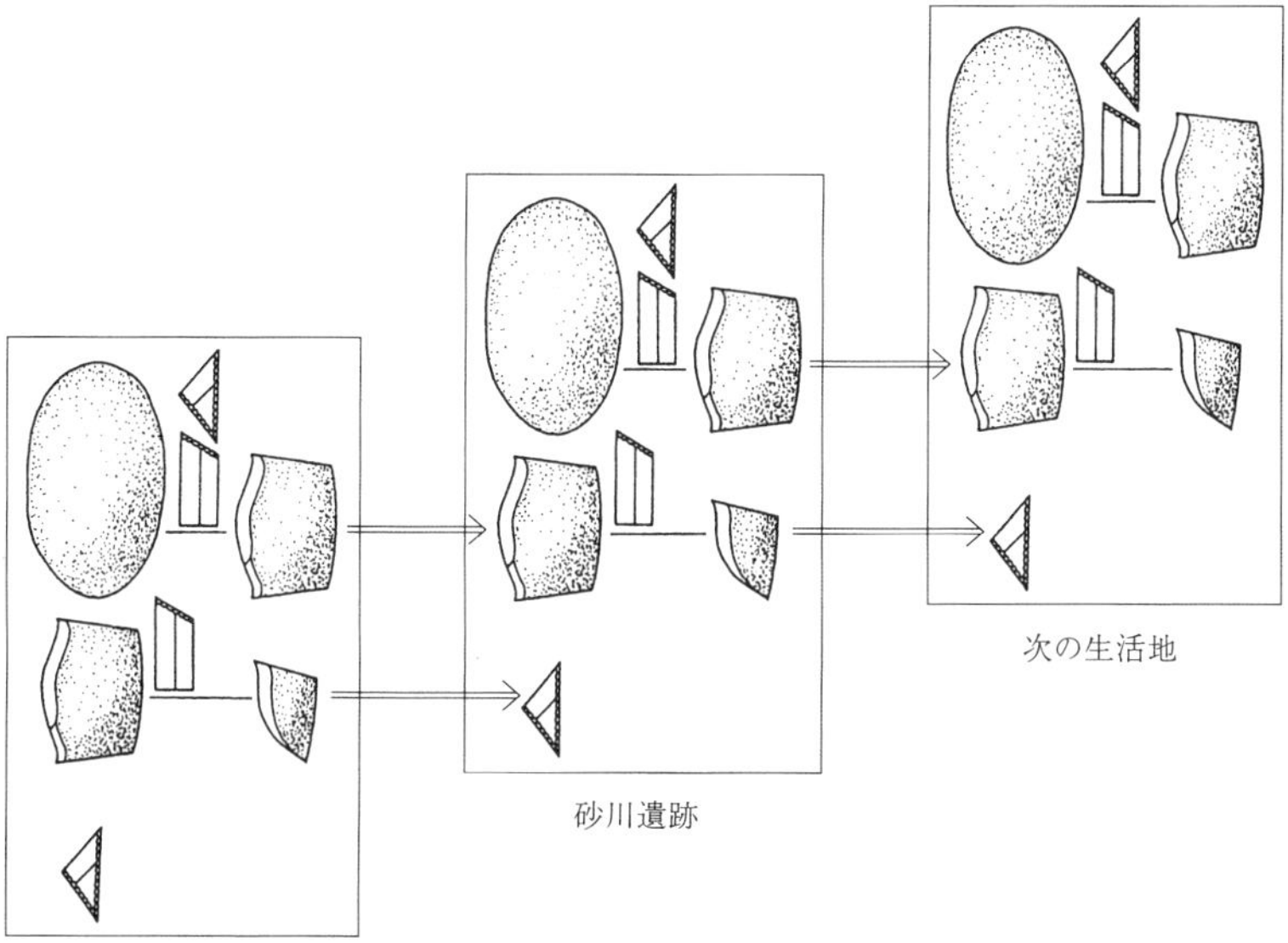

図4－6　砂川遺跡と来る前の場所、次に行く場所での石器製作作業のつながり
（安蒜政雄による）

高く、次々に生活の場所を代えながら移動していたことがわかる。このような生活形態を「遊動」という。縄文時代に竪穴住居という固定的な住居を作って一個所に長く暮らした定住的な生活とは大きく異なっていたのである。

三、先土器時代の環境と生活

●遊動生活の実態

先土器時代の遊動生活は、あてもなくさまよったのではなく、季節、季節の食料資源がある場所や、石器材料の取れる場所をうまくつないで巡回するようなサイクルになっていたと想像されている。ただそうすると、砂川遺跡での分析の結果と同じ状態を前と後にも想定し、同じパターンが繰り返していくという図4-6のような見方には問題があるかもしれない。先土器時代の中の同じ時期の遺跡でも、大きな遺跡、小さな遺跡、石器製作が盛んに行われた遺跡、石器の補修ぐらいしか行われなかった遺跡、新しい石材をたくさん持ち込んだ遺跡、手持ちの材料を大事に使った遺跡などといった個性があり、遊動生活の中でも場所ごとに行われた作業の違いがあったと見られるからである。

この点で興味深いのは、環状ブロック群というものが残された大きな遺跡である。砂川遺跡より古い時期に多く見られるものなので、砂川とつなぎ合わせて遊動を考えるわけにはいかないが、中央が空白になっていて、その周りを多数のブロックがドーナッツ形にとりまく特徴的な分布をしている。直径はさまざまだが、大きなものでは五〇メートルを超える。次章で触れる縄文時代の環状集落を連想させる形だが、そのように定住的なものではなく、一時的に何かの理由で多くの人たちが集まり、作業を行った跡であろう。

このような大小さまざまな遺跡ごとの個性を理解し、移動生活の中でも役割の違う地点としてとらえ、それらにおける異なった作業をつなぎ合わせて進行する遊動生活を復元し、いきいきとした生活の様を描き出すことが先土器時代研究の課題となっている。

●氷河時代

先土器時代は地質学で更新世、一般的な言葉では氷河時代と呼ばれる時代に属する。この環境を実感させる遺跡として、二万三千年から二万年前と年代測定されている宮城県仙台市富沢遺跡がある。遺跡というよりは、自然の森が低湿地に埋もれて残ったものなのだが、少数のナイフ形石器も出土しており、人間の活動の舞台であったことは確かである。多くの樹木の株が出ているが、トウヒ属が約四割、残りがカラマツ属とモミ属というように、大部分が針葉樹である。

このような植生の景観は現在では北海道の北部やサハリンまでいかないと見られないもので、年間平均気温は今より七、八度も低かったと推定される。いくら氷河時代といっても、日本列島の平野まで氷河で覆われることはなかった。ただ気候は現在よりはるかに寒冷で、植物もそれを食べる草食動物の種類も大きく異なっていたのである。

針葉樹は広葉樹と違って食用になるナッツを実らせるものが少ないので、縄文時代のように植物質の食料に大きく依存する生活は困難であった。

●出所の異なる資料のつなぎ合わせ

さきに、日本の先土器の遺跡では動物の骨が残っていることがほとんどないといった。富沢遺跡も同様で、このような低湿地では骨が残る条件があるのにもかかわらず、発見はされなかった。しかし、実際に動物の骨が多く掘り出されたところとして、長野県野尻湖の立ヶ鼻や岩手県の花泉がある。ナウマンゾウ、オオツノシカ、ヘラジカ、バイソンなど、現在では見られない大型の草食動物が主体である。ただ、このような動物の骨がよく残っているところでは人の影が薄く、花泉では骨を磨いて尖らせたらしいものがわずかに人とのかかわりを思わせるくらいで、野尻湖も、動物の狩猟と解体をした場所と広くいわれているわりには定型的な石器が少ない。野尻湖は年代的には中期旧石器時代にあたり、現在その時代の人類文化が日本列島に存在したのか、再び問い直される状況になっているだけに、慎重な再検討が望まれる。

先土器時代の人骨としては、沖縄の港川や山下町で石灰岩の割れ目から見つかったものが有名であるが、沖縄では先土器時代の石器が全県で一点も発見されていないという、ちぐはぐな状態である。

現在の研究では、条件の違う場所から検出された人間の生活の跡と植物の遺存、動物の骨、人の骨を組み合わせて復元図を描いていることに注意する必要がある。

●狩猟を主とする生活

ナイフ形石器というのはナイフの形をしているということで、必ずしも実際の用途が物を切るナイフであったことを意味するわけではない。石器の用途を知ることは難しいが、ナイフ形石器が必ず尖った先端を持つこと、木の柄につけるため基部に加工が加えられたものがあることから、狩猟のための道具とみるのが妥当である。やがて槍先形石器と交代していく様子からも狩猟の道具といってよい。先土器時代にはこれらの道具が石器全体の中で大きな部分を占めたことから、主な生業は狩猟であったと考えられる。近年箱根山麓静岡県三島市の初音ヶ原遺跡などでこの時代の陥穴群が発掘されているが、何列にも重ねて配置されたもので、縄文時代にも見られない大規模なものである。おそらくいくつものグループの人たちが集まって共同で陥穴の列に獣を追い込む狩猟を行ったのであろう。

対象とした動物の種類を特定することは難しいが、可能性が高いのはシカの類であろう。雨量が少なく草地の広がっていた環境では、シカなどの草食動物が群生していたことが想像される。この時期までは生存したと見られる、オオツノシカやナウマンゾウなどの大型獣が対象になった可能性もあろう。このような大型獣だと、とても全身が完全に落ち込む大きさではないから、足を穴に落としてもがいているところを仕留めたのではないだろうか。縄文時代の陥穴は楕円形や溝形で動物がすぽっとはまって動けなくなるようになっている。また足を拘束する装置を備えていて、動けなくなっているところを見回って捕らえたのに対し、先土器時代の陥穴は円形で動きを拘束する装置もないなど、実際の使用法はかなり違っていたように思われる。

四、大陸とのつながりと土器の出現

●細石刃文化の広がりと神子柴文化

東北アジアでは、旧石器時代の終わり近くになると広く細石刃文化が分布した。細石刃と呼ばれるのはごく小さな短冊形の石刃のことで、これをたくさん作り、骨で作った軸にはめ込んで槍などの道具として使用したのである。このような小さく規則的な形の石片は適当に石を割って作れるものではなく、製作のための特別な技術が発達した。湧別技法はその代表的なものである。

湧別技法や類似の細石刃は、東ロシア、中国北部、朝鮮半島、日本を含む東北アジアの広大な地域で用いられ、ベーリング海峡を渡ってアラスカにも広がった。最近の調査によると北海道ではかなり早く、本州でまだ盛んにナイフ形石器が用いられている時期にこれが普及したことが明らかになった。初期のものは湧別技法のように完成したものではなく、初めは大きな石刃を剝《は》ぎ取り、石核が小さくなるにつれて細石刃が剝ぎ取られるものであった。そうすると、細石刃技法は完成したものが伝わって来たというよりも、東北アジア全体で技法が進歩していった。その一端を北海道が担っていたと理解すべきなのであろう。この頃北海道は大陸と地続きで、サハリン、北海道はアジア大陸から突き出た半島を形成していた。北海道にはマンモスも来ており、その骨が発見されている。

津軽海峡は深いので海面が下がっても地続きにはならず、交通の障害になっていたが、やがてこの北方系の細石刃文化は津軽海峡を渡り本州を南下した。この頃別に大型の石槍や片刃の磨製石斧を特徴とする神子柴文化と呼ばれるものがあり、両文化が複雑な交渉をもったと考えられるが、その実態は十分明らかにされていない。

●土器の出現

さて、日本最古の土器は、本州の細石刃文化の中でも末期の遺跡や神子柴文化の遺跡の中に見られる。しかし、それは少数の遺跡にごく少量見られるにすぎない。年代は一万三千年前(較正一万五千五百年前)頃と測定されている。最初の土器が日本で発明されたのか大陸から伝わってきたのか明らかではないが、この問題に関し、近年ロシアのアムール川流域のオシポフカ文化が注目されている。ほぼ同じ年代の文化で、しかも細石刃や大型の石槍を有するなど日本で最初に土器を伴う文化と類似性がある。しかし、そこには神子柴文化の特徴である片刃の石斧は見られないといった大きな違いもある。また中間地域のサハリンや北海道では古い土器が見つかっておらず、日本列島の土器出現過程の解明は今後の研究にまつべきところが大きい。

この土器出現の時期の生業は、先土器時代と同様に狩猟が中心であり、移動性の高い生活で

住 居 址

石　槍

土 器 片

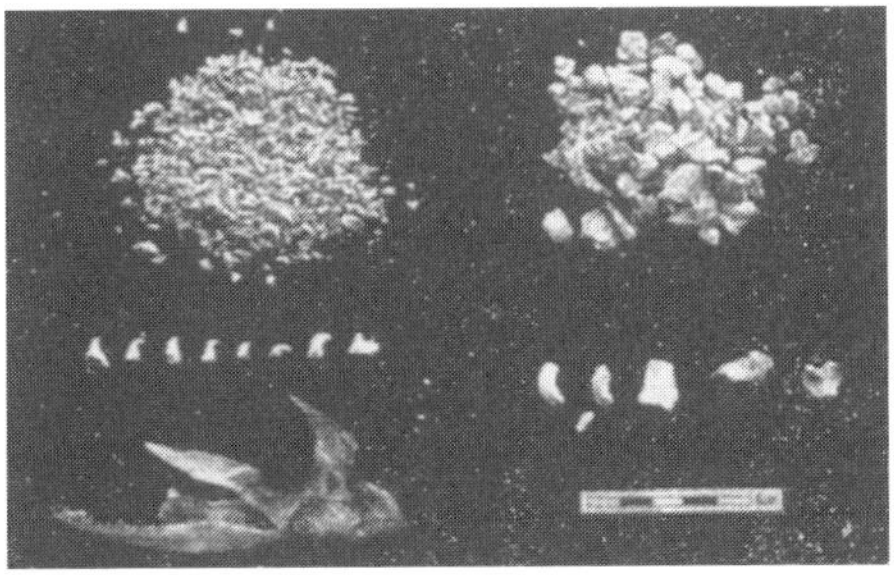

サケの骨

図4－7　東京都あきるの市前田耕地遺跡

は土器のように重く壊れやすい道具はけっして便利なものとはいえず、多くは作られなかったのであろう。それでもこの時期に属する東京都の多摩川に近い前田耕地遺跡では、住居址と土器のほかに大量のサケの骨が発掘されている（図4-7）。秋に産卵のためにさかのぼるサケを集中的に捕らえ、保存加工することによって安定した生活を獲得していたようで、住居址や土器の存在は定住化へのきざしを示し、生活に新しい変化が生まれていたことを物語る。

次章ではこのようにして出現した土器を持つ文化が、気候の温暖化とともに縄文文化としての安定した生活の形態を獲得し、日本列島に広がっていく様子を見る。

日本と世界の時代名の整理

この章では先土器時代という言葉と旧石器時代という言葉、そして地質学の更新世という言葉などが出てきて、言葉の使い分けがわかりにくかったと思われるので、これらの言葉を整理しておきたい。大事なことは、旧石器時代・中石器時代・新石器時代・青銅器時代・鉄器時代という言葉はヨーロッパで作られた言葉で、日本の先土器（岩宿）時代・縄文時代・弥生時代・古墳時代という区分の仕方と分け方の原理が違っていることである。この大原則をしっかり押さえておけば混乱することはないはずなのだが、困ったことに世界の旧石器時代という言葉だけを借りてきて、日本独自の時代区分の前に置き、旧石器時代―縄文時代―弥生時代と並べることが広く行われているのである。世界の旧石器時代の終わりの年代と、日本の先土器時代―縄文時代の境が一致しているのなら、それでも大きな不都合は生じないであろうが、実際にはずれていて、縄文時代の初めの部分（草創期）は世界の旧石器時代に相当するのだから、混乱は避けられない。

さて、旧石器時代―（中石器時代）―新石器時代―青銅器時代―鉄器時代という区分はヨーロッパで考案されたものだといったが、考古学という学問が世界各地で行われるようになると、それらの地域にもかなり無理をしながらあてはめられるようになっていった。日本ではむしろ縄文時代―弥生時代―古墳時代という独自の時代区分を考案した。そこで両者の対応関係が問われることになる。

ヨーロッパで考案された「旧石器時代」は、本来、「1．地質学の更新世（氷河時代）に属し」、「2．打製石器だけを用いた時代」という二重の意味だったが、現在では1．を基準として世界にあてはめられるようになった。日本では更新世に磨製石器がたくさんあるから2．の定義はあてはまらない。1．の基準に従うと、更新世は世界の地質学で、地球全体を対象にして一万年以前（較正一万一千五百年以前）の時代とされているから、要するに世界各地で一万年以前の時代を旧石器時代と呼べばよいということでとてもわかりやすい。ところで「新石器時代」のほうはもともと「磨製石器の使用された時代」という定義であったが、その後農耕牧畜という食料生産の開始が人間の歴史にとって非常に重要であるという認識が生まれ、こちらをもって定義するようになった。しかし、いうまでもなく更新世が終わり完新世に入ったときに、世界で一斉に農耕牧畜が開始されたわけではなく、それが行われたのは一部の先進地域に限られていた。それで、完新世になっても農耕牧畜が始められる前のいわば隙間の部分を「中石器時代」と呼んで調整されることになった。

日本の縄文時代は土器の出現で画され、弥生時代は水稲耕作の開始、古墳時代は前方後円墳という政治的統合を示す墓の形によって画されており、それらの区分の基準はそれぞれ違っている。

　以上を踏まえた上で日本の時代区分と世界の時代区分を対比してみよう。日本では土器の出現が更新世の中にまでさかのぼることがわかってきた。だから縄文時代の最初の部分（草創期）は、世界的時代区分にあてはめると、旧石器時代の終わりの部分ということになる。旧石器時代に土器がないことは世界の常識とされているが、縄文草創期は土器がある旧石器時代ということになる。日本で「旧石器時代」という言葉を使っていけないわけではない。しかし、使うなら世界的な視野の中で日本を論ずる場合に用い、境界線も世界と同じ基準で引く必要がある。

　もう一つ面倒なことに、「先土器時代」と同じ意味で「岩宿時代」という言葉も使われるようになってきたが、その一つの理由は、「先土器」というのは土器出現のちょっと前という印象を与える言葉であるから、いまや数十万年前までさかのぼることになった時代が「先土器」では具合が悪いというものであった。ところが、本章でもふれたように、旧石器遺跡ねつ造の発覚によって、日本にそのような古い遺跡があるのかどうかは再び一から検討しなおさなければならなくなった。「岩宿時代」を使うべき根拠が薄くなってしまったのである。縄文時代は土器出現以後であるから、縄文以前は「先土器時代」として矛盾が生じることはないし、言葉の意味が考古学者以外の人や外国の人にもすぐにわかるのも良い点である。

　なお、日本の考古学では新石器時代という言葉はあまり用い

日本独自の時代区分	先土器時代	縄文時代 草創期	縄文時代 早期	縄文時代 前期～晩期		弥生時代
日本の区分にヨーロッパの区分法をあてはめると	先土器旧石器時代	土器のある旧石器時代	中石器時代？	森林性新石器時代		鉄器時代
世界の時代区分	旧石器時代後期		中石器時代	新石器時代	青銅器時代	鉄器時代

図4－8　日本の時代区分と世界の時代区分の対比

られないが、もし用いるとしたら、この言葉も発明地であるヨーロッパの使いかたに合わせ、食料生産の始まった時代からあとをそう呼ぶべきである。そこで、次章でとりあげる縄文時代に食料生産があったのかどうかという問題にかかわることになる。

最後に、日本の時代名とそれを世界の用語で書き直したものを括弧内に記し、世界の時代区分と対比して示す（図4-8）。

参考文献

1．安蒜政雄編『日本人類文化の起源』六興出版、一九八八年。
2．稲田孝司『遊動する旧石器人』先史日本を復元する1、岩波書店、二〇〇一年。

5 縄文文化の実像

今村啓爾

一、縄文文化の成立

●先土器時代から縄文時代へ

先土器時代から縄文時代への移行は、土器の出現をメルクマールにして分けられている。日本における土器の出現については前章で触れたが、それは氷河時代の最後の時期にあたり、その頃地球は大きな振幅で寒暖の変化を繰り返しながら温暖化の方向へ向かっていた。このような環境の中で縄文文化の胎動が始まり、やがて本格的な温暖気候の到来とともに、名実ともに縄文時代の特徴をそなえた文化が確立して日本列島全体に広がっていったのである。

縄文文化の本質を一言で表現するなら、日本列島の完新世（氷河時代よりあとの気候が現在とほぼ同じになった時期）の自然環境に適応した文化ということになろう。

●気候の温暖化と海面の上昇

地質学でいう更新世から完新世への気候変化は、初め北ヨーロッパの花粉分析で明らかにされ、時期区分の名前がつけられた。温暖化の過程は必ずしも順調ではなく、何度も寒冷気候が戻ってくる現象を繰り返しながら現在の気候に近づいていったことが知られている。寒冷気候が戻る時期にはドライアス（チョウノスケソウ）という植物の花粉が特徴的に出てくるのでドライアス期と呼ばれ、三回ほど繰り返したことが知られている。この気候変化は、グリーンランドの厚い氷の層から抜き取った、ボーリングコアに含まれる酸素同位体の含有率の変化からも裏付けられている（図5－1）。このようなヨーロッパや極北の気候変化がそのまま日本にも当てはまるという保証はないし、日本の考古学の編年をこれに対応させるのも容易ではないが、

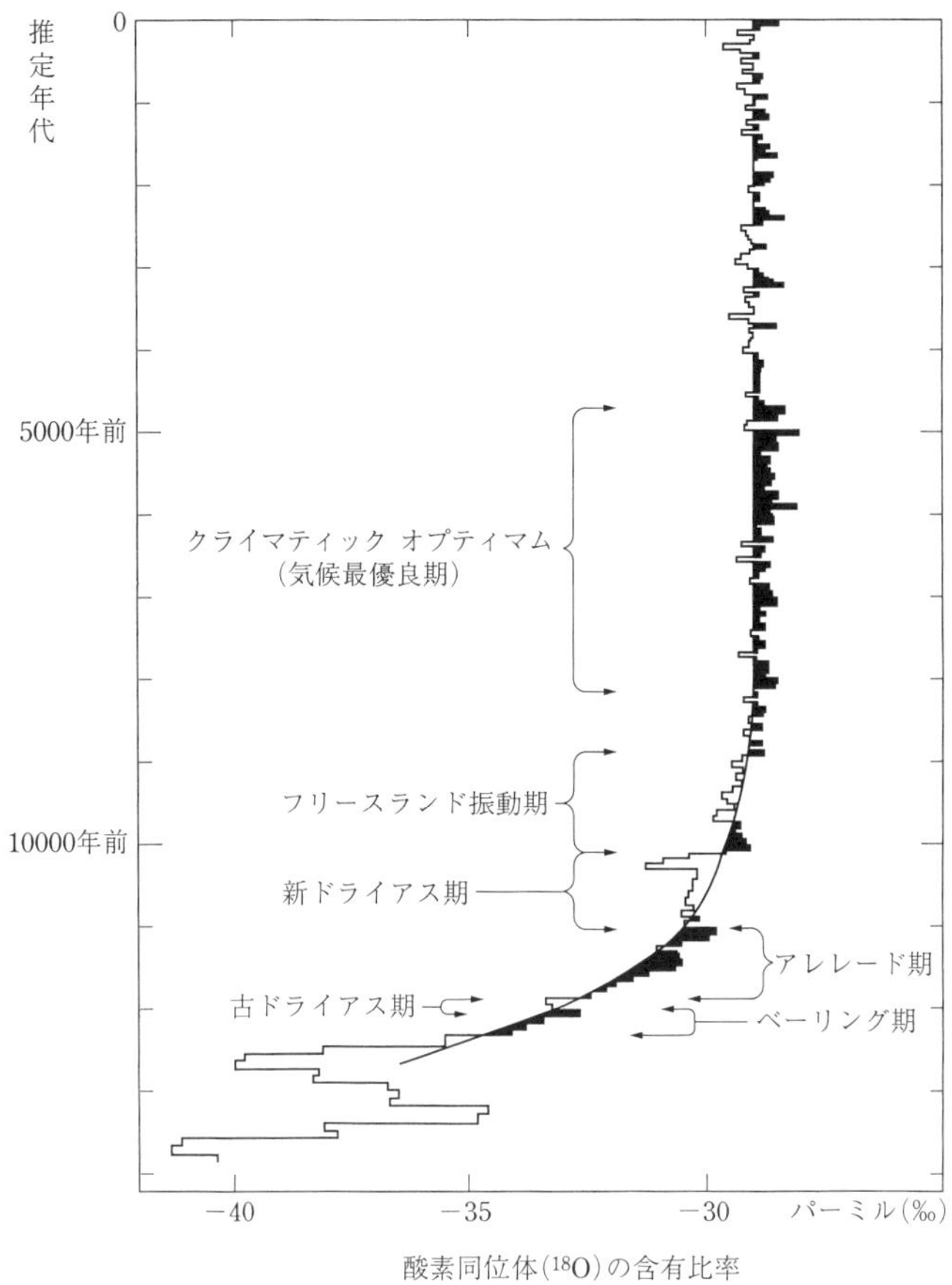

図5－1　更新世から完新世への気温の変化を示す氷床のボーリングコア
（グリーンランドのキャンプセンチュリー採取。気温が高くなると^{18}Oの比率が上がり、グラフは右側に移動する）

日本の土器の出現期が氷河時代末期の激しく気候が変動した時期にあたることは間違いない。

気候が温暖化すると南北両極の氷が溶けて海面が上昇するのは、現在問題になっている地球の温暖化現象で心配されていることと同じ理屈である。氷河時代に現在より一〇〇メートルも下降していた海面が現在に近い高さまで急激に上昇したことにより、間宮海峡や宗谷海峡が開いて北海道が大陸と切り離される（津軽海峡と対馬海峡は氷河時代にも陸続きにはならなかった）など、人間の活動にもさまざまな影響を与えたに違いない。しかし、あとで見るように、人と海とのかかわりが遺跡に直接の証拠を残すのは、縄文時代の開始からしばらく経過し、海面が現在の海抜からマイナス三〇～四〇メートルに達する九千年前以降のことである（図5-2）。

●安定は南九州から

前章で述べたように、日本列島に土器が出現しても当初それを有する遺跡は少なく、土器の量も極めて少なかった。それから千年ほど経過すると、隆起線文という粘土紐を貼り付けて文様にした土器が本州から九州全域に広がる。この時期になると遺跡の数は相当に増加し、土器の存在も珍しくなくなる。といっても、縄文時代の後の時代と比べると、ほとんどがずっと規模の小さな遺跡にすぎない。ところが、この隆起線文土器の段階にあっても、南九州の鹿児島や宮崎の様子は違っていた。栫《かこい》の原遺跡　掃除山遺跡などに見るように、遺跡の規模が相当大きく、土器の量も多いだけでなく、竪穴住居という恒常的な居住施設や炉穴の存在する遺跡もある。最も注目されることは、このような南九州の遺跡における石器のありかたである。石皿・磨り石・たたき石・くぼみ石といった、木の実などの植物質食料を処理するための石器が多く見られ、生活の安定の陰に植物質食料の豊かさがあったことがわかる。狩猟の道具は減る

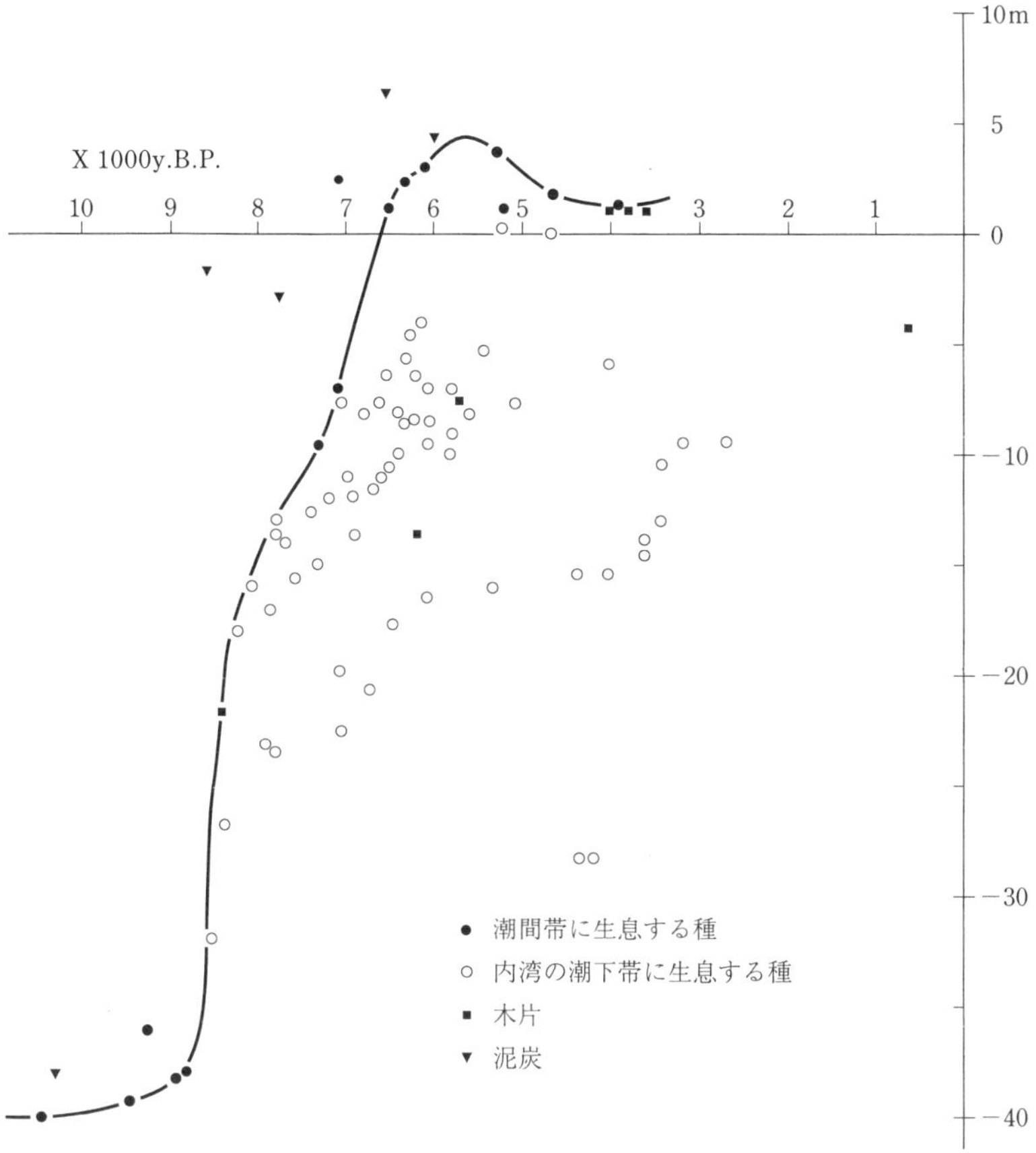

図5−2　多摩川下流域における約1万年前以降の海面変動
（陸地に対する相対的な上下。松島義章による）

が、その種類は石鏃《ぞく》（矢の先につける矢じり）になり、土掘り用の打製石斧もある。このような石器の基本的な組み合わせは、その後の縄文時代一般と違いがない。ここに縄文時代的な石器の組み合わせが現れたのであり、その背景に植物食を中心とする縄文の基本的食料形態の成立が推定される。この頃になっても本州の遺跡では植物食のための石器がほとんどなく、隆起線文土器に伴うのは石槍や有茎尖頭器という狩猟用の石器が主体であるから、日本列島の中でもいち早く温暖化した南九州において、全国に先駆けて縄文文化の基本的な生活形態が成立したと考えられる。先に縄文文化を土器の出現で定義したが、食料の獲得という生活の基盤において縄文らしい文化は、この頃に南九州で成立したといえる。この生活形態は、さらなる温暖化とともに、いっそうの縄文文化の特徴を獲得しつつ、桜前線のように日本列島を北上することになる。

九千年前頃関東に成立する撚糸文《よりいともん》土器文化では、遺跡の急増、竪穴住居の普及、土器の大量使用が見られ、横須賀市夏島貝塚のように海の資源の開発利用が見られる。八千年前頃には土器作りが北海道に広がり、函館市中野B遺跡という大集落遺跡が出現するが、ここでも植物食処理用の石器と、魚網の錘と見られる石錘《せきすい》が大量に発掘されている。

●縄文時代の区分と地理的範囲

縄文時代は一万年を超える長い時代なので、その間の文化社会の変化は非常に大きく、「縄文時代には」という一括した言い方が適当でないことが多い。この期間は大きく六つに分けられている(草創期、早期、前期、中期、後期、晩期)が、土器型式を基準にしたこの分け方は、各時期の継続年数が均等ではなく、古い時期ほど長い傾向がある。年代については3章で今村峯雄氏が説明されたように、実際の年代に近づくよう較正という操作が加えられるようになった。それによって従来いわれた年代とずれることもおきているが、私の担当する章に付けられたグラフ等は、年代の較正が行われるようになる前に作られたもので、較正されていない年代を使用していることに注意されたい。すでにお話しした部分では、土器の出現や隆起線文土器が草創期に、撚糸文土器、夏島貝塚、中野B遺跡などが早期に属するものである。

縄文文化が広がった地理的な範囲はどこからどこまでなのかという問題はかなり難しいものがある。縄文文化は日本列島全体で一様なものではなく、土器の地方差も生活形態の違いも相当大きなものがあるが、縄文土器の系統的なつながりを見ていくと、北海道の土器は本州からの流れの支流といってもよい位置づけができるし、何といっても縄文土器の一大特徴である縄文、つまり粘土の表面に縄を転がして付けた文様は、北海道で縄文時代を通じて盛んに用いられたのに、宗谷海峡を越えたサハリンではほとんど見られない。一方、南では沖縄本島の土器は北の九州方面の縄文土器の流れを汲むもので、けっして中国や台湾から来たものではない。縄文文化に特徴的な竪穴住居や石鏃を有することからも縄文文化の範囲と認められる。縄文という文様は九州では使われない時代もあり、沖縄では今のところ縄文をつけられた土器は見つかっていないが、それでも文化の系統的なつながりという観点から沖縄本島までは縄文文化の範囲であったと認められる。

二、生活の様相

●縄文人の食料

食料の入手は人間が生きるための基本条件であり、縄文人にとっても日々の最も大きな課題であった。縄文人の食料獲得技術は、動物や鳥の狩猟、海・川・湖での漁労、貝の採集、植物質食料の採集に大きく分けられるが、イノシシの一時的な飼育や有用な植物の栽培も行われていた。地理的に大きく見ると、北の地域では狩猟や漁労の占める役割が大きく、南の地域で植物質食料の果たす役割が大きかったと見られるが、もちろん個々の遺跡をとりまく具体的な環境によって生業の形は違っていた。

狩猟の最も重要な対象はシカとイノシシであるが、そのほかにもさまざまな哺乳類や鳥類が獲物とされ、食肉ばかりでなく毛皮や骨角器の材料として利用された。方法としては、弓矢が一般的であるが、陥穴も広く用いられた。狩の補助に用いるために飼われた犬の墓も各地で発掘されている。

漁労は湖、川、入江、外洋などの環境や魚の種類に合わせ、網、釣り、ヤス、銛《もり》などが使い分けられた。縄文時代には氷河時代に侵食されていた谷の中に上昇する海が入り込んできた。これを縄文海進と呼んでいるが、その頃の海岸線は現在とは比較にならないほど複雑で、海が一番奥まで入った前期の初めには、関東地方では栃木県の南端まで達していた。このような海が縄文文化を支える一つの環境要素となった。北海道や東北地方では、秋になると産卵のために群をなしてさかのぼってくるサケが特別な重要性をもつ食料資源であった。最近、北海道石狩市紅葉山遺跡で、小川に作られた魞《えり》と呼ばれる柵の跡が発掘されている。サケの遡上をさえぎって捕らえるためのもので、縄文中期に属する。このようにして集中的に捕獲されたサケは干物や燻製《くんせい》などに保存処理して利用された。

植物質食料としてはクリ、クルミ、ドングリ、トチなどのナッツ類が重要であるが、ヤマイモ、ユリの根などの根茎類、山菜の類も大いに利用されたにちがいない。ただナッツ以外のものは土中で残りにくいため、発掘で実際に証拠が得られることは少ない。キノコや海草が利用された証拠もある。

●生活を支える森の形成

おそくとも縄文前期にはリョクトウ、エゴマ、ヒョウタンなどの有用な植物の栽培が始められていたことが、福井県鳥浜貝塚の調査などで確認されている。もっと重要なのは、クリの木を集落の周りに増やしていくことが行われるようになったことである。これを最もよく実証したのが青森県の三内丸山遺跡の調査で、遺跡の中央部の湿地から得られた花粉の分析によると（図5−3）、このあたりは人が来る前期の中頃より前にはブナなどの林であったが、人が居住するようになるとクリの花粉が増え始め、やがて集落の周囲はほとんどクリの林になったといってよいほどに増加し、集落も繁栄の時期を迎えた。中期末になると集落は衰退し人が去るが、そうすると再び元のブナの林に戻っていったことは、クリと人の生活が緊密に結びついていたことを示す。

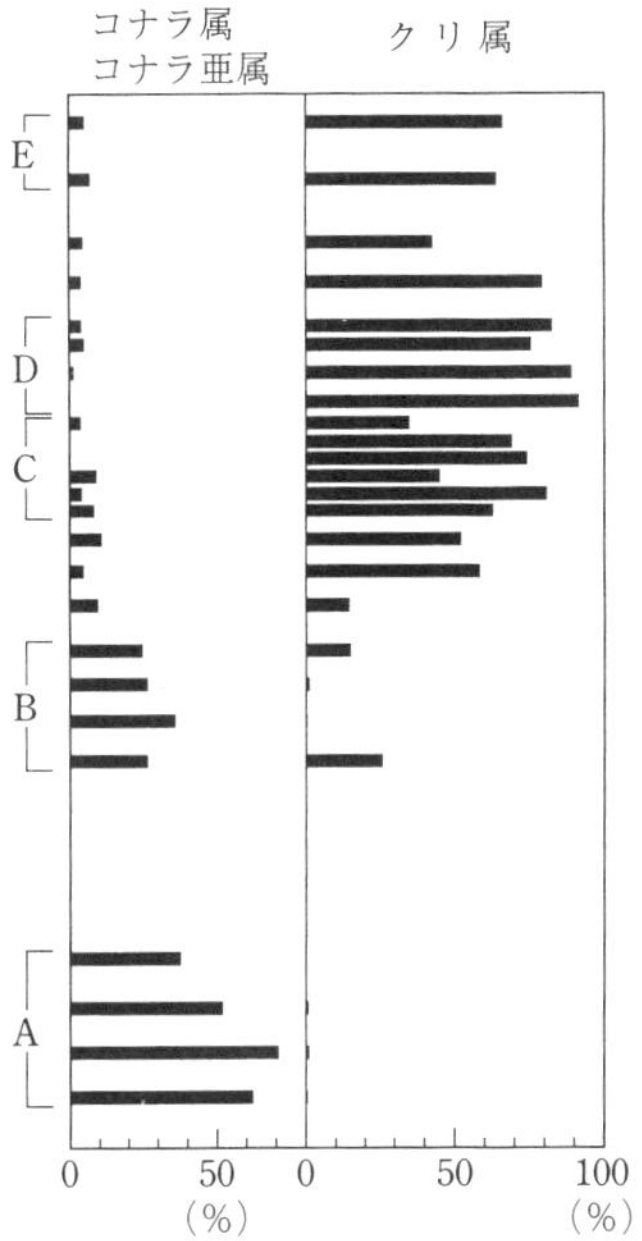

図5−3　三内丸山遺跡におけるクリ花粉量の変化
（Aは人間の居住以前、Bは開始期、C〜Eは繁栄期。辻誠一郎によるデータの一部を抜粋）

クリの実はおいしく食べやすい食料になるだけでなく、クリの木は耐久性が強く、建築材として最適であり、薪《たきぎ》としても火持ちが良い。クリは縄文人にとって最も重要な樹木であった。縄文の前期頃から大きな集落の周りには人の働きかけによって生活を支える森が形成されたと考えられる。それはクリ以外にもクルミの木、ウルシをとるウルシの木、酒を作るためのニワトコなどを多く含むものであった。

ニワトコというのは赤い実をつける樹木であるが、秋田県池内《いけない》遺跡では、その種がヤマブドウやクワの実と一緒に絞られた絞りカスの塊が発掘された。ニワトコの表面には自然のコウジ菌が繁殖するので、いまでもヨーロッパの一部では酒の材料として用いられている。

三内丸山遺跡における、長い間の建替えの繰り返しの結果ではあるが、五百を超える数の竪穴住居、長さが三〇メートルもある大型の住居、直径一メートルもある巨大な柱を立て並べた建造物などは、このような森の資源と海の資源の組み合わせがもたらした生活の安定を物語る。クリなどの堅果類を保存するのに用いたと考えられる貯蔵穴も多数見られる。

●森林性新石器時代

クリの林を拡大していくことが農耕と呼べるかどうかは難しいところであるが、少なくとも、自然の生み出したものを取り入れるだけでなく、食料資源自体を増やしていく行為は食料の生産といってよい。前章のコラムで述べた新石器時代の定義である、食料の生産という条件に当てはまる生活形態が確立していたことになる。しかし、このような食料生産は西アジアの新石器時代に始まった、穀物つまり草の種子を増殖するものとは異なり、木の実を増殖する食料生産である。だから、前者が草原環境に適応した食料生産であるのに対し、日本の縄文の場合は森林の環境に適応した食料生産ということになる。私はこれを「森林性新石器文化」と呼びたいと思っている。しかし、森林性の新石器文化はもともと森林の環境と資源に適応していた人たちが、その森林の生み出す食料を増加させることであったから、文化の形としては連続的であり、それまでの文化や社会の形を根本から変えるようなものではなかった。西アジアや中国の穀物による農耕のように文明を生み出すこともなかったのである。

このような生活の安定と繁栄の地域は、東北地方北部からゆっくり南に広がり、中期の前半には関東地方に到達する。多くの貯蔵穴を伴う大規模な集落の広がりがその経過を物語っている。

●大規模な集落

図5-4は千葉県松戸市の子和清水遺跡の集落跡であるが、外側の大きい丸が竪穴住居で、もちろんこれらはすべて同時に立っていたわけではなく、長い間の作り替えの繰り返しの結果これだけ多数残されたのである。小さな丸が貯蔵穴、そして、記入はしてないが中央の空き地に多数の墓穴が掘られた。岩手県の西田遺跡（図5-5）は全部掘られたわけではないが、発掘された範囲だけでも、同心円状の構造がもっとはっきりと認められる。中央が墓地で、その周りに柱の穴だけが検出された平地式の建物がある。柱の間を線でつなぐと長方形や六角形になる。そして、もう一つ外側に竪穴住居群と貯蔵穴群が取り巻いている。墓穴は中央に少数が位置し、多くがその周りを放射状に取り巻く。中央のものは村の長のような人の墓であろう。墓地をきちっととりまくように配置された掘立柱の建物は、墓地に関係する特別な目的のものかもしれない。このように東北地方や関東地方の大規模な集落は、同心円状の構造をとるものが多い。

関東地方や中部地方では、生活の安定とともに原始芸術と呼んでよい優れた土器が作られた

図５－４　千葉県松戸市子和清水遺跡の集落跡

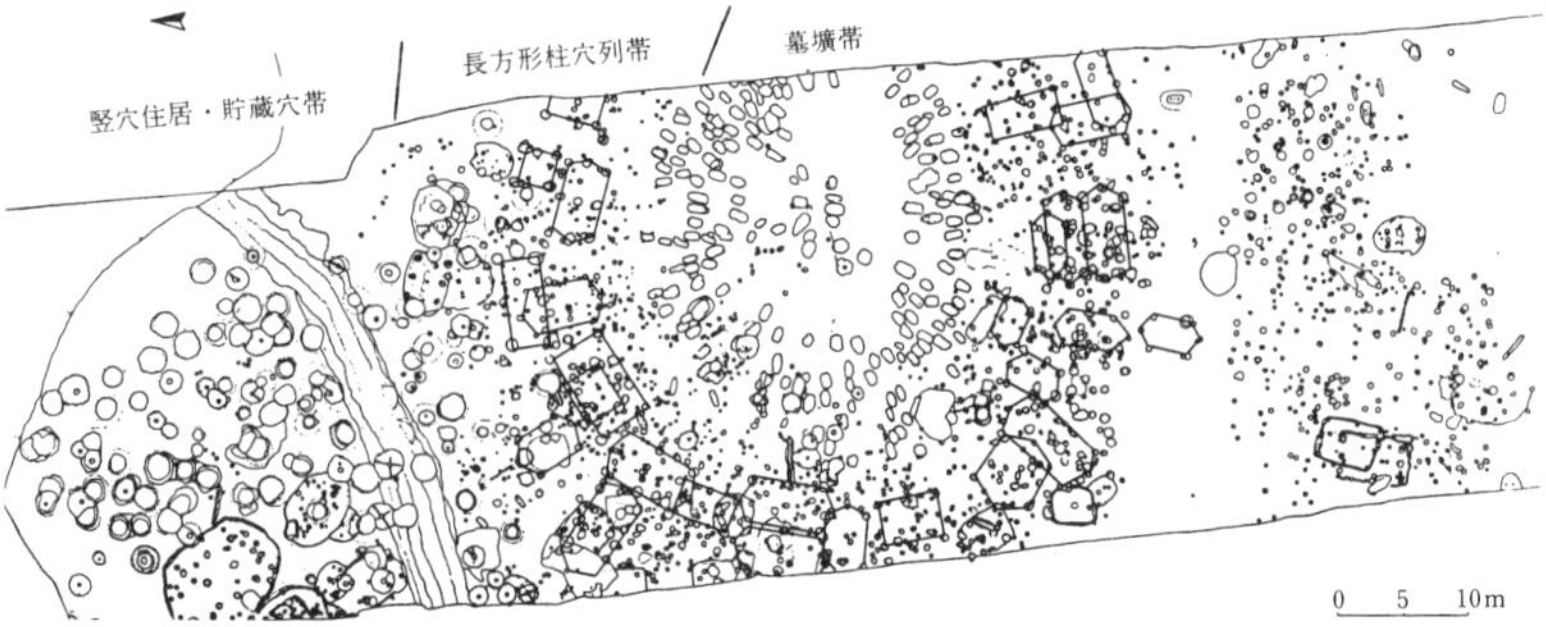

図５－５　岩手県西田遺跡の集落の構造（縄文中期）

（図5−6）。実用よりも美しい文様で飾ることに力が込められた土器である。生活の余裕がこのようなものを作り出す背景になったのである。

●自然との共存

縄文中期の安定を物語るもう一つの証拠が貝塚である。中期になると東京湾沿岸、利根川下流域などに、集落の形を反映した馬蹄形や環状の貝塚が多数形成された。貝殻以外に魚や動物の骨、壊れた土器や石器も捨てられ、集落と密接に関係しているのでムラ貝塚と呼ばれる。ほかに大きく性質の異なるものとして、当時の海岸に残されたハマ貝塚と呼ばれるものがある。東京都北区の中里貝塚がその代表で、当時の海岸に沿って五〇〇メートル以上も続き、厚さも四メートルに達する巨大なものである。この貝塚には土器や石器がほとんど残されておらず、海岸にあるのに魚の骨さえまれである。海岸で貝の身を殻から外して保存加工するような特殊な作業の跡と考えられる。興味深いことに、その貝はほとんどハマグリとカキという味のよいものに限られ、しかも大型のものだけが選択されている。おいしい貝だけ利用するという恵まれた食料環境、そして人々の申し合わせによって、成熟した貝だけを採集するという自然の資源保護の姿勢を見ることができる。

図5−6　縄文文化繁栄期の豪華な装飾の土器（縄文中期、群馬県道訓前遺跡）

縄文人の狩猟、漁労、植物食の採集、そのさまざまな方法を見ると、彼らが日本列島の多様な環境と食料資源をきめ細かく開発し、その自然によく適応する生活の形を作りあげていたことがわかる。それは自然の営みをよく理解し、乱獲を避け、自然と共存するものであり、できればその資源を増やしていこうとするものであった。このような縄文人の知恵と生き方は現代のわれわれにも大いに学ぶべき点がある。

●集落間の関係

交通手段が発達しておらず道も整備されていなかった縄文時代には、集落はそれぞれ孤立していて、相互の交渉はあまりなかったのではないかと想像する人が多いかもしれない。しかし、それは事実ではない。何よりも特定の場所にしか産出せず、遠くまで運ばれたことが確実な物資が遠方地域との交渉を物語る。火山から噴出した特殊な元素組成のマグマが急激に冷やされたときにできる黒曜石は、自然のガラスとして鋭い割れ口を持ち、石器の材料として非常に好まれた。北海道白滝、長野県霧ヶ峰、佐賀県腰岳などの黒曜石が、交易によって一〇〇キロメートルも運ばれた例は珍しくない。霧ヶ峰の鷹山では、縄文時代に黒曜石を掘った鉱山の跡が確認され調査された。山の斜面に竪坑跡が直径一〇メートルほどのすり鉢状のくぼみとして多数残存し、その盛んな採掘を物語っている。日本では新潟県の姫川にしか産出が知られていないヒスイは、装飾品の材料として遠く関東や北海道にまで運ばれた。接着剤に使うアスファルト、腕輪に加工する美しい色のオオツタノハ貝なども、時に数百キロメートルも運ばれたことが知られている。磨製石斧の材料として好適な蛇紋岩の産地に近い富山県の境A遺跡では、数万本もの未完成品が発掘され、交易のために専門的な生産まで行われ、広く北陸一帯に搬出された。海の魚の骨が内陸の遺跡で検出されることもあり、時には食料まで運ばれたことがわかる。後・晩期には、海水を土器で煮詰めて塩を作った遺跡が、関東や東北地方の海岸近くに知られているが、その製造に用いられた粗雑な作りの土器が海から離れた内陸の遺跡でも発掘されている。塩の容器として用いられたのであろう。

三、繁栄と衰退

●不安定な実態

ここまで私たちは縄文の安定と繁栄を見てきた。しかし、それは縄文時代というものの半分の姿にすぎないと考えている。生活が安定し繁栄すると人口が増え遺跡の数が増す。遺跡の規模も大きくなり、残される遺物も多くなるということで、考古学的にはわかりやすい変化なのであるが、逆に衰退すると遺跡や遺物は少なくなり見えにくくなってしまうのである。

図5-7のグラフは関東地方南西部の縄文時代の竪穴住居の数の変化を示したものである。もちろん、地下に存在するすべての数ではなくて発掘されたものの数であり、それを百年につき何軒発見されているかという数字に換算して示したものである。住居にも床面積の大小や使用期間の長さの違いなどがあるから、このグラフはそのまま人口の変化とはいえないが、それを考慮しても住居址の多い時期と少ない時期では数十倍も違いがあるのだから、非常に人口が増えた時期と減少した時期が交互にやってきたことは確かである。縄文時代に繁栄の時期があったことは確かであるが、同時に大きな不安定を抱えていたのが縄文時代の本当の姿といえよう。

●後期～晩期の停滞

東日本の中期に至る力強い発展と比較すると、後・晩期は、地域によって違いはあるが、停滞ないし衰退の時期としてとらえられる。とくに中部高地や西関東の急激な衰退は、その主な原因が植物質食料の減少にあったことを思わせる。しかし、多くの入江に恵まれた東関東では海の資源に支えられしばらくは繁栄が維持された。近年、各地で縄文後・晩期に属するトチの実のアク抜き施設が発掘されている。埼玉県の赤山陣屋遺跡など、谷あいに木を組んで水槽を作り、水をためたもので、周辺には貝塚の貝のようにトチの実の殻が堆積している。トチの実の粒は大きいけれど強い渋みがあり、これを除くには水でさらしたり

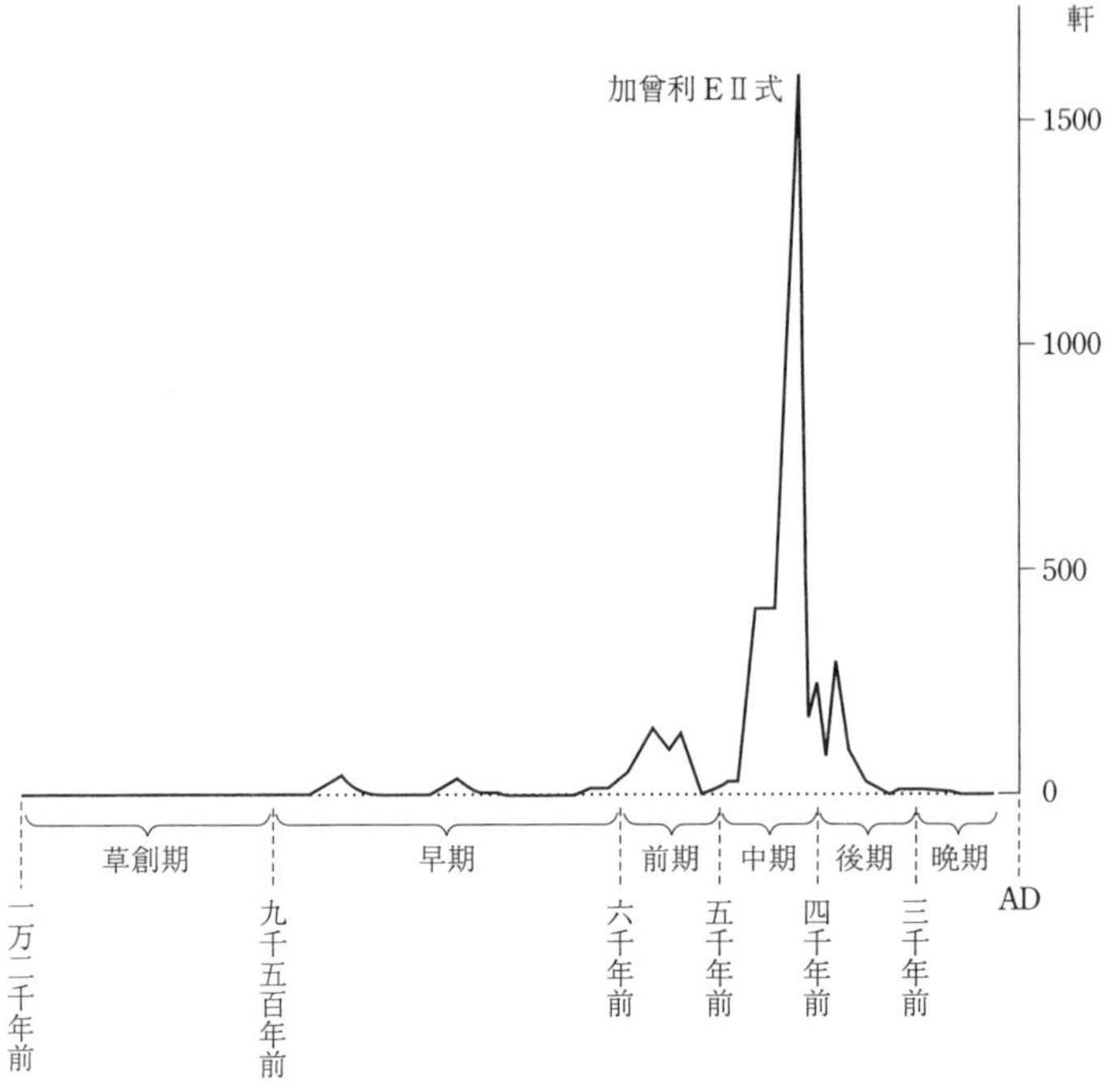

図５−７　**南西関東における竪穴住居址数の変動**（100年あたり何軒発掘されているかを縦軸に表示）

木灰を水に溶かして漬けたりするなど相当な手間がかかる。この時期にはなぜかクリの収穫が減ったようで、それを補うために、当時の環境変化の影響で増加したトチの木の実の利用が盛んになったらしい。

次に縄文人の精神面を考えてみよう。縄文時代には生活に必要な実用の道具以外にも、さまざまな儀礼のための道具と思われるものが作られた。

土で女性の姿を表現した土偶は草創期からあったが、後・晩期にはその製作が盛んになる（図5-8）。男性性器をかたどった石棒は前期からあるが、これもこの時期には石剣などの形を生み出し大量に作られるようになった。さらに、土面、土版、石版などを加えて儀礼に用いたと見られる道具が大量に使用されたのがこの時代の特徴である。東北地方の亀ヶ岡式土器では、さまざまな形が作り分けられ、その表面は複雑な文様で埋め尽くされた。生活に行き詰まった縄文人がその打開を願って神に祈ることが多くなったのであろうか。集団墓地に石組を加えたストーンサークルや、北海道に見られる、墓地の周りを円形の土手で囲った周堤墓のような大きな建造物も多くなる。祖先とのつながりを重んじ、その庇護《ひご》を求める気持ちの表れかと思われる。こ

図5-8　**縄文晩期の土偶**（縄文晩期、宮城県恵比須田遺跡）

のような後・晩期のありかたに、縄文文化というものの限界が認められるであろう。

●西日本の後期〜晩期

しかし、目を移して西日本を見ると、前期や中期には停滞気味であったこの地域に、集落の増加や拡大など一定の上昇傾向が見られる。土器で見ると、初め東日本の影響が強いのであるが、やがて文様が質素になり、黒色に焼き上げた表面を磨きあげるものが増えていく。

九州西北部の佐賀県や長崎県のリアス式海岸の地域は、縄文時代を通じて外洋での漁労が盛んな地域であった。そこには西北九州型と呼ばれる独特の釣り針が作られた。鹿の角で作った軸の部分とイノシシの牙で作った針先の部分を結びつけ、限られた材料から最大の釣り針を作ろうとしたものである。この特徴的な釣り針が韓国の南岸の遺跡で発見されている。また、韓国独特のオサンリ型と呼ばれる結合式の釣り針が九州側で見つかっている。石鋸と呼ばれる刃のぎざぎざした石器は、組み合わせ式の銛《もり》の刃の部分と考えられているが、これも西北九州と韓国南岸の両方にわたって分布している。このように縄文時代にも朝鮮海峡を越えての交渉が、外洋漁労に長けた人々によって行われていたことが知られる。西日本では、縄文後期になると規模は小さいながらも、稲の栽培が始まったことも確認されているが、このような朝鮮海峡を横断する交渉によってもたらされたものであろう。しかし、このような交渉がすぐに縄文文化を根本的に変化させることにはならなかった。

このように、縄文時代にも九州や北海道では大陸との交渉を示す遺物が発見されている。興味深い発見なのでそのようなものが大きな注目を集めることもある。しかし、弥生時代や古墳時代における朝鮮半島や中国との活発な文化的政治的な交渉、そこから受けた大きな影響に比較するなら、縄文時代における大陸とのつながりはずっと弱いものである。日本列島の中で独自に育った文化という点にこそ、縄文文化の基本的特徴があることを見失ってはならない。

●縄文の伝統

最後に付け加えておきたいのは、その後の縄文文化である。縄文文化の伝統は、弥生時代に薄まりながらも、東日本ではやや強く残るが、北海道ではさらに強く、生業の基本やその上に立つ社会のありかたがほぼそのまま維持され、「続縄文文化」と呼ばれるものに移行する。また、南の沖縄でも弥生文化の影響に比べ、縄文の伝統が比較的強く残ったと考えられている。こうして以後の日本列島は大きく三つの文化地域に分かれることになるが、これについては第15章で藤本強氏が扱われる。

参考文献

1．泉拓良・西田泰民編『縄文世界の一万年』集英社、一九九九年。
2．今村啓爾『縄文の実像を求めて』歴史文化ライブラリー76、吉川弘文館、一九九九年。
3．今村啓爾『縄文の豊かさと限界』日本史リブレット2、山川出版社、二〇〇二年。

6 弥生文化の成立

宇野隆夫

日本列島の各時代の営みにおいて、伝統文化と外来文化とが出会う中で、独自の文化・社会を形成して発展していくことが多かった。弥生時代にはその動きがとくに著しく、その激動は日本列島史に大きな変革をもたらして、その発展の方向性を決定づけた。

一、弥生時代の暦年代

弥生時代の暦年代は、主に中国や朝鮮との文化比較によって推定していたが、近年、自然科学的な年代測定の進捗によって、新しい情報が増加してきている。[1]

現在も弥生時代の各段階の暦年代をどう考えるか、またどの段階を弥生時代の始まりと終わりと考えるかについていろいろな意見があるが、弥生時代の三つの段階（早・前期、中期、後期）について、ここで採用する暦年代観をまず提示する。なお、ここでは弥生時代前半期（弥生早期～中期中頃）、弥生時代後半期（弥生中期末～後期末）の用語も使用する。

弥生時代の始まり：環濠《かんごう》集落[2]・水田稲作の本格開始。紀元前一〇世紀前後（西周王朝の成立と東方進出）

弥生時代前期末：朝鮮系青銅器の本格採用。紀元前五世紀前後（中国戦国時代の開始）

弥生時代中期末：中国鏡の本格採用。紀元前一世紀（前漢王朝への遣使の開始）

弥生時代の終わり：前方後円墳の卓越。紀元後三世紀中頃（初期ヤマト政権の成立）

1　国立歴史民俗博物館『炭素14年代測定と考古学』二〇〇三年。

2　水濠や空濠を備えた大規模集落。

二、海上交通の飛躍

東アジア交流は弥生時代以前からなされていたが、それが質量ともに飛躍し恒常化して日本列島社会を変えていくことが、弥生時代の始まりの大きな意義である。その背景には、以下のような海上交通の飛躍があったと考えられる[3]（図6-1）。

●船の出現

縄紋（文）時代には水上交通にもっぱら丸木舟を使用したのに対して、弥生時代にはより本格的な船が出現した[4]。

弥生時代の大型の船は、船首と船尾が高いゴンドラ形の船として描くことが多く、少なくとも丸木舟に板材を付加して大型化し、舵も備えた準構造船が存

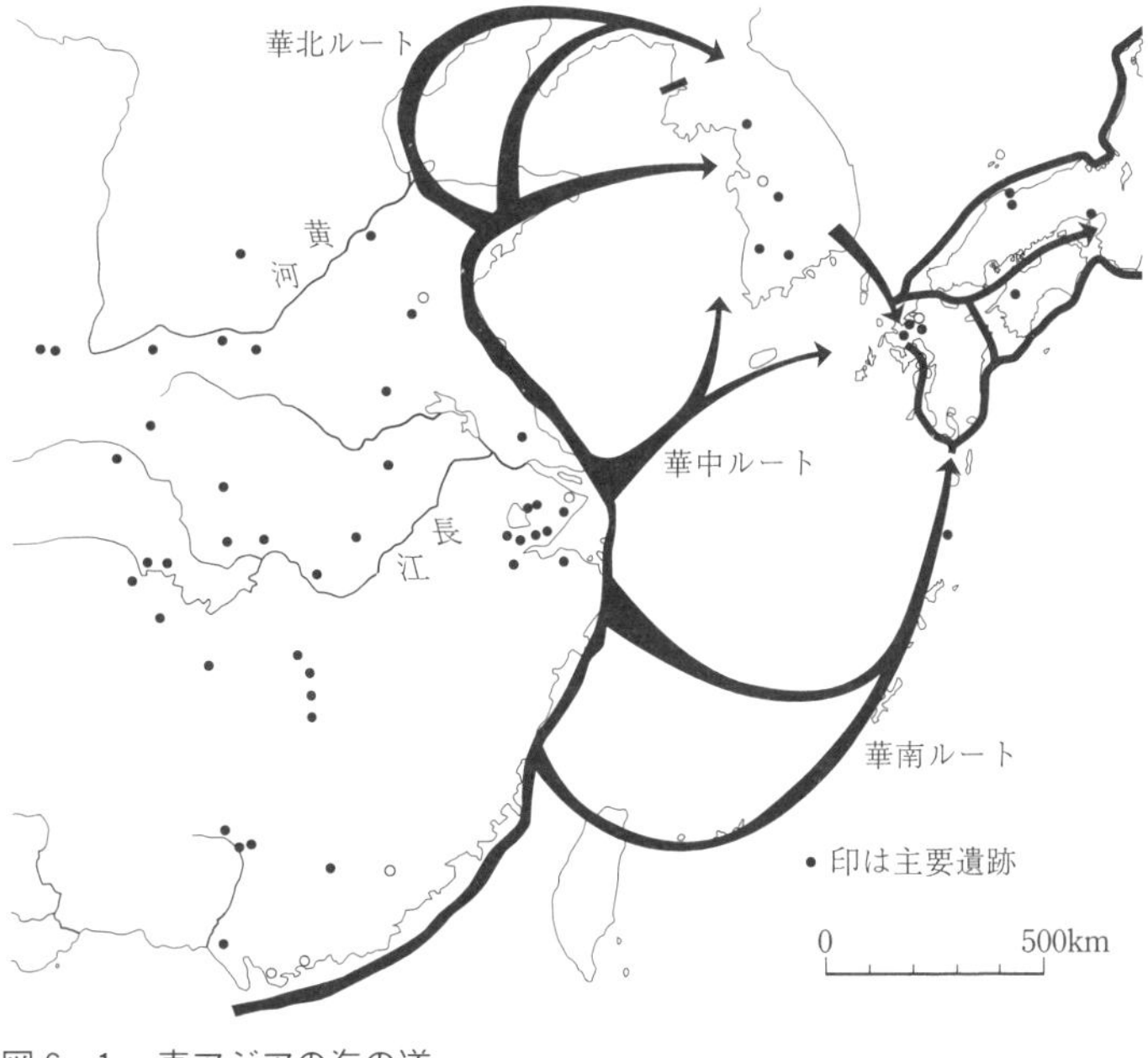

図6-1　東アジアの海の道

3　いろいろな文物の移動から復元した。北廻りで北海道に至るルートもあった。中国広東省広州市前漢南越王趙昧墓からは、ペルシア製銀器が出土し、この海の道は東南アジア・インドを越えて西方に連なっていたと考えられる。広東省文物管理委員会ほか編『南海シルクロード文物図集』一九九一年。

4　千田稔編著『海の古代史—東アジア地中海考—』角川書店、二〇〇二年。
宇野隆夫「船の考古学」『新世紀の考古学』大塚初重先生喜寿記念論文集刊行会、二〇〇三年。
深澤芳樹「弥生時代の船、川を進み、海を渡る」『弥生創世記』大阪府立弥生文化博物館、二〇〇三年。

在した(弥生前期末、図6-2の1)。

また、大型船と小型船が一方向に進む統制のとれた船団を描いたと推定できるものがある(弥生中期、図6-2の2)。船団の出現は、移住・外交・交易・戦争など、いろいろの状況に際して発揮される力が、著しく強まったことを示唆する。

さらに、帆船も弥生時代に出現した可能性がある(弥生後期、図6-2の3)。当時、中国の船の発

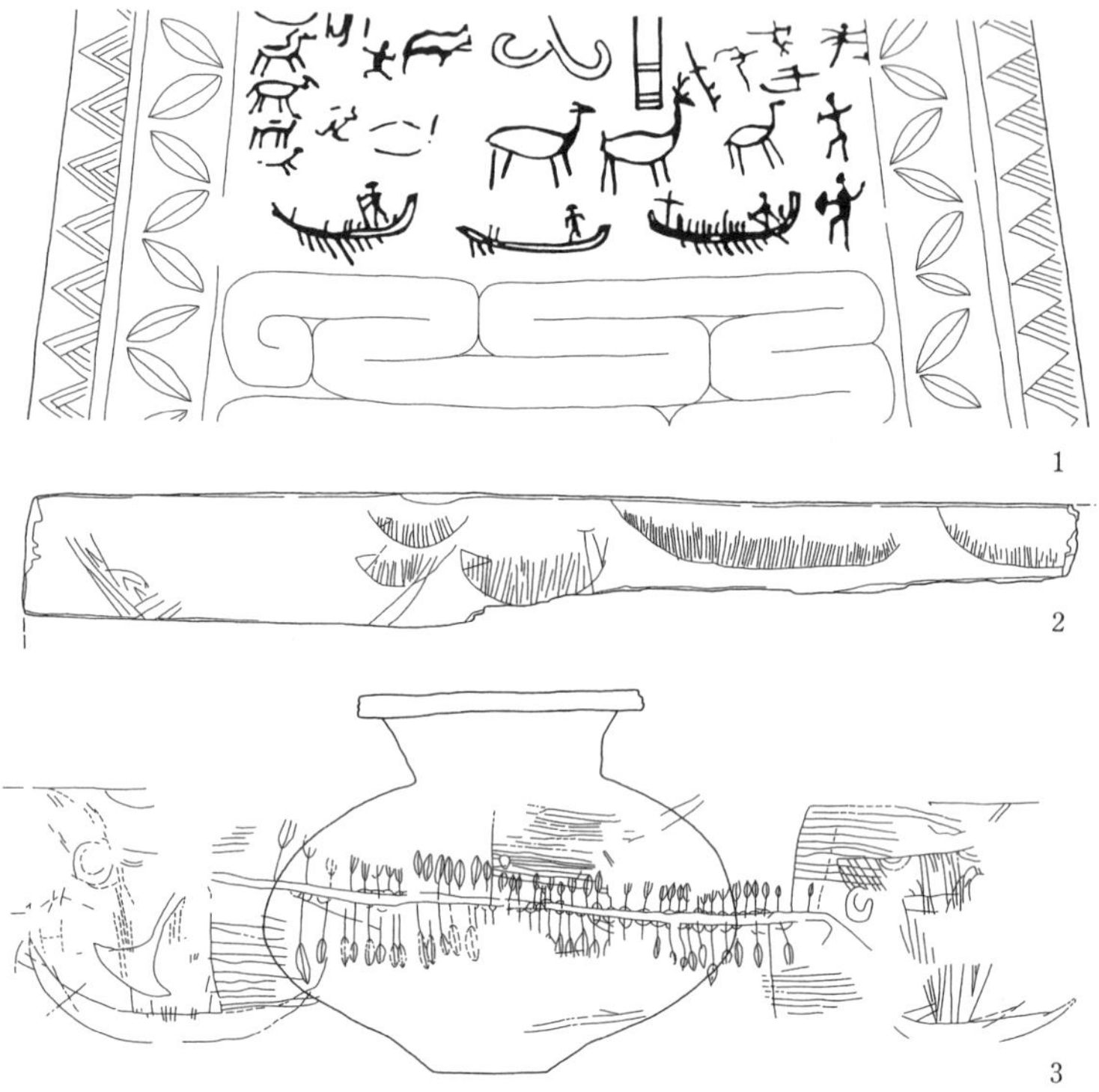

図6-2　弥生の船(1．福井県井向1号銅鐸、2．鳥取県青谷上寺地遺跡、3．岐阜県荒尾南遺跡、深澤2003から)

達は著しく、板材で造船した構造船が行き交った可能性も少なくない。

●港・船着場の出現

大型船が出現すると、荷役に船着場を備えた港が必要になる。弥生時代には実際にこのような施設が出現した。

現在、外洋航海用の船の船着場としては、岡山県上東遺跡例[5]（弥生後期、図6-3）、河川の船着場として長崎県壱岐原の辻遺跡例[6]（弥生時代中期）が知られている。

上東遺跡の船着場は、河川あるいは運河の河口付近の船溜まりに築いたものである。その建設には杭打ちで芯を造り、敷葉（敷粗朶《そだ》）工法[7]を使用して、建設時、共用後に活発な祭祀を行っている。

原の辻遺跡例は外濠に近接して設置したものであり、敷葉工法で基礎

図6-3　岡山県上東遺跡の船着場（岡山県古代吉備文化財センター2001から）

5　岡山県古代吉備文化財センター『下庄遺跡・上東遺跡』岡山県埋蔵文化財発掘調査報告書一五七、二〇〇一年。

6　長崎県教育委員会編『発掘「倭人伝」海の王都、壱岐・原の辻遺跡展』二〇〇二年。

7　湿地の基礎工事として、葉や粗朶などの有機物と土砂を交互に積み上げていく当時の東アジア最新工法。

を作り、その上に石を積み上げてドックとした。付近からは中国系銭貨・武器や、朝鮮系土器ほかの広域の交流を示す資料が出土している。

弥生時代の環濠集落は中小河川に近接することが多く、外濠の一部と河川とが一体化することも珍しくない。環濠集落には港があり、水陸交通の結節点になることが多かったであろう。

三、弥生文化の始まり

弥生時代の始まりについては、農耕社会の確立とする考えと、土器や織物や金属器などを含めて、弥生的な文化が出揃う段階とする考えが、その代表的なものであった。[8] また、環濠集落の出現を農耕社会の確立を示すものと評価する意見も、有力となってきている。[9]

ただし、縄紋時代にも一定の農耕活動があったこと、[10] 弥生時代のいろいろな変革は、日本列島全域で一斉に進行したものではないこと、弥生時代には世界史的に文明・都市・国家が成立する青銅器・鉄器時代の技術も出現することなどが、その文化の評価を難しくしている。

私は北部九州の一角で、環濠集落と水田稲作が確立した段階が、古代律令国家の成立に連なる文明化プロセスの始まりと考えて、弥生早期を弥生時代の始まりとする。この立場では弥生時代の初めには、弥生社会とその弥生文化は北部九州においてだけ成立したと表現する。弥生文化は次第に東への影響力を強めるが、北海道や南西諸島を中心とする文化は、弥生時代を通じて独自の性質を維持し続けた。

以下で、弥生文化を特徴づけると考える環濠集落、水田稲作、青銅器、鉄器の始まりについて、東アジア交流に焦点を当てながら概観したい。

8 佐原真「日本農耕起源論批判」『考古学ジャーナル』二三号、一九六八年。
森貞次郎「島原半島(原山・山ノ寺・礫石原)及び唐津市(女山)の考古学的調査—おわりに—」『九州考古学』一〇、一九六〇年。

9 武末純一『弥生の村』山川出版社、二〇〇二年。

10 藤尾慎一郎『弥生変革期の考古学』同成社、二〇〇三年。

●環濠集落

東アジアでは中国を中心として、新石器時代前期から濠で囲んだ多様な集落を営んでいるが、ここでは弥生時代開始期に近い例を示す。

韓国慶尚南道検丹里遺跡は、平野から五〇メートルほど高い丘陵稜線上を長径一一八メートル、短径七〇メートルの卵形の一重の空濠で囲んで入口を設けたものである[11]（無紋土器文化中期・青銅器時代、図6-4）。面積は約六〇〇〇平方メートルと小型であるが、環濠中央部に大型建物があり、環濠内部の平坦な場所に住む人々と、環濠外部の傾斜地に住む人々の区別があった。東北アジア環濠集落の系統を引くものである可能性が高い。

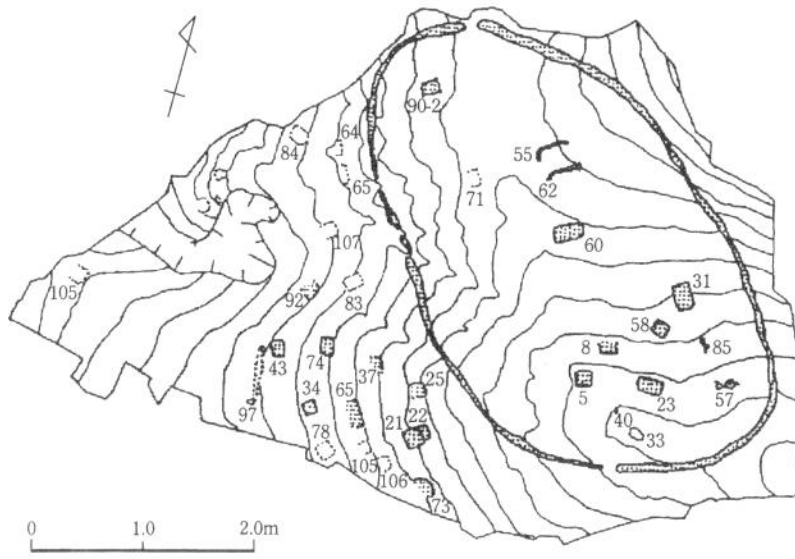

図6-4　韓国慶尚南道検丹里遺跡
（李1998から）

中国江蘇省常州市淹城遺跡は、平野部に立地して多重の水濠で囲む青銅器時代の大型環濠集落である。外濠は長径約一八〇〇メートル、短径約八〇〇メートルの卵形であり、四重の土塁と二重の濠で囲んだ中心に円形の中枢区画が存在する。濠の一角からは丸木舟が出土して、濠が水路を兼ねていたことを示している[12]（図6-5）。

中国河南省新鄭の鄭韓故城は、春秋・戦国時代における中国中原の国の首都である[13]（図6-6）。河川を巧みに利用しながら、東西約五〇〇〇メートル、南北約四五〇〇メートルの不定形で広大な外郭を造り、外城壁の一部は河川と一体化していた。内城と外城を区画して、内城の中には方形の中心区画を設置する。各所に大型建物を営み、祭祀を

11　李盛周「韓国の環濠集落」『環濠集落と農耕社会の形成』九州考古学会・嶺南考古学会、一九九八年。

12　徐光輝「中国新石器時代の環濠集落」『環濠集落と農耕社会の形成』九州考古学会・嶺南考古学会、一九九八年。

13　苗霞「河南新鄭鄭韓故城遺址」『二十世紀中国百項考古大発現』二〇〇二年。

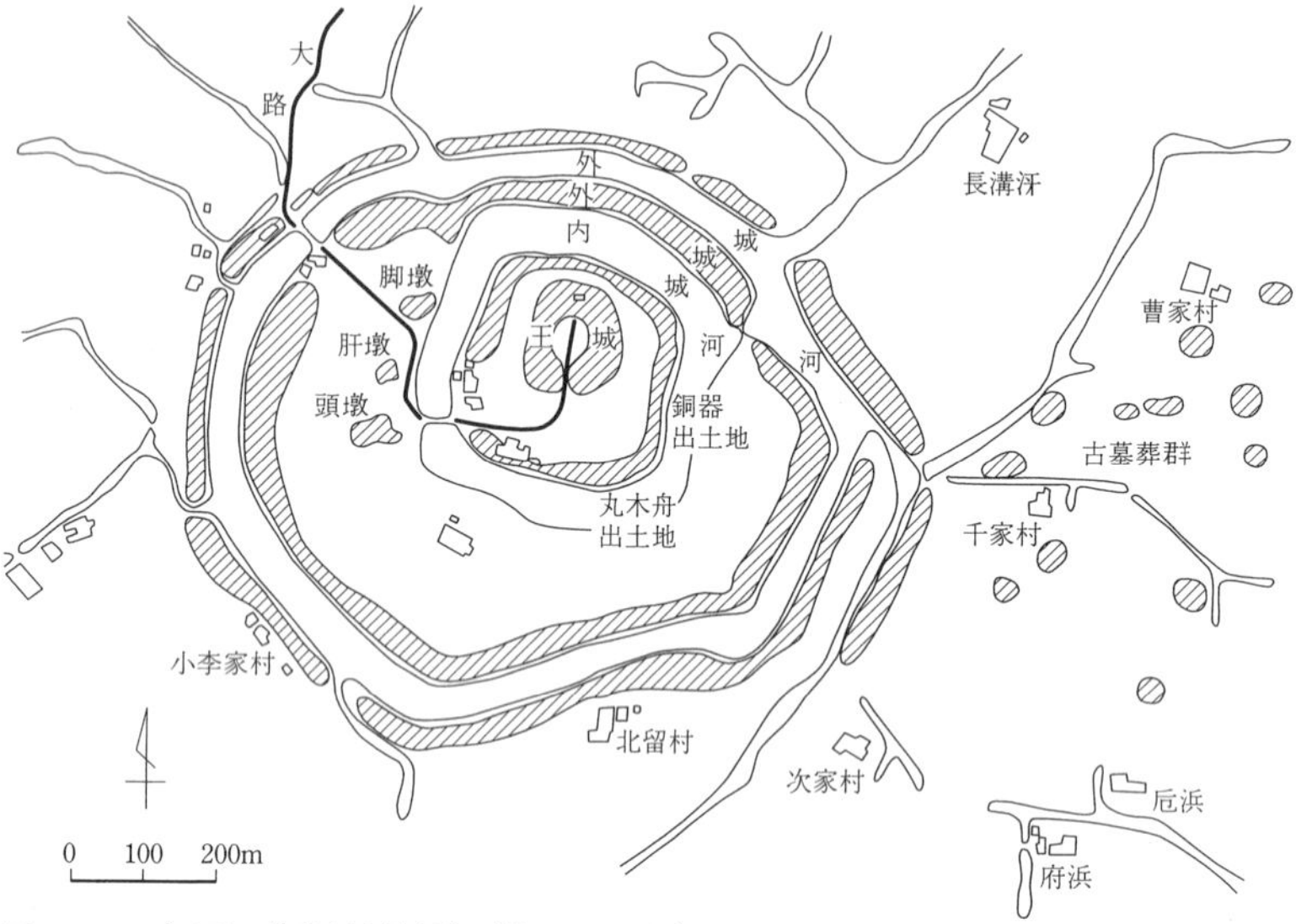

図6-5　中国江蘇省淹城遺跡（徐1998から）

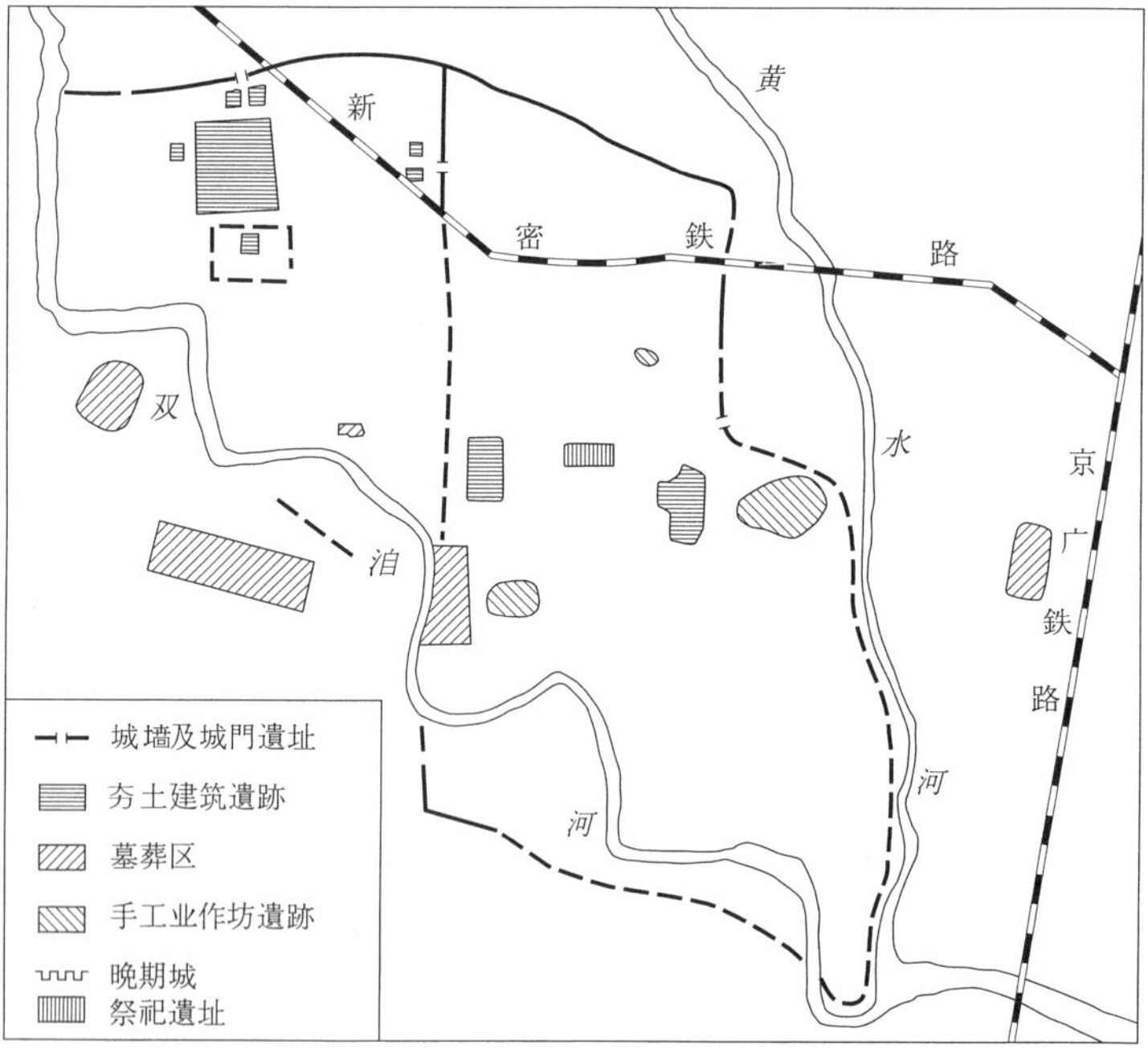

図6-6　鄭韓故城（苗2002から）

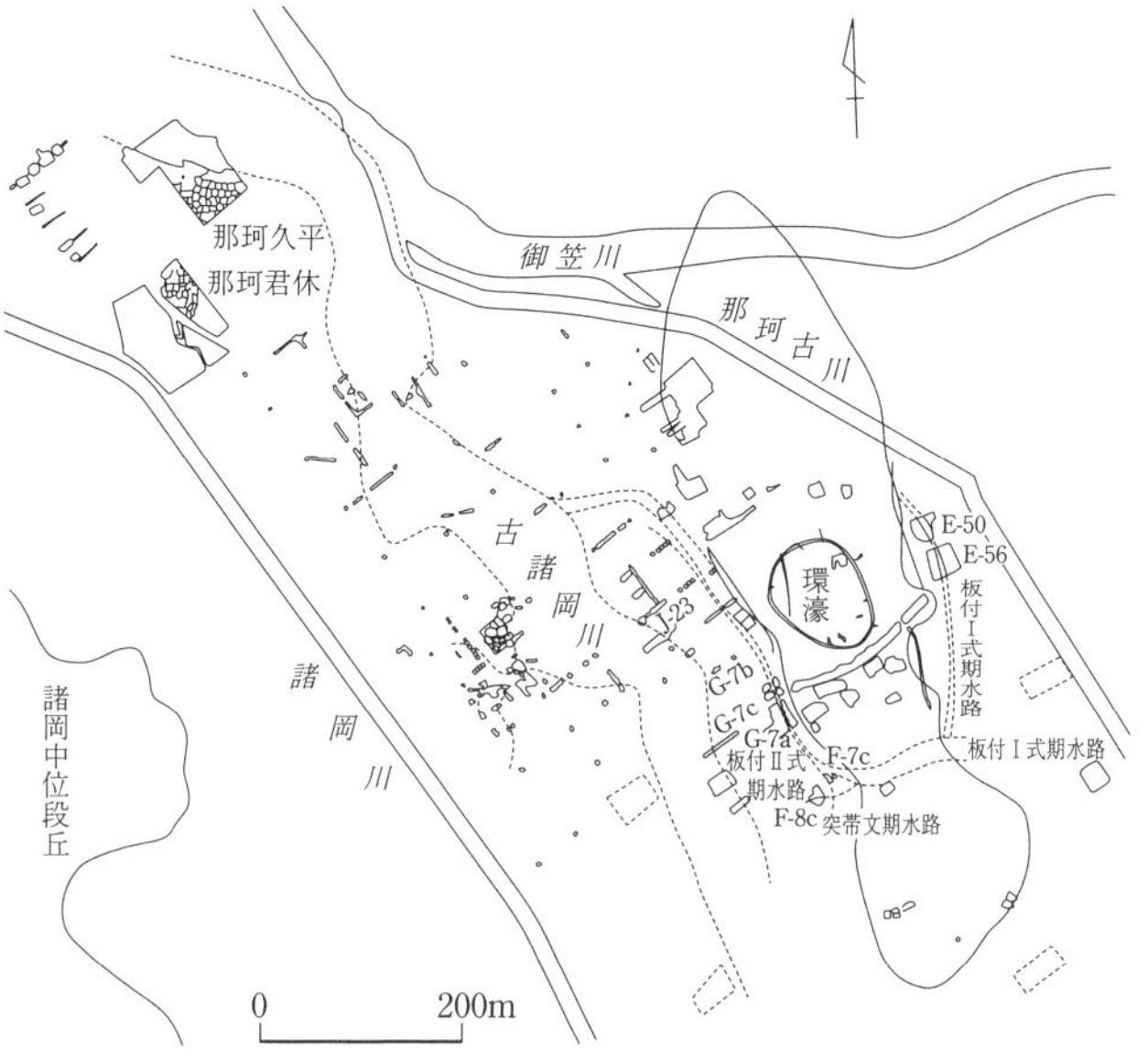

図6-7　福岡県板付遺跡（山崎1990から）

行い、外城には手工業地区がある。河川との接点には港と交易場があったであろう。これは、当時の東アジア最新の集落形態である。

　福岡県那珂《なか》遺跡は、弥生早期の最古の環濠集落であり、約四ヘクタールの地域を区画する。[14]また、同じ頃に成立した福岡県板付遺跡は、二重の濠をめぐらせて外郭と内郭を区画する本格的なものであった可能性が高い[15]（図6-7）。内郭の小さな区画には貯蔵施設が密集し、大きな区画にはその管理の施設があったであろう。外郭には住居や小児墓地などがあり、濠は用水路の役割も果たして、集落の周囲には水田が広がっていた。

　弥生時代の環濠集落は、一ヘクタール未満のものから、数十ヘクタール、時にはそれ以上の超大型

14　福岡市教育委員会『那珂Ⅱ、二重環溝の調査』一九九四年。

15　山崎純男「環濠集落の地域性―九州」『季刊考古学』三一、一九九〇年。

集落まで多様であり、平地では水濠、丘陵上では空濠をめぐらせた本格的な集落であった。弥生時代には朝鮮半島との交流の中で、韓国検丹里遺跡や中国淹城遺跡に似た環濠集落を営むようになり、弥生時代後半期には鄭韓故城のようなより進んだ集落形態の影響を受けた可能性が高い。

●水田稲作

弥生時代の始まりを考える上で、稲作（食料生産経済）の開始は最も重要な出来事と考えられてきた。ただし、稲を含む縄紋時代の穀物資料や、堅果類の管理栽培のデータが増加してきたこと、また、弥生時代開始期の食料における農産物の比率がまだ十分にわかっていないこと、さらには、弥生時代以後も畑作の役割を無視できないことなどから、その評価が揺らいできている。しかし、弥生早期以前の水田稲作を示す用水路や水田は未発見であり、縄紋畑作に対する弥生水田稲作の出現は、重要な変革としての位置を保ち続けている。

東アジアの水田稲作の開始・温帯ジャポニカへの品種改良は、中国南部の長江中・下流域で行われた可能性が高い[16]。中国江蘇省草鞋山遺跡の新石器時代前期（馬家浜期）の水田は、小さいながらも井戸による灌漑を行い（図6-8）、以後、稲作が大発展して華やかな玉器文化が栄

図6－8　中国江蘇省草鞋山遺跡水田
（藤原宏志による。中村2002から）

16　佐藤洋一郎『稲とはどんな植物か』三一書房、一九九五年。

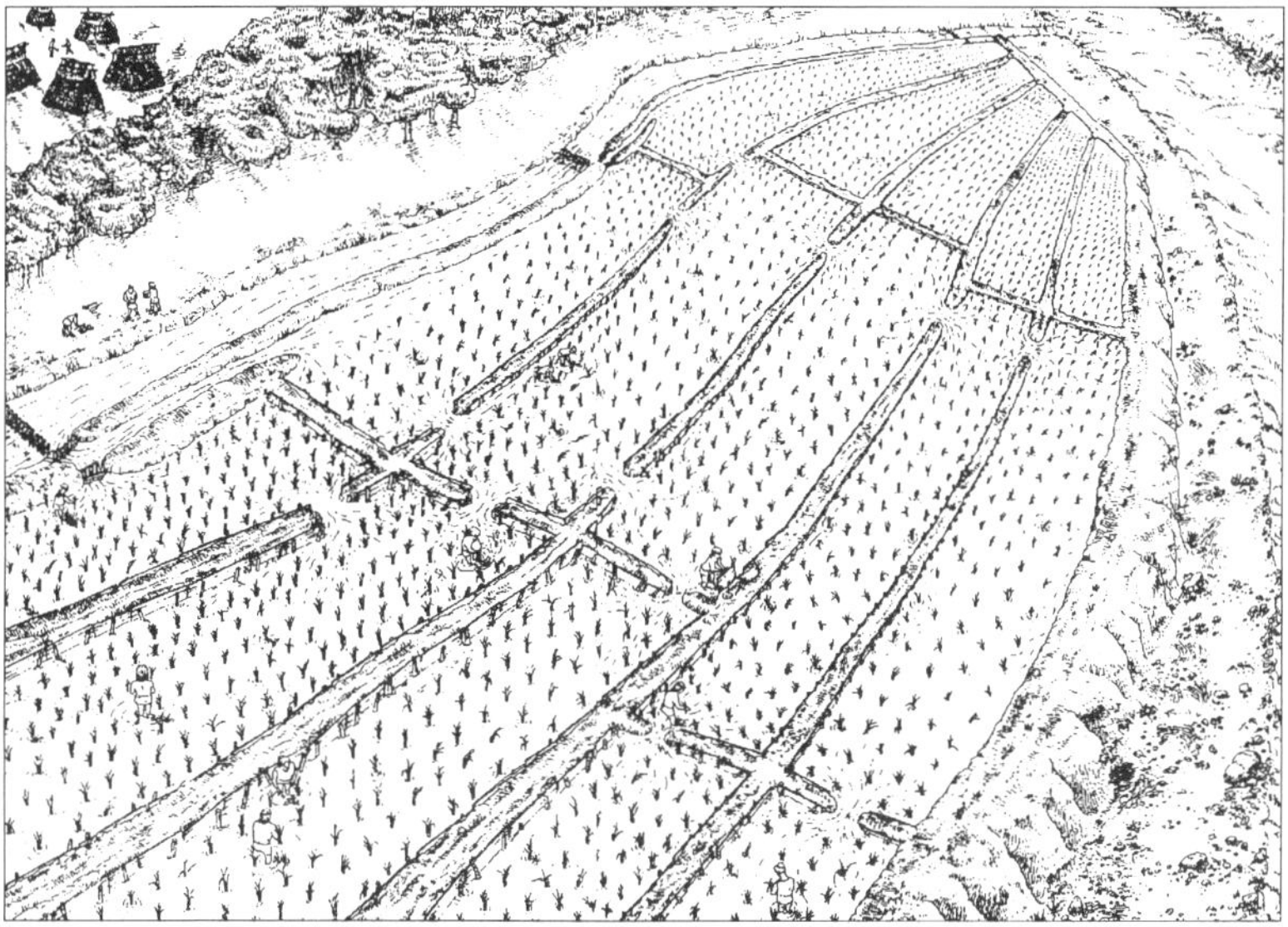

図6-9　水田模式図（田崎1989から）

えた。[17]このような稲作文化が、東アジア海の道のどれか、あるいは複数のルートを通って日本列島に伝わった（図6-1）。

北部九州において弥生早期に開始された水田稲作は、畦畔《けいはん》・用水路・井堰《いせき》などの施設が完成された技術体系として導入されたことがわかっている[18]（図6-9）。農具も初期から諸手鍬《もろてぐわ》や横鍬のような新しい道具を使うようになり、その後速やかに日本列島の土壌条件に合わせた、いろいろな木製農具を工夫していく[19]（図6-10）。また、木器を加工したり収穫するための石器も、外来の道具と在来の道具を合わせて用いた。

栄養という点では、米はバランスが良い食品であるが、世界史的にはむしろ畑作地帯で文明が発生することが普通であり、社会発展において稲作が畑

17　中村慎一『稲の考古学』二〇〇二年。

18　山崎純男「北部九州の弥生水田」『九州文化史研究所紀要』三二、一九八七年。
田崎博之「水田の登場」『弥生農村の誕生』古代史復元四、一九八九年。

19　上原真人「農具の変遷（鍬と鋤）」『季刊考古学』三七、一九九一年。

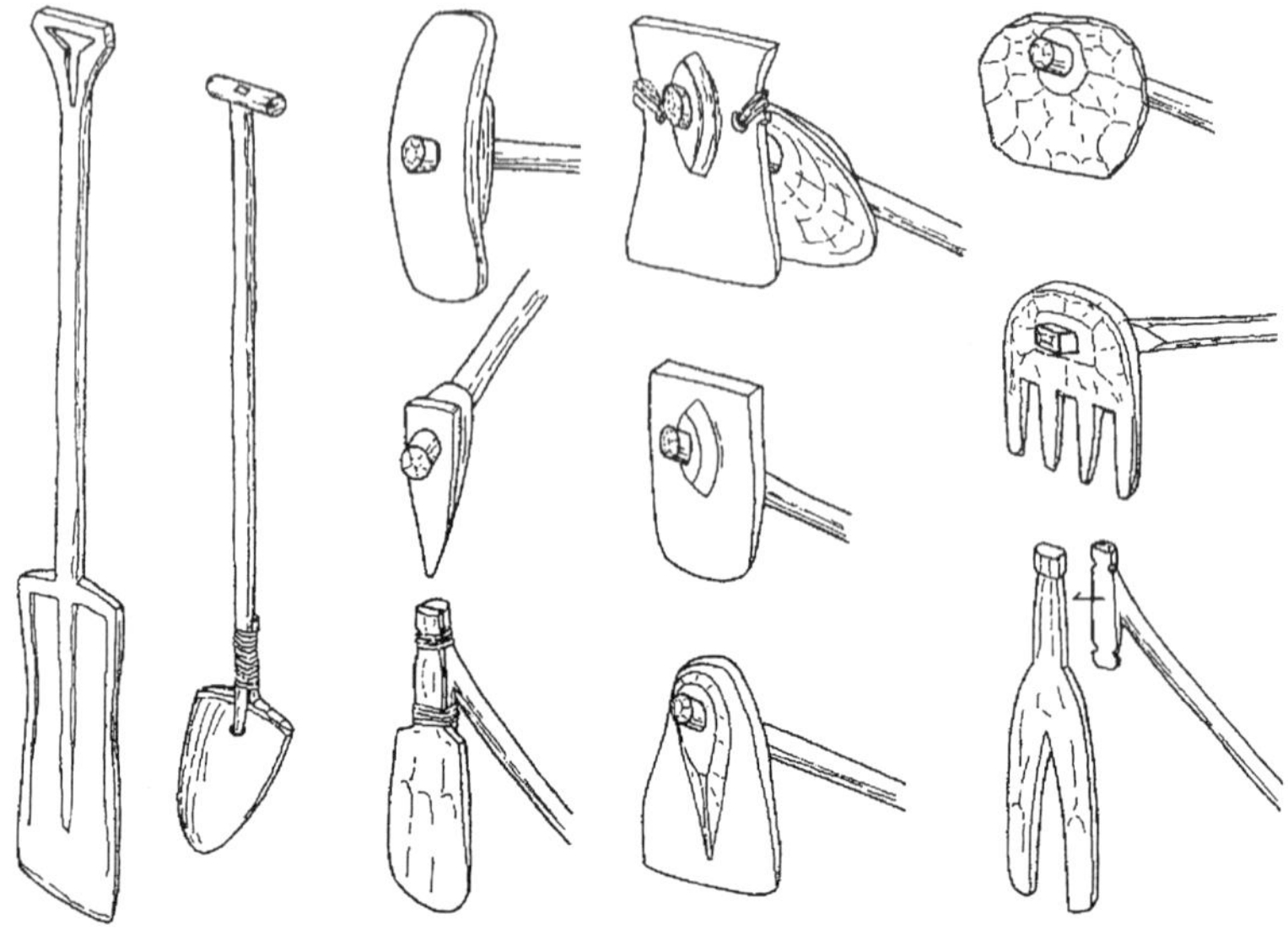

図6－10　木製農具（上原1991から）

作に卓越するとはいえない。むしろ西アジアなどでは、降水量の多い肥沃な三日月地帯で農業が早く発達したが、より過酷な環境のメソポタミア平原において文明が発達したことが一つの示唆を提供している。[20]

稲は熱帯性の植物である。弥生時代には温帯ジャポニカが到来したとはいえ、日本列島の環境で水稲を育てることは大変なことである。野生種が存在しない環境では、よほど人間が手助けしないと、その栽培種は在来の植物に駆逐されてしまい、少しの気候変動や病虫害で大きな打撃を受ける。

このような課題を克服するには、毎年水田を整える大掛かりな協業作業が必要であり、十分な水を確保しなければならず、また何年かの不作期を乗り切るための種籾《たねもみ》や救荒《きゅうこう》食料の大量貯蔵ができなければならない。また、不

20　小泉龍人『都市誕生の考古学』同成社、二〇〇一年。

作期には社会的緊張が高まり、軍事力も必要になるであろう。

日本列島における水田稲作開始の意義は食料問題にとどまらず、社会統合の仕組みを作り、保存性と交換性が高い便利な物資（米）を収取・貯蔵する仕組みが生まれたことに、大きな社会・文化的意義があったと推察する。

●青銅器

弥生時代の開始期の東アジアは、

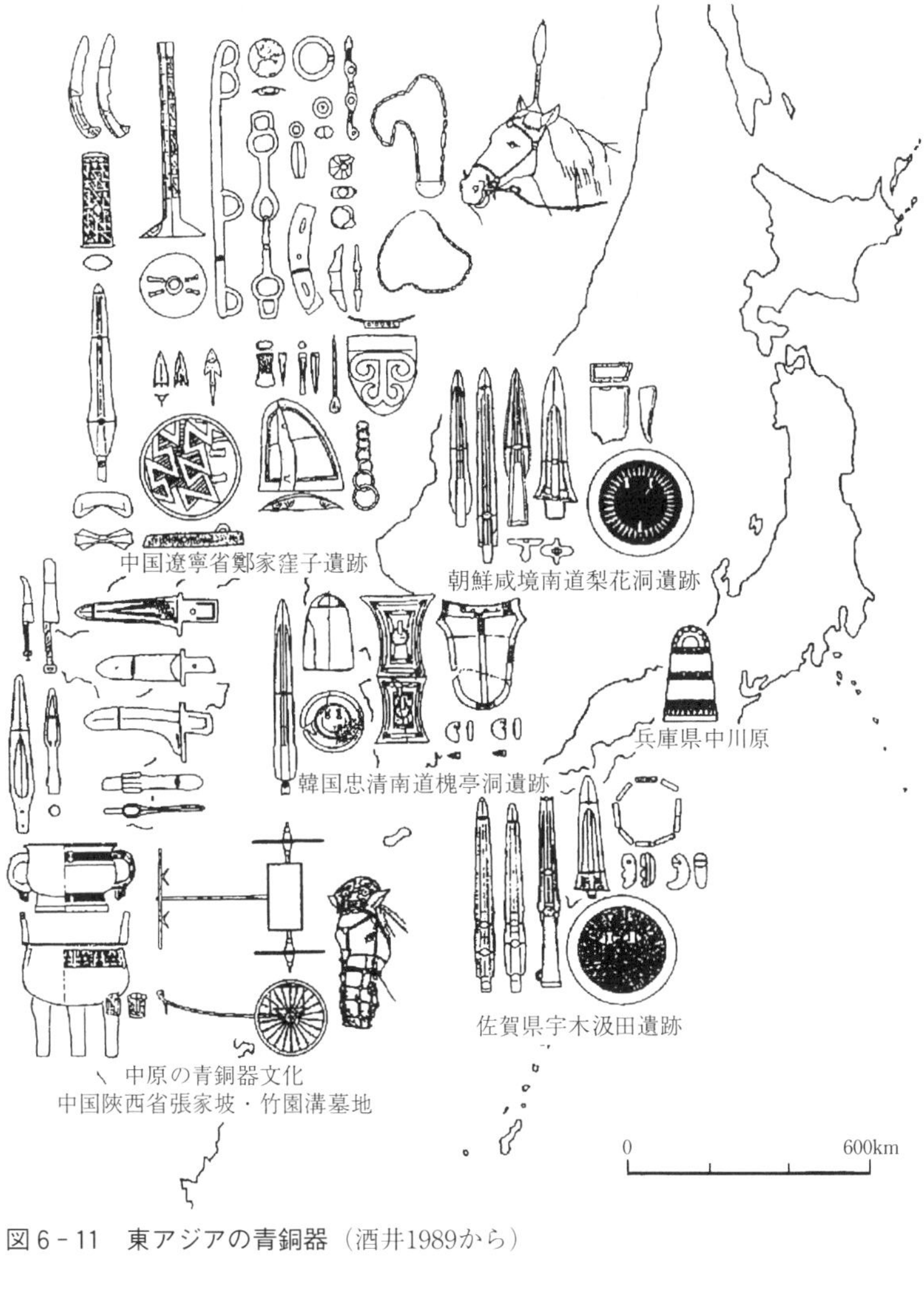

図６-11　東アジアの青銅器（酒井1989から）

青銅器を本格的に使用する段階であり（図6-11）、弥生時代の最初から青銅器が存在した可能性が少なくない。ただし、弥生時代早・前期には青銅器の発見例は非常に少なく、北部九州において弥生時代前期末以後に、朝鮮半島系の武器（剣《けん》・矛《ほこ》・戈《ほこ》）と鏡（多鈕細紋鏡《たちゅうさいもんきょう》）を個人の墓に副葬《ふくそう》する風習が活発化した[21]（図6-12）。また北部九州ではその初期に鏡を土中に埋納《まいのう》する事例も少数存在して、[22]弥生時代後半期に増加する。北部九州以東では銅鐸《どうたく》を中心として、初期から埋納が大発展した[23]（図6-13）。

銅鐸の地下への埋納の意味については、多くの議論がある。[24]大きくは、土中に保管して聖なる力を与えて再び使用したとする考えと、基本的に祭祀・奉納目的で埋め放しにしたとする考えと、通常は地上で農耕祭祀などに使用・保管・伝世して、弥生中期末・後期末を代表として特殊な状況が生じた時に地下に埋めたとする考えに大別できるであろう。また埋める主体については、共同体とする考えと有力個人とする考えとがある。

その答えは簡単には得られないが、ここでは青銅器の副葬と埋納は、中国・朝鮮にお

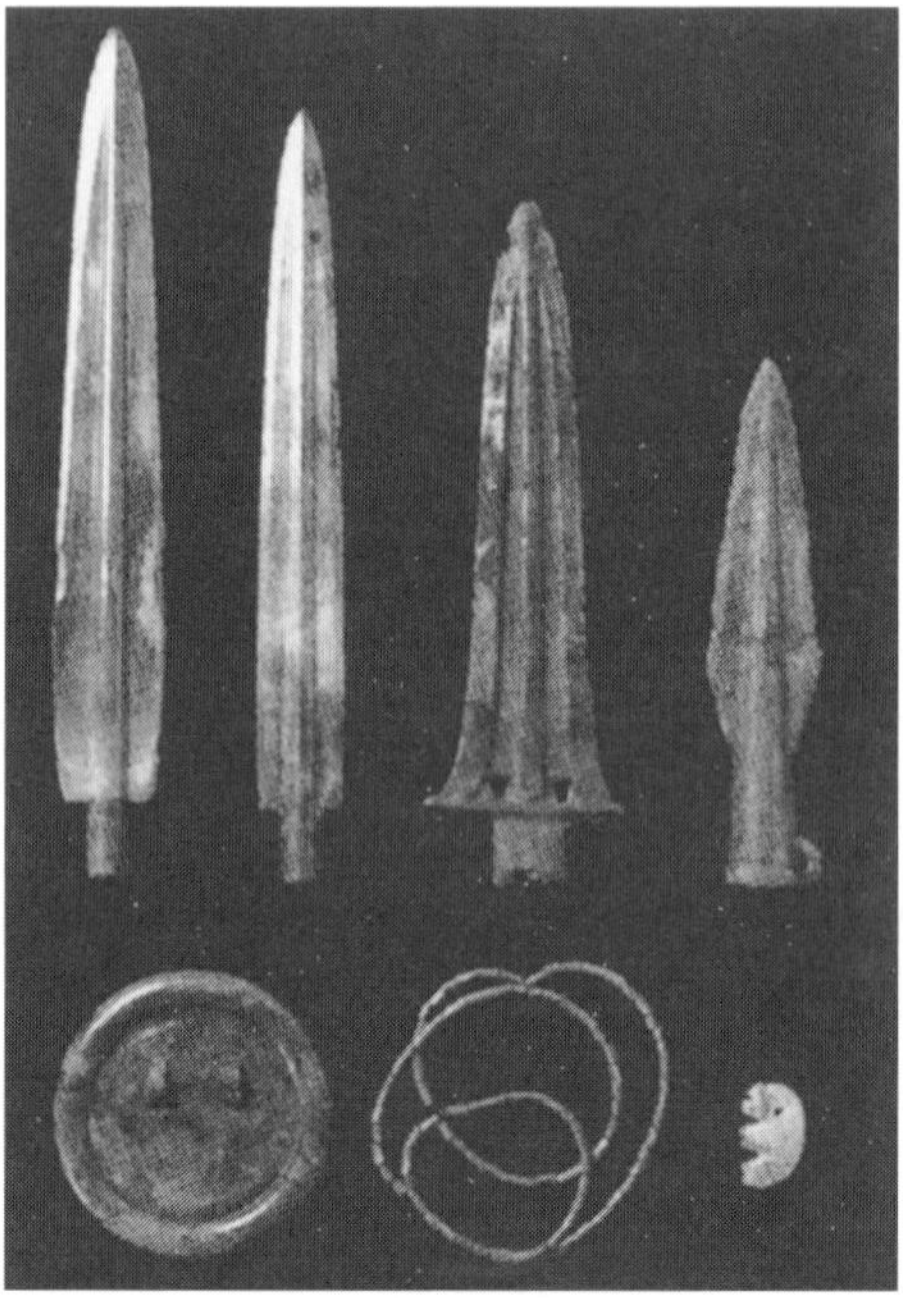

図6-12　福岡県吉武高木遺跡の青銅器（酒井1989から）

21　酒井龍一「王墓の出現」『弥生農村の誕生』古代史復元4、講談社、一九八九年。

22　甲元真之「弥生時代の宗教儀礼」『縄紋の祈り・弥生の心』大阪府立弥生文化博物館、一九九八年。

23　島根県埋蔵文化財センター『荒神谷遺跡／加茂岩倉遺跡』二〇〇二年。

24　佐原真『銅鐸の考古学』東京大学出版会、二〇〇二年。
春成秀爾「銅鐸と社会」『古代を考える 稲・金属・戦争―弥生―』吉川弘文館、二〇〇二年。

図６－13　**島根県荒神谷遺跡の青銅器**（島根県埋蔵文化財センター2002から）

いても使い分けていた方式であることを重視しておきたい。例えば、弥生時代が始まる以前に存在した中国の商王朝では、王墓に青銅器を副葬する一方、その中期の王都である河南省鄭州商城では、その廃絶前後の時期に城壁外に沿って、王都を守るかのように青銅器の埋納を行っている。[25] おそらく副葬は、集団を率いる有力な個人のためのものであり、埋納は、集団の吉凶に際して集団のために行う祭りであったと推測する。それは、弥生社会においても変わらず息づいていた可能性が高い。

朝鮮半島南部と日本列島西部の青銅器が、東アジア青銅器文化の中で発揮した特色は、弥生時代後半期に本来の機能からかけ離れて大型化・祭器化していくことである（図６-13）。その変化は、明確な方向性をもった目的意識的な動向であったようである。

25　施勧松「河南鄭州商城遺址」『二十世紀中国百項大発現』考古雑誌社、二〇〇二年。

弥生時代の各種青銅器は、起源の地においては墓や埋納の場で一つのセットとして使用するものであり、弥生社会でも初期にはそれに近い使用法であった。しかし、これらが大型化する過程では、それぞれに新しい性格が与えられて、北部九州では矛・戈・剣の序列ができて、畿内では銅鐸が卓越して、瀬戸内・山陰では東西の両地域の特色を取り入れながら銅剣を重視していく。[26]青銅器の大型化・祭器への特化は、韓人・倭人が青銅器の本来の在り方にとらわれず、自らの社会を革新する道具として、新しい意味を与えたものであった可能性が高いであろう。

弥生時代後半期には、中国・楽浪との交流を通じて中国鏡の入手が本格化するという新しい状況が出現してくる。[27]中国鏡は北部九州では墓に副葬されて、それ以東では副葬も埋納もせずに代々伝えた可能性が高いが、弥生時代には模造はあっても、それを大型化して祭器化することは極めて例外的である。中国鏡は、漢からの外来文物として価値があったのであり、有力者・王の所有物という性格が強かったであろう。

このような有力者が成長する過程で、王墓が集団の祭器である朝鮮系青銅祭器に卓越していくようになる。それは古墳時代への胎動であり、弥生後期に山陰・瀬戸内地方を発信源として、顕在化しつつあった。

●鉄器

弥生時代は、農業・青銅器・鉄という世界史の三大発明が、一つの時代の中で本格的に達成された珍しい例である。鉄は国家の基礎となる基幹物資になったり、交換財として貨幣の役割を果たし得るものであり、その社会的重要度は非常に高い。

中国戦国時代には鋳鉄製農工具が普及し、鍛鉄製武器も徐々に増加する傾向にあり、これに平行する弥生時代前期末以後の弥生社会においても、鉄が次第に普及していく。東北アジアに

26　武末純一『弥生の村』山川出版社、二〇〇二年。近藤喬一「銅剣・銅鐸と弥生文化」『古代出雲王権は存在したか』山陰中央新報社、一九八五年。岩永省三『金属器登場』歴史発掘七、講談社、一九九七年。

27　岡村秀典『三角縁神獣鏡の時代』吉川弘文館、一九九九年。

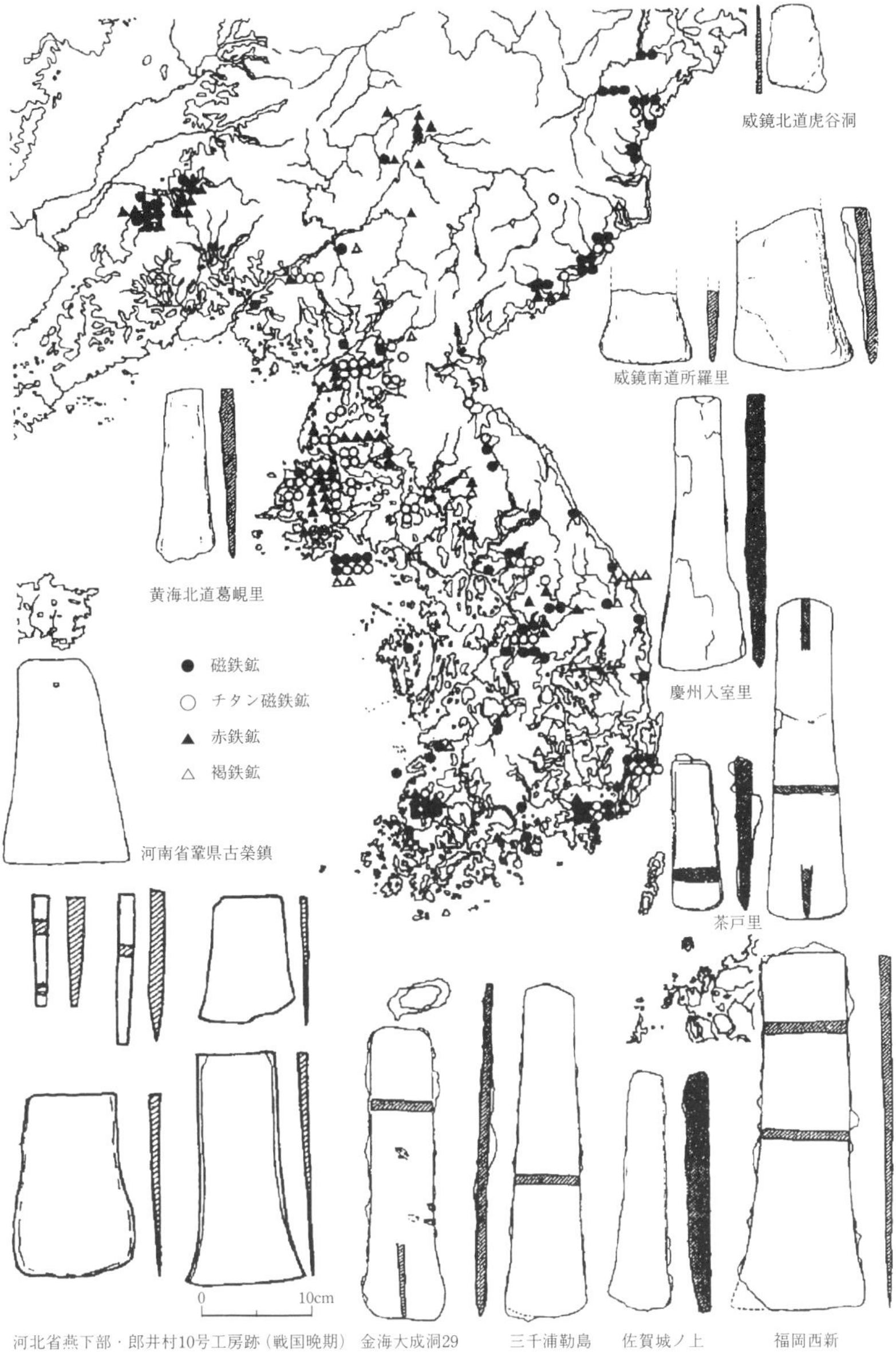

図6－14　東北アジアの斧状鉄板（東2003から）

広く分布する斧状鉄板は、鉄原料として流通した可能性が高いものである[28]（図6-14）。

弥生時代前半期の鉄器は、中国東北地方の燕を源流とする鋳造鉄器が主流であり、表面を脱炭加工して鋳鉄の脆《もろ》さを減じた高度な技術によるものが存在する[29]（図6-15）。これらの鉄斧は森林開発や木材加工において、大きな威力を発揮したであろう。またこれらを再加工した板状斧・鑿《のみ》・鉇《やりがんな》などの工具を使用する一方、鍛冶《かじ》も始まり、北部九州では弓矢の鏃《やじり》をはじめ武器の鉄器化が急速に進む。

弥生時代後半期には、北部九州において鋤《すき》・鍬先、鎌のような農具や鉄戈・鉄剣のような武器が加わると同時に、東は北陸・関東にまで鉄器の分布が広まる。北部九州、日本海ルートを頂点としつつ、この地域に鉄が着実に普及しつつあった。

これらの鉄素材の原産地については、海外産が主体とする説と日本産が主体とする説があるが、自然科学的な分析の成果[30]、韓国釜山市莱城鍛冶

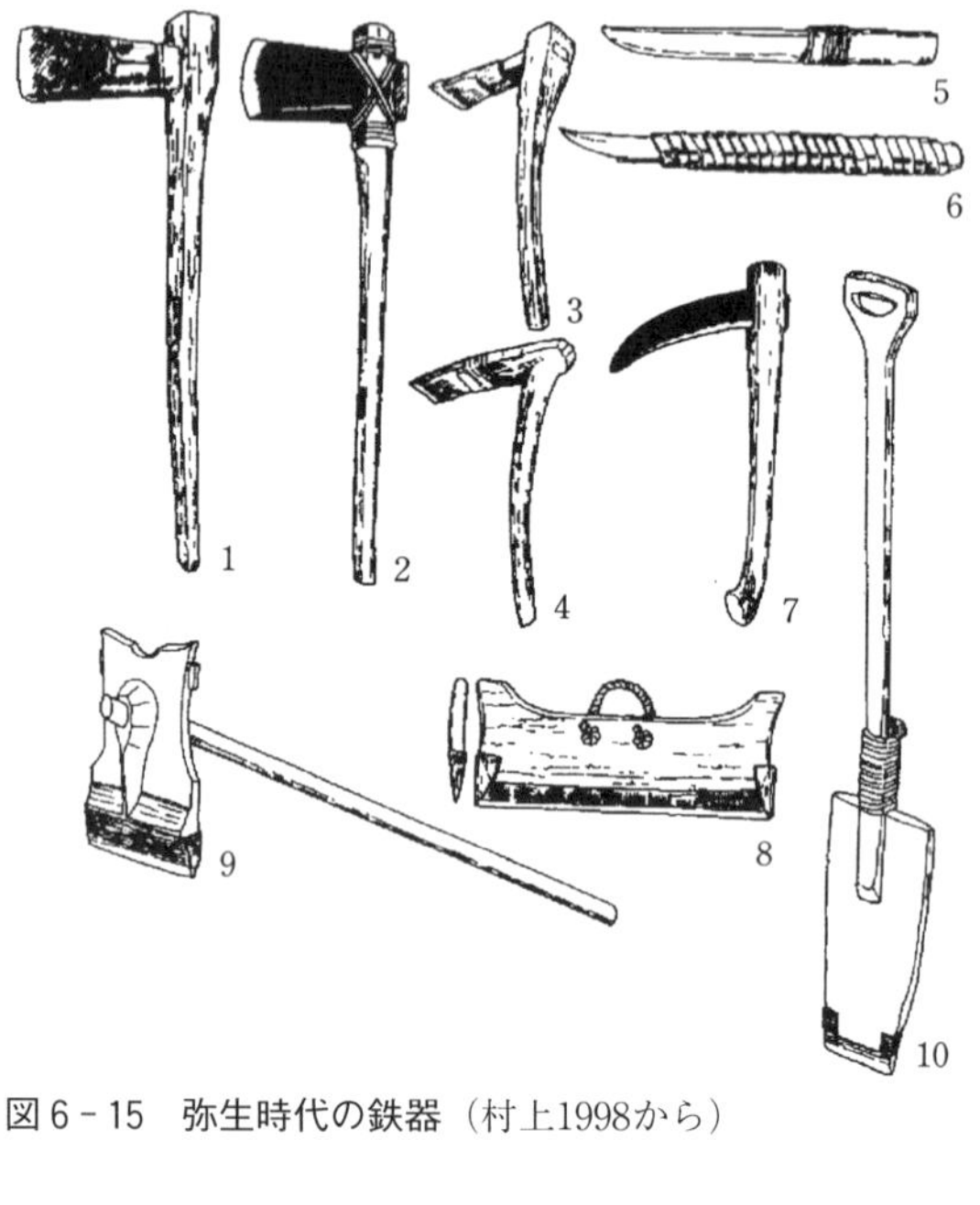

図6－15　弥生時代の鉄器（村上1998から）

28　東潮「古代鉄文化の交流」『東アジアと『半島空間』―山東半島と遼東半島―』思文閣出版、二〇〇三年。

29　村上恭通『倭人と鉄の考古学』青木書店、一九九八年。

30　藤尾慎一郎「鉄器と鉄の生産」『弥生の鉄文化とその世界』北九州市立考古博物館、一九九五年。

遺跡において、弥生時代中期前半の北部九州系土器が多く出土したというような状況から、朝鮮半島南部産の鉄素材が少なからぬ比率を占めていたであろう。活発な東アジア交流が、弥生時代の鉄の所有における北部九州の優位の背景にあり、それ以後の政治変動が生じる一因にもなった可能性が高い。

●縄紋人と弥生人

弥生変革が生じた背景には、海を渡って渡来した人々があり、在来人と混血したであろうことが古くより想定されてきた[31]。他方、在来の縄紋人が外来の新しい知識・文物を入手して、弥生人になることが基本であったとする考えも有力である[32]。なお、日本列島では人類が発生していないので、ある時期の在来人はかつての渡来人であり、民族問題を過度に重視することは生産的でない。しかし、どの程度の人々の渡来によって弥生変革が達成されたかは、興味深い課題である。

従来発見されている縄紋人骨は、時期の新古や地域による変異はそれほど顕著ではない。その顔は上下がやや寸詰まりで幅が広く、鼻や眉間が高くて彫りが深く、歯は小さいが顎《あご》は頑丈であり、上下の前歯の端を毛抜き状に嚙み合わせる[33](図6-16右)。平均身長は成人男性で一五八センチ前後、成人女子の平均身長は一五〇センチ未満と小柄である。

これに対して弥生人は地域的な変異が顕著であり、渡来系弥生人とされる人々の顔はやや面《おも》長《なが》で、鼻が低いのっぺりとした顔立ちであり、歯は大きく、上の前歯が下の前歯の前に重なる鋏状の嚙み合わせである。体つきは手足が長く、成人男子の平均身長は一六三センチ前後、成人女子で一五一センチ前後とやや高身長である。このような面長・高身長の人々は、九州では北部九州に高い比率で分布し、北部九州以東、中部・関東地方まで点々と発見される。

31 金関丈夫「弥生人種の問題」『日本考古学講座』4、河出書房、一九五五年。

32 岡崎敬「日本における初期稲作資料」『朝鮮学報』一九六八年。

33 片山一道『縄文人と「弥生人」：古人骨の事件簿』昭和堂、二〇〇〇年。田中良之「弥生人」『古代を考える 稲・金属・戦争―弥生―』吉川弘文館、二〇〇二年。

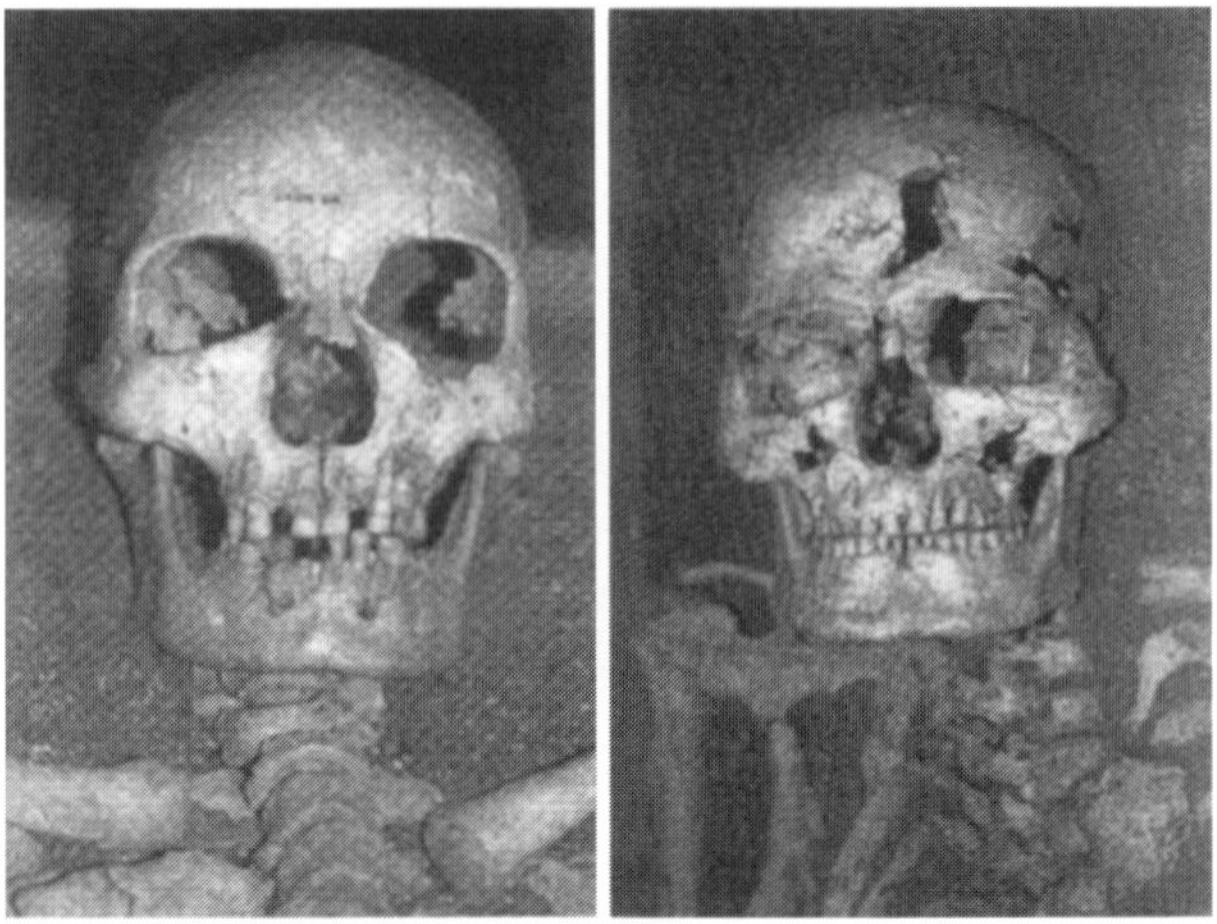

弥生人骨（山口県土井ケ浜遺跡）　縄紋人骨（愛知県林ケ嶺貝塚）

図6－16　縄紋人と弥生人（片山2002から）

この縄紋人と渡来系弥生人の関係について、今有力な手がかりを提供しつつあるのは、北部九州弥生時代早・前期の環濠集落の土器研究である。[34] この時期、朝鮮半島系の煮炊き具と縄紋系の煮炊き具を合わせて使っているが、福岡県板付遺跡では、朝鮮半島系の煮炊き具から板付式と呼ぶ型式を生み、板付式と縄紋系の煮炊き具をほぼ一対一と、他の集落よりも板付式を多く使用した。かつこの頃、他の板付式土器を使わない環濠集落は廃絶するものが多かったが、板付遺跡はいっそう栄えていく。

板付遺跡は、従来集落がなかった水田適地に、縄紋系の人々と渡来系の人々が共同して営んだと推定できる進出型環濠集落である。このような新しい食・住環境の中で、長い時間をかけて混血して、新しい形質をもつ人々の人口とその影響力が増加していき、「渡来系弥生人」になった可能性が高いであろう。[35]

このようなシナリオが実情に近いなら、弥生時代の始まりの頃の渡来人は、当時の縄紋総人口に比べてごく少数であったが、その知識と遺伝子は再生産されて、日本列島史に大きな影響

34　藤尾慎一郎『弥生変革期の考古学』同成社、二〇〇三年。

35　中橋孝博「倭人の形成」『倭国誕生』吉川弘文館、二〇〇二年。

を与えたと評価することになる。また彼らが故地とのなんらかの関係を保っていたなら、日本列島内で優位を得る大きな力になったであろう。

四、結び

弥生時代は東アジア交流に基づいて、文化の多くの分野において大きな変革がなされた時代である。その契機は、おそらく少数の人々の渡来にあり、日本列島の歴史に大きな影響を与えることとなった。

その弥生変革は一気に達成されたのではなく、北部九州において環濠集落と水田稲作の本格的な開始という形で始まり、青銅・鉄の技術が加わり、さらには中国との交流が活発化する中で、充実していった。この弥生文化は次第に西日本から北陸・中部・関東・東北へ広まり、多様な弥生社会が成立していく。

参考文献

1. 金関恕・佐原真『弥生文化の研究』全一〇巻、雄山閣、一九八五〜一九八九年。
2. 都出比呂志『日本農耕社会の成立過程』岩波書店、一九八九年。
3. 高倉洋彰『金印国家群の時代』青木書店、一九九五年。
4. 金関恕・大阪府立弥生文化博物館編『弥生文化の成立』一九九五年。
5. 広瀬和雄編著『都市と神殿の誕生』新人物往来社、一九九八年。
6. 寺沢薫『王権誕生』日本の歴史二、講談社、二〇〇〇年。
7. 佐原真編『古代を考える 稲・金属・戦争―弥生―』吉川弘文館、二〇〇二年。

8．武末純一『弥生の村』山川出版社、二〇〇二年。
9．藤尾慎一郎『弥生変革期の考古学』同成社、二〇〇三年。

7 弥生時代の社会と文化

宇野隆夫

弥生時代の日本列島における社会と文化は、非常に多様である。その背景には、縄紋時代の社会と文化を基盤としつつ、新たな東アジア交流に基づく新しい生活の仕組み・技術や宗教観念が徐々に広まっていったという歴史がある。ここでは、弥生時代の特色ある地域文化を形成した日本列島中央部の弥生社会と文化を中心にして述べたい。

一、社会の基礎的単位

社会の基礎的単位あるいは、家族を考古資料から復元することは簡単ではないが、その一端を探ることは可能である。

弥生時代の集落には大小さまざまなものがあるが、その基本的な単位は建物数棟程度のまとまりであることが推定されている。[1] 当時の普通の人々が住んだ建物はおよそ三〇平方メートル前後であり、五人程度が住めたと推定できる。したがって、当時最小の集団は、およそ一〇人前後の規模であることが多かったと考えてよいであろう。このような単位は小規模な貯蔵施設や墓を伴うこともある。

また、弥生時代の水田は畦畔《けいはん》（あぜ）による区画を行うため、一筆の規模を復元できることが少なくない。畦畔にはしっかりと作る大区画と、簡易に作る小区画の区別があるが、[2] 畦畔から復元できる水田面積の規模は、一〇〇〜数百平方メートル、五〇〇〜三〇〇〇平方メートル、

1　近藤義郎「共同体と単位集団」『考古学研究』第六巻第一号、考古学研究会、一九五九年。

2　都出比呂志『日本農耕社会の成立過程』岩波書店、一九八九年。

一万平方メートル弱に三大別できる[3]（図7-1）。おそらく一〇〇〜数百平方メートルのものは毎年作り直す小区画であり、それ以上のものが水田一筆の区画である。その面積はおよそ一〜二反前後（一反は一〇〇〇平方メートル弱）であることが多く、広い低湿地には一〇反近い水田もあった。

このような住居と水田の在り方を結ぶ情報が水田足跡の調査から得られている。青森県垂《たれ》柳《やなぎ》遺跡は、弥生水田北限域についての多くの情報を提供したが、多数発見された水田足跡の調査が貴重な成果を提供している[4]（図7-2）。水田一筆の二〇〇以上の足跡の分析から、足の大きさと活動量に相関関係があることが明らかにされた（図7-3）。

この成果によると一番大きな足跡の数は少なく、指揮する年長者のものと思われる。それに次ぐ大きさの二種の足跡は数が多く、汗して働く若夫婦を思わせる。さらに、小さな足跡が三種あり、三人の子供が手伝いをしていたようである。足のサイズが同じ人がいた可能性を考慮しても、その総数は一〇人弱の三世代であったであろう。

大阪府八尾市池島《いけじま》・福万寺《ふくまんじ》遺跡でも同様の方法によって、一筆の水田内で大人三人が収穫にあたり子供三人が手伝ったことや、水口付近では大人だけが活動していたらしいことが明らかにされている[5]。

このような建物単位・水田面積・水田足跡から推定される社会の基礎的な単位は、血縁関係にある数家族程度の集団である。これらは小さいとはいえ、農業経営単位であり、子供が作業に参加することは独自に技術を伝習して、土地の用役権を世襲する指向をもっていたと思われる。水田稲作だけではなく、手工業などの分野の営みの基礎単位も、似たものであった可能性が高い。縄紋時代にも同程度の規模の単位はあったが、営みの水準は格段に高まっている。

3 宇野隆夫「考古学からみた日本生産流通史」『日本史研究』第三八〇号、日本史研究会、一九九四年。

4 青森県教育委員会『垂柳遺跡発掘調査報告書』一九八五年。

5 江浦洋「水田面に残る足跡と農耕具痕跡」『大阪文化財研究』二十周年記念増刊号、大阪文化財センター、一九九二年。
寺沢薫『王権誕生』日本の歴史二、講談社、二〇〇〇年。

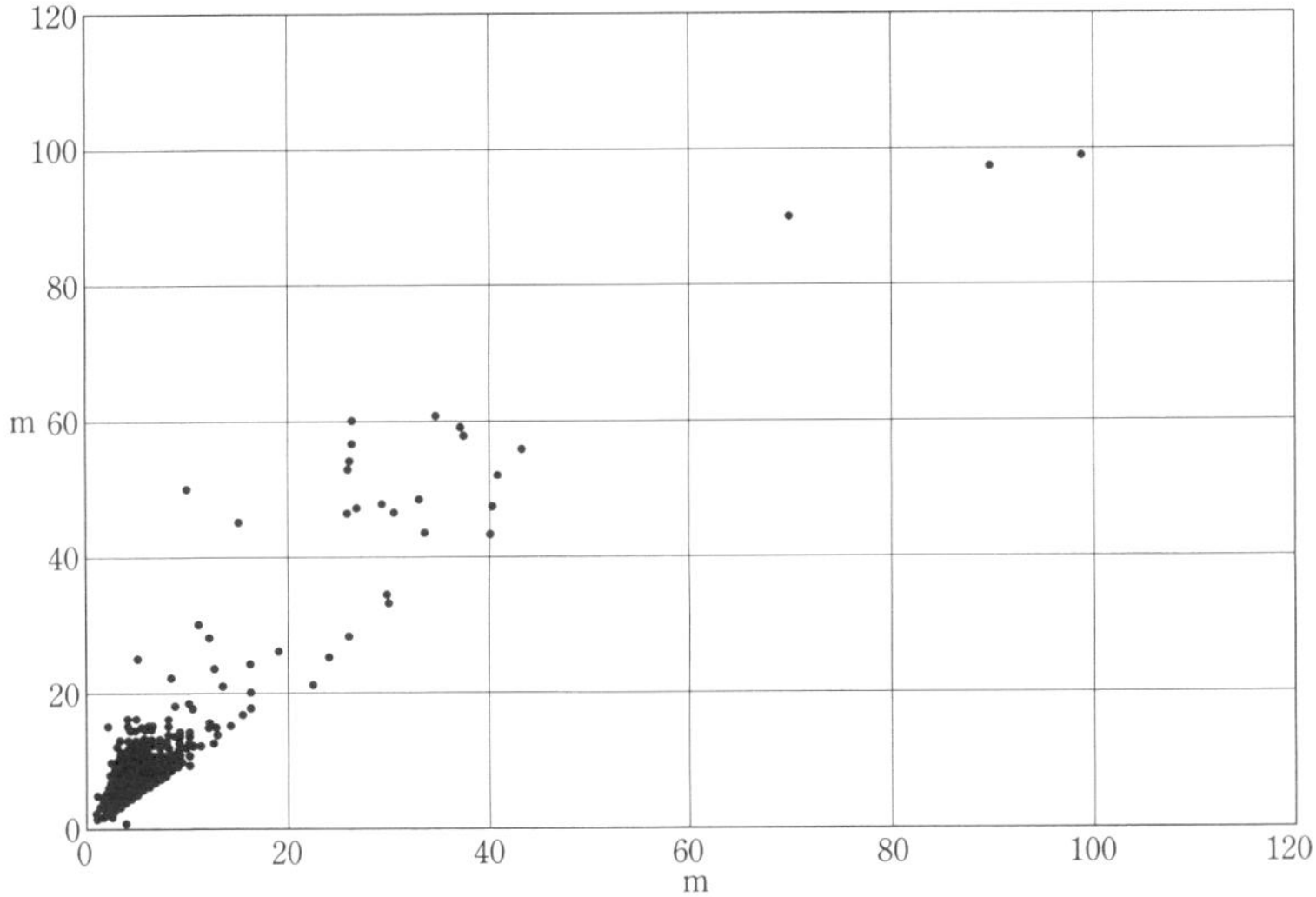

図７－１　弥生時代水田の規模（宇野1994から）

図７－２　青森県垂柳遺跡水田の畦畔（青森県教育委員会1985から）

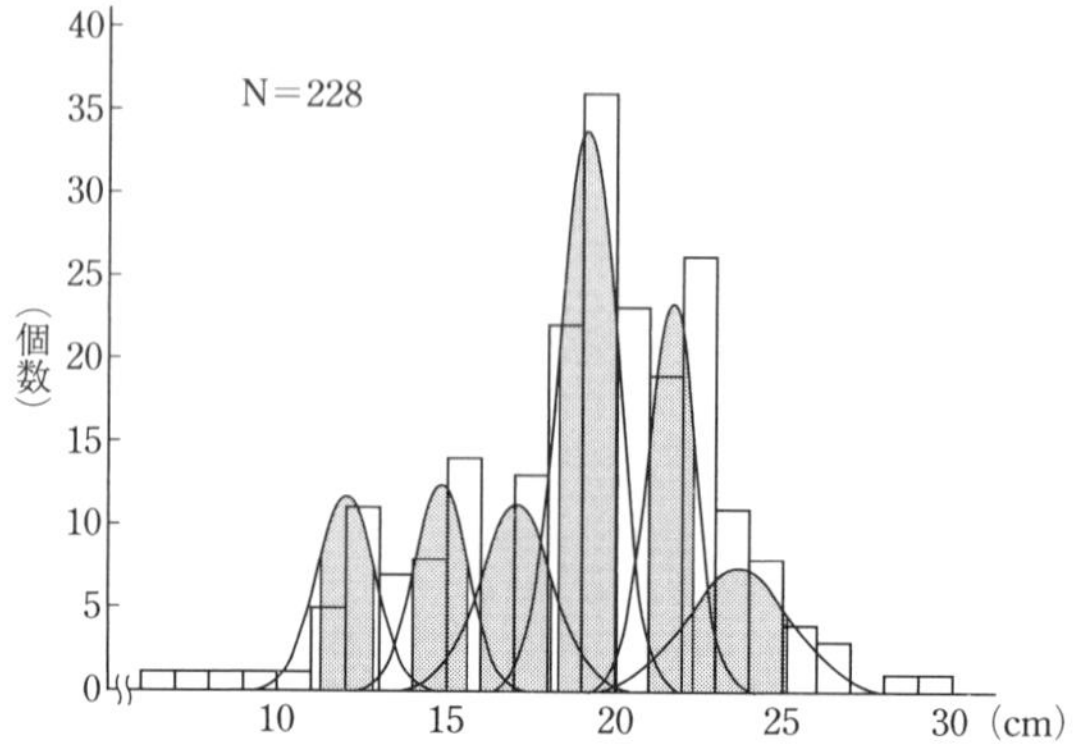

図7－3　青森県垂柳遺跡水田一筆の足跡（青森県教育委員会1985から）

弥生社会の特質は、このような小経営といえる単位が社会の基礎としてできたことを基礎として、それらが連携し、地域中心としての大型環濠集落が成立したことにあるであろう。

二、環濠集落

水濠や空濠で囲む大規模環濠集落は、弥生社会の確立・成長とともに出現して広まり、弥生社会の変質と終わりに連動してその役割を終えていったものである。それは弥生社会の性質をよく示す集落形態である。

●環濠集落のいろいろ

環濠集落は立地が多様であり、規模も一ヘクタール未満のものから、数十ヘクタールあるいは、それ以上の大規模なものまで存在する。これらはおよそ五ヘクタール前後を境にして大小に分かれ、大規模なものは大きいだけではなく構造も複雑であり、いろいろな社会的機能を配置している。

環濠集落の調査例は多数あるが、その長期にわたる推移が明らかになり、環濠集落の多様性をよく示す例として、大阪府池上曽根《いけがみそね》遺跡[6]と佐賀県吉野ケ里《よしのがり》遺跡[7]とがある。いずれも弥生時代前期から後期まで、姿を変えながら存続したものである。

池上曽根遺跡は、大阪湾のかつての海岸線から約二キロメートル離れた低位段丘上にある。

6　池上曽根遺跡史跡指定二〇周年記念事業実行委員会編『弥生の環濠都市と巨大神殿』一九九六年。摂河泉地域史研究会乾哲也編『よみがえる弥生の都市と神殿』批評社、一九九九年。

7　佐賀県教育委員会『吉野ケ里』一九九四年。

標高は一〇メートル前後であり、海へのアクセスがよい。

弥生時代前期には、いくつかの小集落とともに、約三万平方メートルの環濠集落として成立したが、弥生時代中期になると約六万平方メートルに拡大して、ほとんどの集落を含み込むようになった。そして弥生中期末の頃には、河川を取り込みながら外濠を掘削して、池上曽根遺跡の最盛期をむかえる（図7-4）。

この最盛期には中心部に祭祀空間ができて、南北方位の大型建物を正殿としてその正面中央に大型刳抜《くりぬき》井戸をおき、溝をめぐらせている（図7-5）。大型建物は約一三〇平方メートルであり、その正面南側が広場となっている。広場には石材や石器や漁具の埋納《まいのう》があり、手工業や漁業に携わる人々が奉納したと推定で

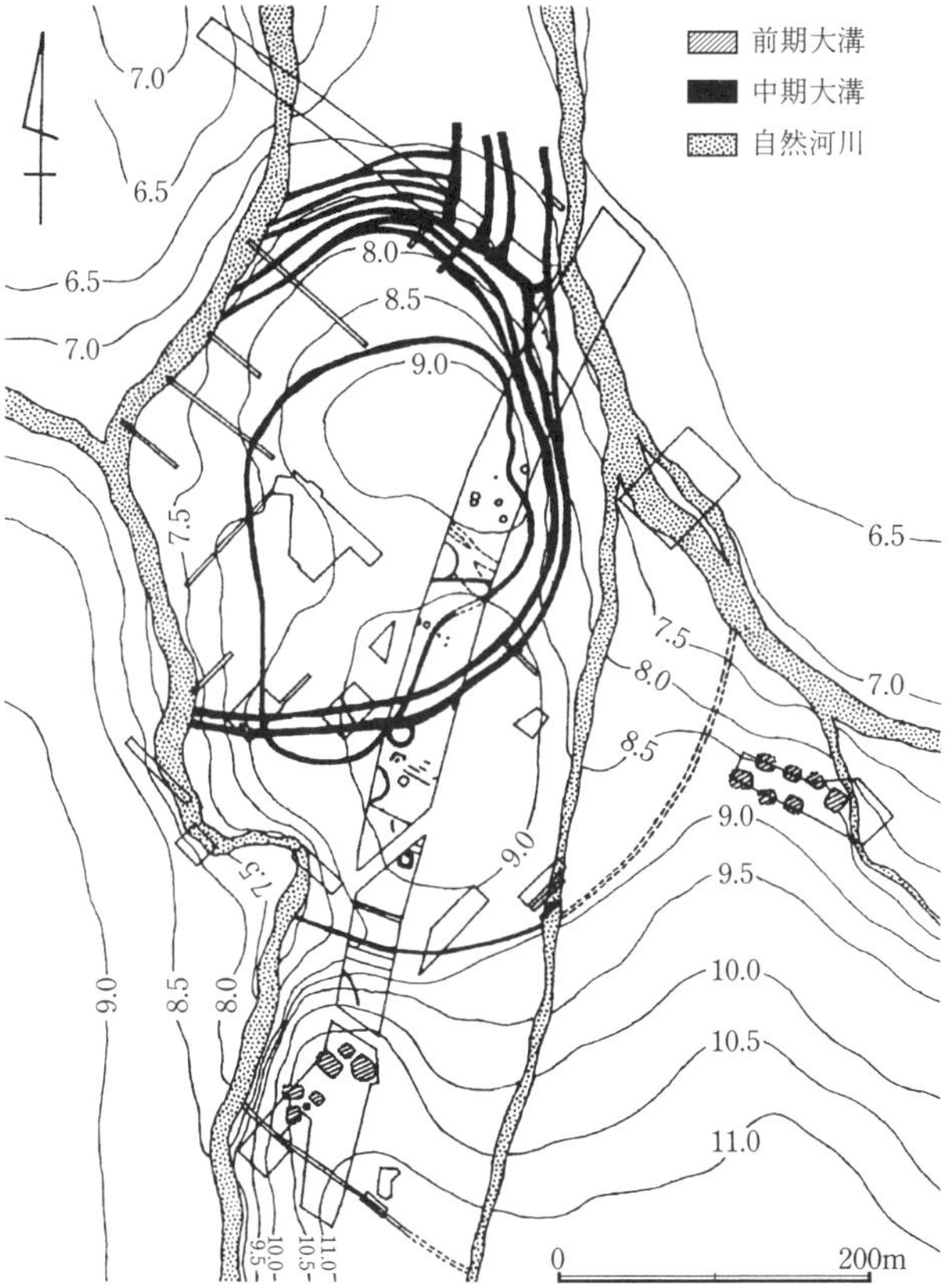

図7-4　大阪府池上曽根遺跡の中心部（摂河泉地域史研究会乾編1999から）

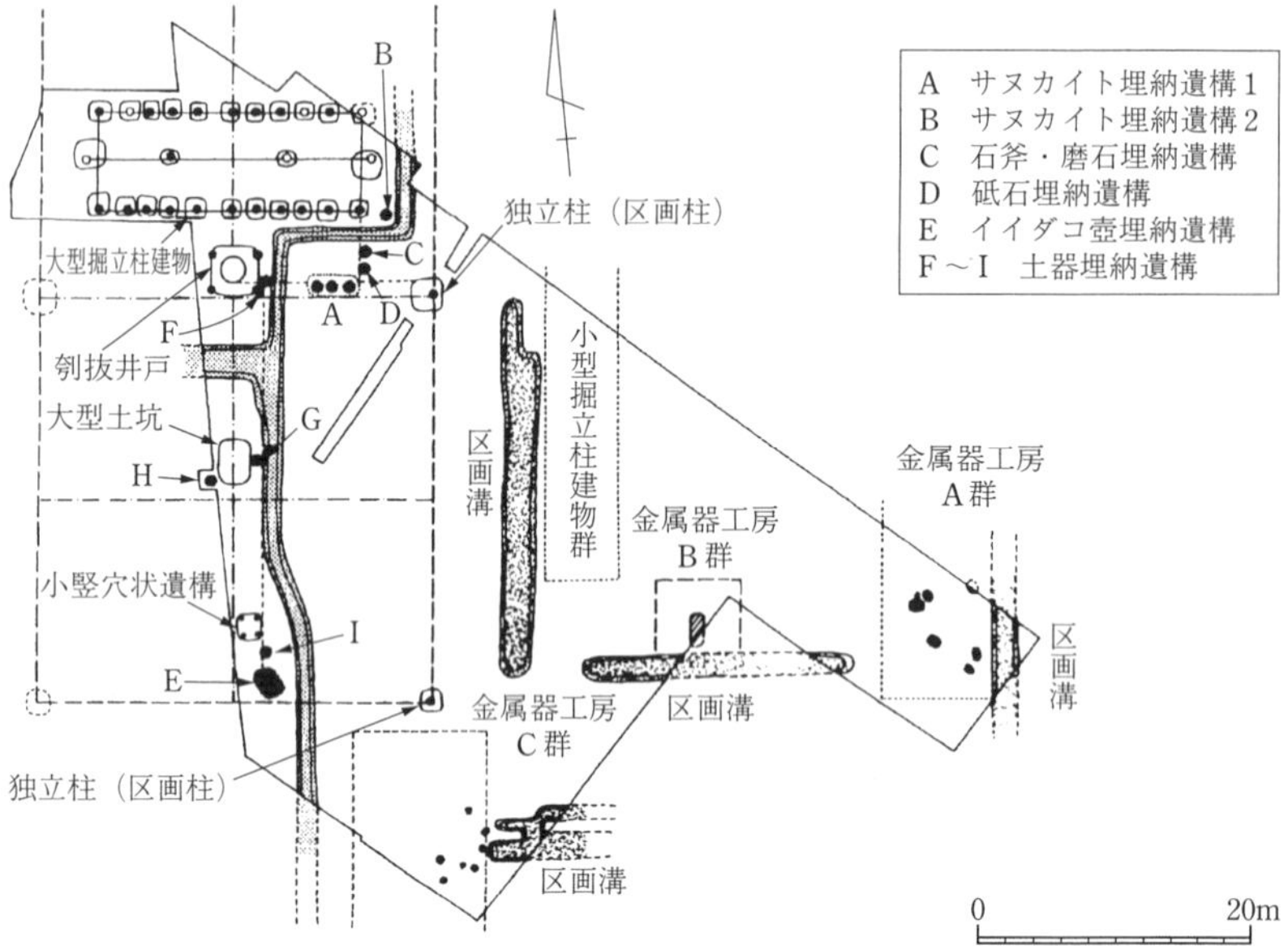

図7-5　**大阪府池上曽根遺跡の構造**（摂河泉地域史研究会 乾編1999から）

きる。このような場は、儀礼の後に交易の広場となった可能性も高いであろう。この広場の東には金属器工房があった。

内濠内の南部から外濠内にかけては、一般構成員の住居が密集して広まり、各所で石器作りなどの作業を行っていた[8]。外濠の外には墓地が広がる。

弥生後期になると濠や大型建物などの主要施設がなくなり、一般の集落となった。弥生後期後半には集落規模が小さくなり、古墳時代にはほぼ途絶えた。

佐賀県吉野ケ里遺跡は、平野より約一〇メートル高い、標高二〇メートル前後の丘陵上に営んでいる（図7-6）。GIS(地理情報システム)で眺望域を復元すると、佐賀平野と有明海を一望できたことがわかる。

8　秋山浩三「近畿における弥生「神殿」「都市論」の行方」『ヒストリア』一六二、大阪歴史学会、一九九九年。

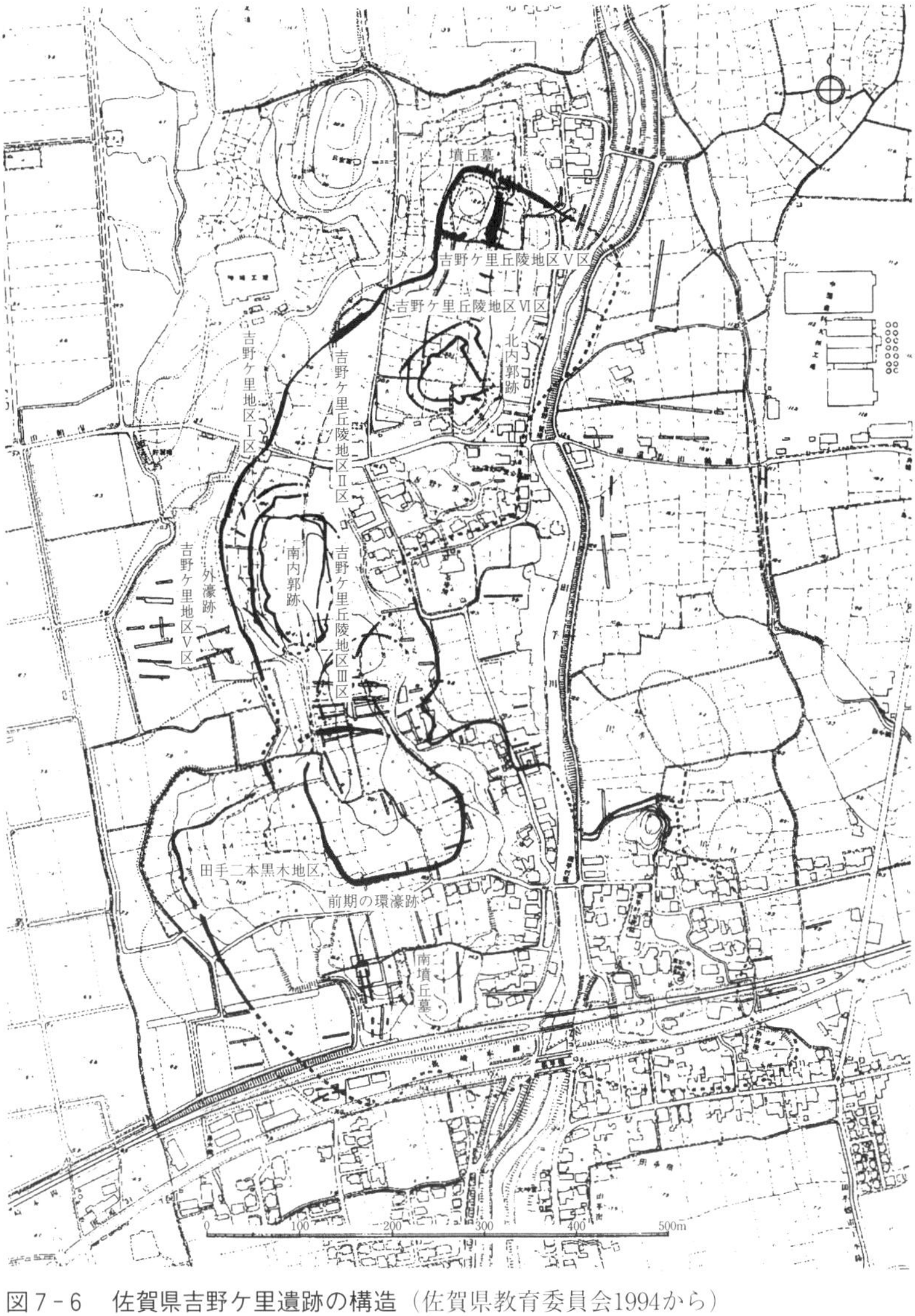

図7-6　佐賀県吉野ケ里遺跡の構造（佐賀県教育委員会1994から）

弥生時代前期には、小集落の中に約三ヘクタールの単郭の環濠集落が成立した。早くも青銅器生産を始めた可能性が高い。弥生中期には、有力者一族の墓である長方形大型の北墳墓[9]が出現し、この王族墓に至る墓道の両側には戦死者の墓を含む列をなす墓を営んだ。青銅器も確実に製作して、この時期の吉野ケ里遺跡は宗教センターという性質をもっている。

弥生中期末には約四〇ヘクタールの外濠を掘り、住居の数や鉄器の出土量も増加して、外濠の外にも大型倉庫群が出現した。政治・経済・宗教の総合的な機能が充実しつつあったようである。

弥生後期になると、まもなく長方形の南内郭と馬蹄形の北内郭ができて、厳重に守りを固めた。北内郭では、青銅武器（銅戈）の祭りを行い、約一五〇平方メートルの大型建物ができた（図7-7）。この大型建物は北墳墓に向けて作られているため、祖先の王族を祭る宗廟の役割をもった可能性が高い。

弥生時代後期には、次第にこの南北の内郭付近に諸施設が集中するようになって、この空間の特別化が進んだ。このような経緯を経て、古墳時代前期になると小集落と墓地を残して大集落は消滅した。

●環濠集落の成長と脱却

環濠集落は多様であり、ここで取り上げた大阪府池上曽根遺跡と、佐賀県吉野ケ里遺跡の各型に含まれない事例も少なくないが、この二遺跡は弥生社会における環濠集落の基本的な動向をよく示している。

弥生時代前期から中期にかけては西日本での環濠集落の発展期であり、それらが最も充実した弥生時代中期末には、この集落形態は北陸・中部・関東地方にまで及んでいる。

9　墳丘墓という名称も広く用いられている。

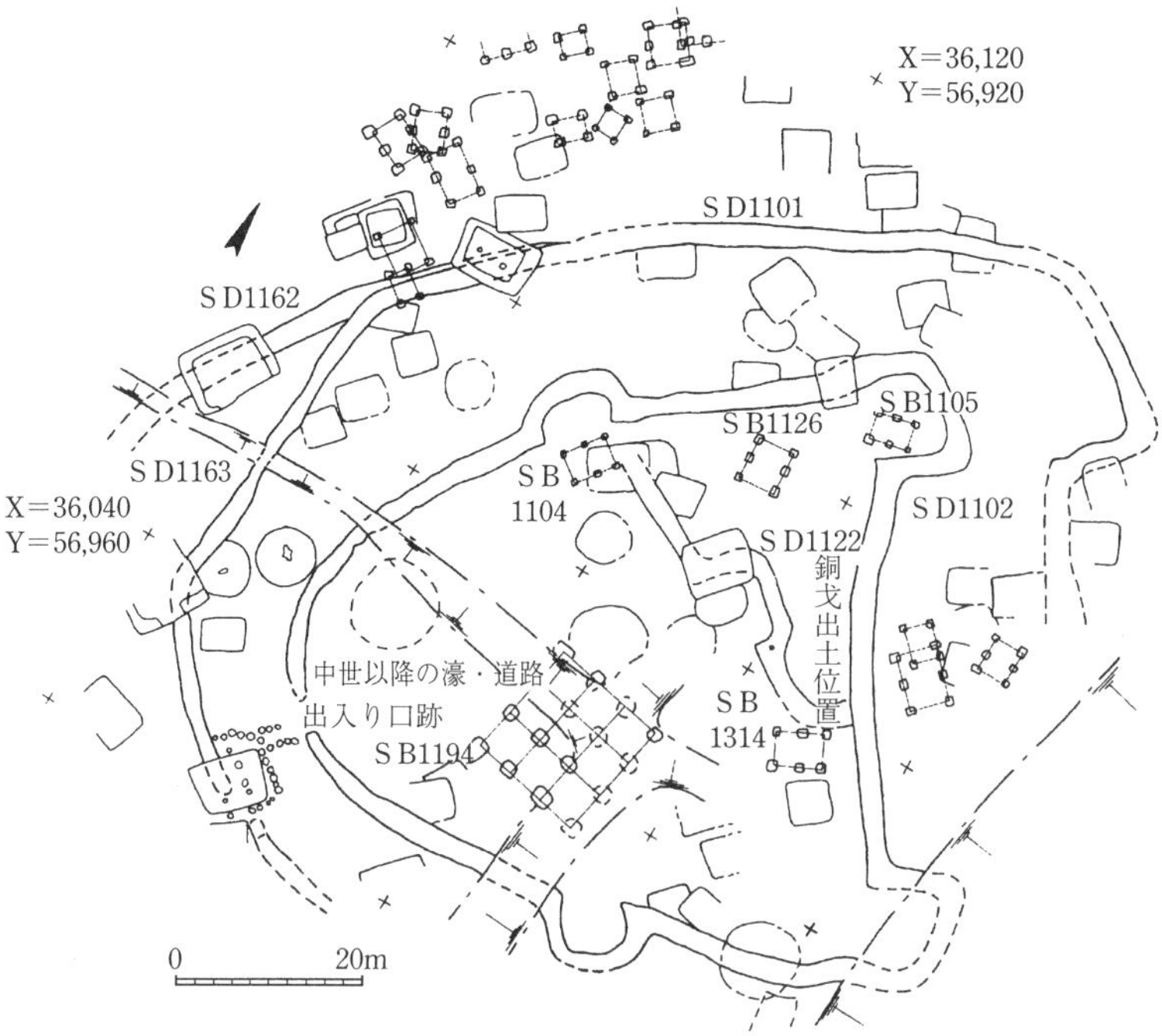

図7-7　**佐賀県吉野ケ里遺跡の北内郭**（佐賀県教育委員会1994から）

盛期の環濠集落は広大な範囲を濠で区画して多くの人々が集住し、政治・経済・宗教の各分野に及ぶ機能を巧みに配置して、地域の弥生社会を営む中心的な役割を担った。環濠集落の複雑な構成は、複雑な社会を組織的に運営する仕組みが成長したことを示している。

ただし、弥生時代後期には環濠集落が衰退する傾向があらわれて、弥生時代末にはほとんどが途絶えることとなった。問題はその背景であるが、外圧による地域中心の解体という場合もあったであろう。しかし、むしろ自主的に環濠集落から脱却していったと考えられる事例が少なくない。この動きが最も早く進んだ福岡平野では奴国中枢域と推定できる地域に、直線的な溝区画を行う一〇〇ヘクタール以上の大集落が出現した。[10]
　低地にある池上曽根遺跡では、弥生時代後期になると一般の構成員を現地に残して、中枢の人々・施設は移動した。移動先は、東南約四キロメートルの丘陵上にある観音寺山《かんのんじやま》遺跡周辺であった可能性が高い。これに対して、丘陵上にある吉野ケ里遺跡では、中枢施設を充実させる一方、外郭の人々を低地に下ろしたようである。弥生時代後期の池上曽根遺跡と吉野ケ里遺跡の動向は対照的にみえるが、中枢の人々と一般の人々を分け隔てるという動きの二つの側面を表している。大阪府古曽部《こそべ》・芝《しば》谷《たに》遺跡[11]や鳥取県妻木晩田《むきばんだ》遺跡[12]など、弥生時代後期初めに丘陵上の遺跡が増加することは、このような動きが広範に生じたことを示している。
　このような推定があたっているなら、倭人が前漢帝国に遣使した頃の首都である陝西省長安

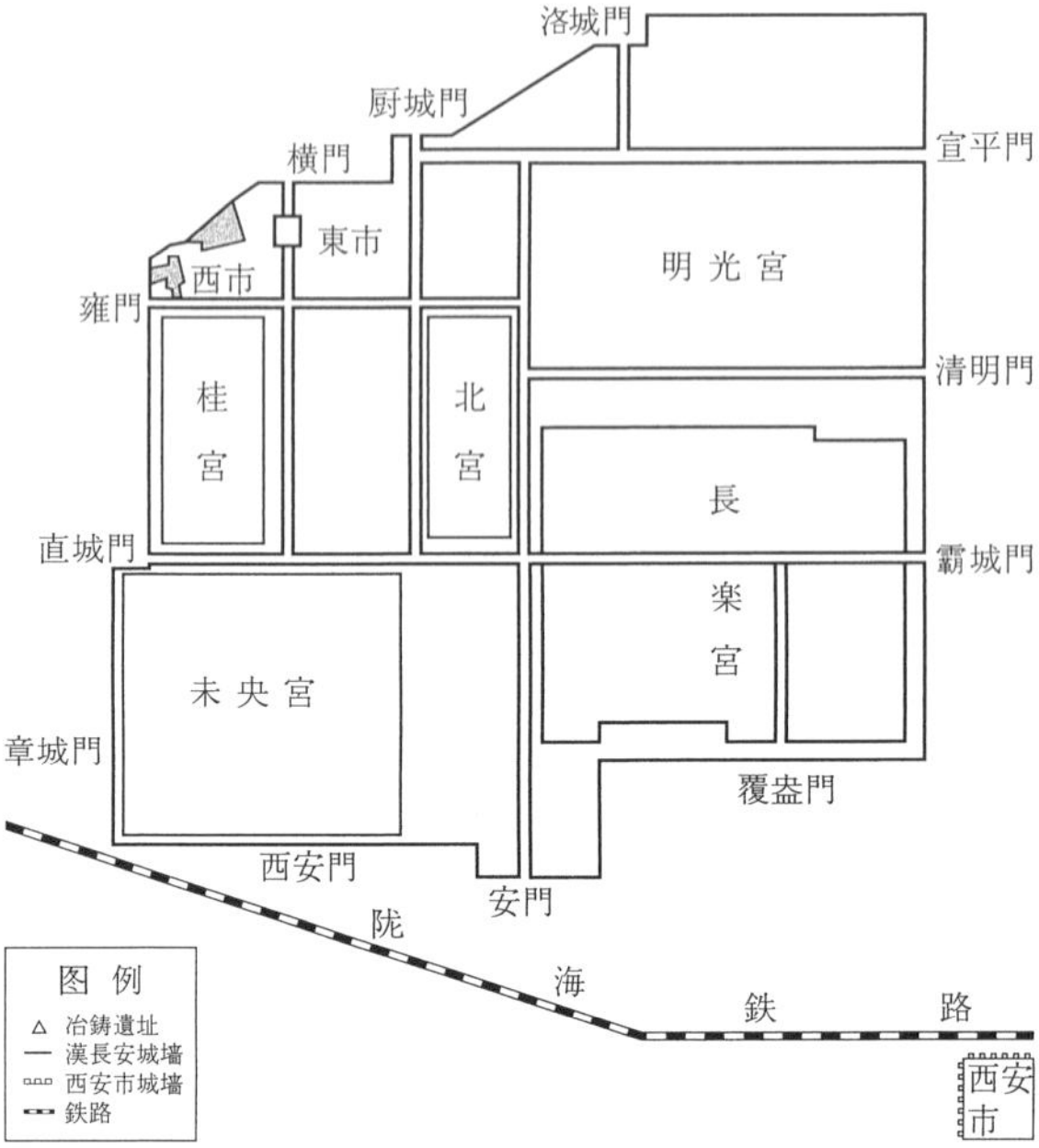

図7-8　漢長安城（申2002から）

10　武末純一『弥生の村』山川出版社、二〇〇二年。

11　高槻市立埋蔵文化財調査センター『古曽部・芝谷遺跡』一九九六年。

12　淀江町教育委員会『妻木晩田遺跡』洞ノ原地区・晩田山古墳群発掘調査報告書、二〇〇〇年。

城の構造は興味深いものがある[13]（図7-8）。中国先秦時代の都市では通常、内郭よりも広い外郭を備えていたのに対して、長安城は東城壁が約六キロメートル、南城壁が約七・六キロメートルと巨大であるが、その大部分を宮殿域が占めている。従来は都市外郭に居住した人々の多くは、城外の皇帝陵に隣接する陵邑などに移された。後漢の首都である河南省洛陽城でも同様に、一般の人々のほとんどは城外に居住した。大規模な外郭を備えた首都が再び出現するのは、北魏洛陽城の建設が始まった西暦四九五年以後のことである。

倭人の使節が目にした中国の首都は、それまでの倭人の知識とはかけ離れたものであった。そのインパクトが、日本列島において環濠集落からの脱却傾向が生じる要因の一つになったと推定する。

●戦い・戦争

歴史上、戦争がいつ始まったかを考える上で、弥生時代は重要な情報を提供している[14]。なお、戦争は戦いの一種であるが、その定義は簡単ではない。ここでは、戦争は当該社会あるいは、その指導者が正当と認めた集団的な戦いと考えておきたい[15]。

環濠集落の濠は、空間分割・水運との接続・用水管理・木器生産・廃棄物処理・洪水対策など多目的に使用していたが、防御も重要な機能であったであろう。環濠集落の事例として取り上げた佐賀県吉野ケ里遺跡の、首を取られた戦死者の墓は著名である[16]（図7-9）。反対に、首だけを埋葬する例や、かなり残酷に殺傷した事例も少なくない[17]。戦死者の多くは成人男性であり、北部九州の紛争地帯では、成人男性の戦死が死因の約五〇パーセントに達する例があったことが明らかにされている[18]。これらの死者の中には、内部的な懲罰や儀礼的な目的で死に至った例を含んでいるであろうが、人為的に死んだ人の比率が縄文時代より著しく増加したことは

13 楊寛『中国都城の起源と発展』学生社、一九八七年。
申雲艶「陝西西安漢長安城遺址」『二十世紀中国百項考古大発現』中国社会科学出版社、二〇〇二年。
14 国立歴史民俗博物館編『倭国乱る』朝日新聞社、一九九六年。
15 当該社会が、国家である場合に限って戦争とする意見も多いが、国家の認定は多分に主観的であり、戦いの資料に則して判断する方が良いと思う。
16 佐賀県教育委員会『吉野ケ里』一九九四年。
17 片山一道『縄文人と「弥生人」：古人骨の事件簿』昭和堂、二〇〇〇年。
18 中橋孝博「北部九州における弥生人の戦い」『戦いの進化と国家の生成』人類にとって戦いとは1、東洋書林、一九九九年。

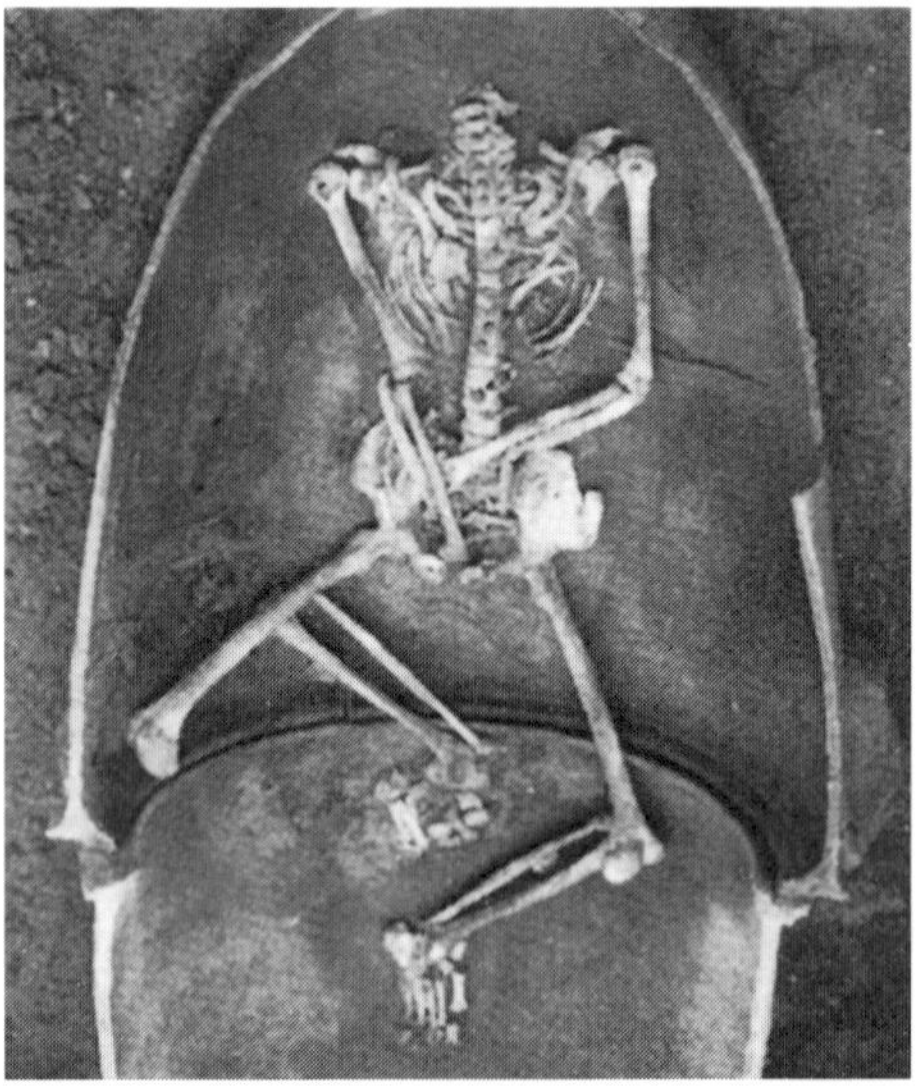

図7-9　佐賀県吉野ケ里遺跡の戦死者（国立歴史民俗博物館1996から）

確かである。

弥生戦争論を早くから提言した佐原真の研究の出発点は、香川県紫雲出《しうで》遺跡出土品の分析を通じて鏃《やじり》の大型化・弓矢の武器化を明らかにし、また紫雲出遺跡そのものが軍事的な性格が強い高地性集落であると評価したことにある[19]。そこで弥生時代の典型的な弓矢を復元製作して、その性能を縄紋弓矢と比較する実験を行い[20]、GIS（地理情報システム）を使って紫雲出遺跡からの眺望域を復元してみた（図7-10・11）。

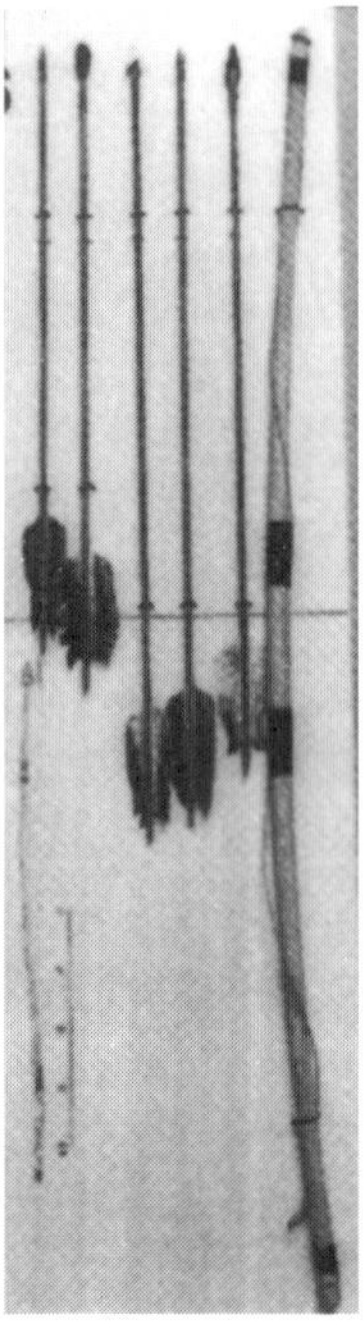

図7-10　弓矢の復元（石井・宇野・赤澤編2002から）

弥生弓の主流のものは、縄紋弓と材質・規格等において大きな差はない。弥生弓では弦張りが簡便となる工夫がなされているが、同じ矢を使えば縄紋弓と弥生弓の発射

19　小林行雄・佐原真『紫雲出 香川県三豊郡詫間町紫雲出山弥生式遺跡の研究』真陽社、一九六四年。

20　石井紫郎・宇野隆夫・赤澤威編『武器の進化と退化の学際的研究―弓矢編―』日文研叢書二七、国際日本文化研究センター、二〇〇二年。

速度はほぼ同じであり、時速一〇〇～一五〇キロメートルほどである。

縄紋石鏃は一～二グラムのものが多いが、弥生石鏃では縄紋と同様の軽いものに加えて三～一〇グラムのものが増加し、貫通力が高まる形態のものも生じた。さらには、外来の磨いて作る大型の石鏃や青銅鏃・鉄鏃も使うようになる。

弓の発射性能が同じで矢が重くなると射程が短くなるため、弥生弓矢は縄紋弓矢よりも戦いで不利になる。ただし、復元弓矢で各種獣皮や盾に使うモミ板の的を射ると、同じ速度であれば弥生矢は縄紋矢より強力であり、弥生矢は時速五〇キロメートルに減衰しても相当の威力があることがわかった。また、高所から射る時には、重い矢が有利である。弥生文化人が軽い矢と重い矢を使い分けたら、縄紋文化人は太刀打ちできないであろう。

紫雲出遺跡は瀬戸内海に突き出した半島の山頂約三五〇メートルの地点にあり、高地性集落と呼ばれる。高地性集落にはいろいろな性格のものがあるが、紫雲出遺跡は軍事的な性格が強いと推定できるものである。その眺望域を復元すると、紫雲出遺跡の西・北・東の三地点からの眺望を合わせることによって、瀬戸内海をほぼ鳥瞰できたことがわかる（図7-11）。紫雲出遺跡に三人の見張りを配置すると、中部瀬戸内海の人の往来をほぼ監視することができた。これによって平時からいろ

図7-11　香川県紫雲出遺跡からの眺望（GIS解析：山口欧志）

いろな情報を収集し、緊張時には軍事情報を速やかに掌握して、狼煙《のろし》によって伝達できたであろう。[21]

弥生時代の戦いでは、単に威力のある武器が出現したのではなく、敵との距離によって武器を使い分け、防具や濠で守り、さらには、情報を速やかに掌握・伝達するという総合的な知識によって、軍事力を高めたであろう。これを日本列島における戦争の本格的な始まりと評価したい。[22] おそらくいろいろな社会問題を戦争で解決するという考えそのものが、海外からの新知識であったであろう。[23]

三、祭り

「政治」は古くはマツリゴトとよんだ。世俗的な法律が確立する以前には、祭り・宗教は、社会を運営していく規範を提供する役割をもったであろう。弥生社会では祭りという分野の変化も速やかに進んだが、これが弥生社会・文化の変革の原動力になったものと推定できる。

●祭りの場

弥生社会の祭りの痕跡はいろいろなところからみつかる。家屋や井戸場、農業を営むための用水水口や水田畦畔、手工業生産の場、交易が行われたであろう広場や川辺や港など、基本的にどこでも祭りを行った。

同時に、弥生社会の代表的な祭りの場は、大規模集落中心部の大型建物地区、集落の入口付近、地域の境界領域という同心円的な場であり、もう一つの重要な祭りの場は墓地であった。

鳥取県稲吉角田《いなよしすみた》遺跡土器絵画では、船に乗った頭に羽を飾る人々が、大型建物と高層の小型建物および、銅鐸《どうたく》状のものを吊るす樹木のある場に向かって漕ぎ寄せる情景を描いている[24]（図

21 狼煙の痕跡と推定できる施設が日本や中国で発見されている。

22 佐原真「日本・世界の戦争の起源」『戦いの進化と国家の生成』人類にとって戦いとは1、東洋書林、一九九九年。

23 戦争に対置される代表的な問題解決方法は、贈物交換Gift exchangeや交易である。われわれが未来の平和を考えるときには、この二者の関係の歴史を知ることが重要である。

24 金関恕「弥生時代の祭祀と稲作」『考古学ジャーナル』二二八号、ニュー・サイエンス社、一九八四年。

金関恕「呪術と祭」『集落と祭祀』岩波講座日本考古学4、岩波書店、一九八六年。

図7－12　弥生の祭りの場（鳥取県稲吉角田遺跡土器絵画、金関1986から、佐々木謙作成拓本）

7－12）。金関恕は、この二棟の建物が祖霊像を安置し穀倉を兼ねる神祠・神殿であり、漕ぎ寄せる人々は外界から穀霊を運ぶ鳥装の司祭であったことを復元した。大型建物のある場が弥生の祭りの中枢部であり、司祭が出発した場や集落の入口に到着した時にも、それぞれの祭りを行ったであろう。

　このような農耕の祭りが現代まで脈々と続くと同時に、弥生社会ではその主導者が次第に力を強めて、その死後の葬送の祭りが重要化していき、次の古墳時代へと連なる。

●祭りの道具

　弥生時代には、多様かつ縄紋時代とは異質な祭りの道具が発達した[25]（図7－13）。ここに示すものは、そのごく一部分である。

　弥生時代早・前期の祭りの変化を示すものは、ブタ・イノシシ下顎骨、シカ、トリ、木偶《もくぐう》（人あるいは祖霊）の祭りである。また、北部九州では磨いて作った石の短剣や鏃を実用品として使ったが、武威を示す端緒的な役割もあったであろう。支石墓のような特定の人を葬る新しい埋葬形態も始まった。

　中でも木偶は、金関恕が祖霊像と考えた男女一対の木製人形であり、東日本でも弥生文化を受容すると男女一対の土偶

25　松本清張編『銅剣・銅鐸・銅矛と出雲王国の時代』日本放送出版協会、一九八六年。
金関恕・佐原真編『神と祭り』古代史の論点5、小学館、一九九九年。

佐原真『銅鐸の考古学』東京大学出版会、二〇〇二年。

春成秀爾「武器から祭器へ」『戦いの進化と国家の形成』人類にとって戦いとは1、東洋書林、一九九九年。

春成秀爾「銅鐸と社会」『古代を考える 稲・金属・戦争―弥生―』吉川弘文館、二〇〇二年。

大阪府立弥生文化博物館『縄紋の祈り・弥生の心』一九九八年。

大阪府立弥生文化博物館『弥生クロスロード』二〇〇一年。

大阪府立弥生文化博物館『弥生創世記』二〇〇三年。

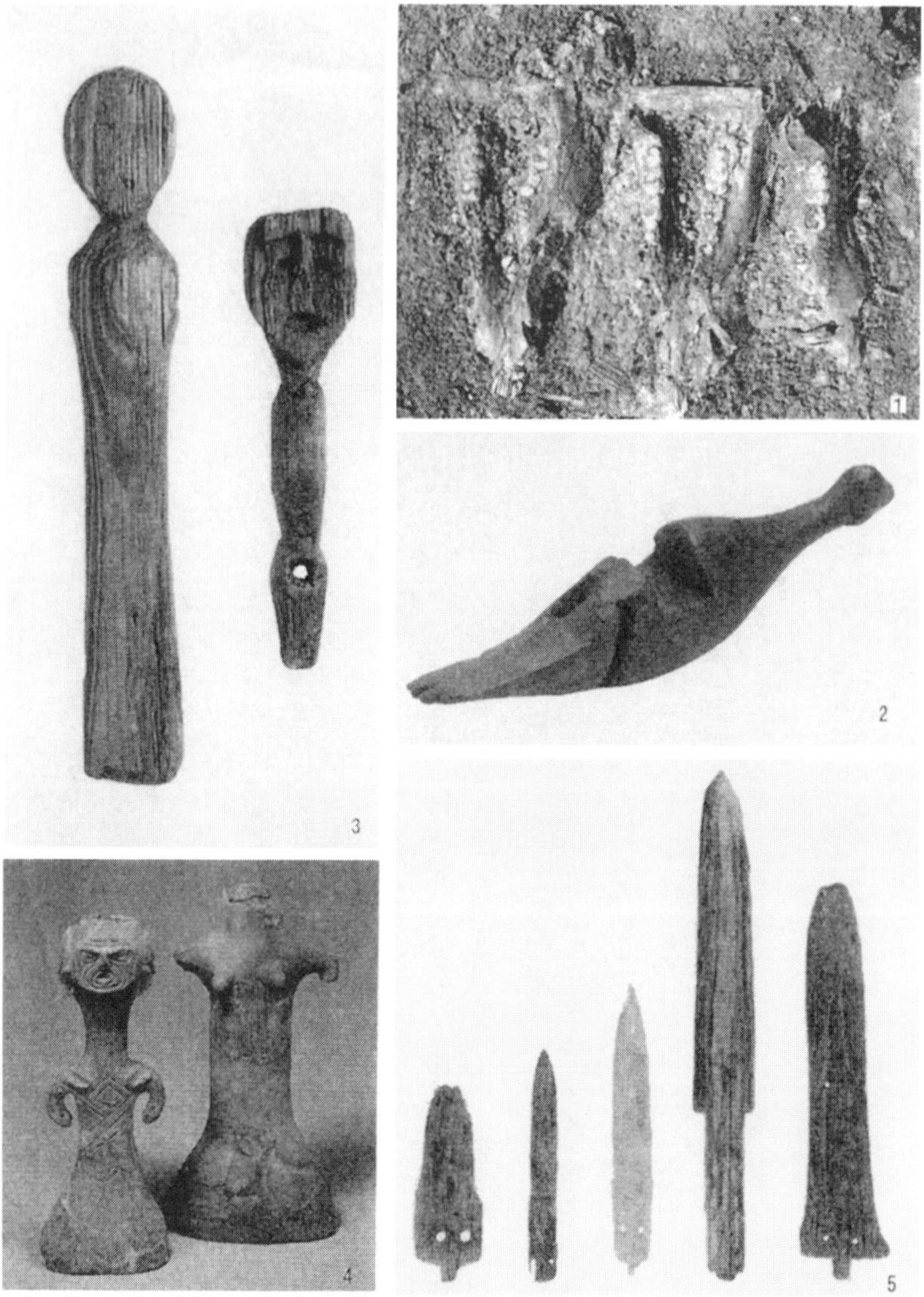

図７－13　弥生祭祀具（１佐賀県菜畑遺跡イノシシ下顎骨、２大阪府池上曽根遺跡鳥形木器、３滋賀県大中の湖南遺跡人形木器、４長野県長越遺跡人形土器、５武器形木器。大阪府立弥生文化博物館1998、2001、2003から）

が出現した（図7-13の3・4）。一族の祖先が神になり子孫を守護するという観念は、宗廟祭祀を重視する中国で生まれたものである。集落縁辺で行ったブタ・イノシシ下顎骨祭祀は、牙の威力による僻邪を期待したものであろう（図7-13の1）。縄紋時代にも牙玉やイノシシ土偶があったが、頭骨に穴をあけてずらりとぶら下げる弥生の方式は感覚を異にする。シカは穀霊と深く関わったことを春成秀爾が明らかにしている。

鳥は縄紋時代にはあまり造形の対象とならなかったが、弥生時代以後は重要な位置を占めた（図7-13の2）。鳥や船は人間界と霊界を行き来できる媒体であり、司祭も祭りに際して鳥の装束をした。また、立柱の上におく鳥形木製品は、鳥居のように集落入口や祭りの場を守る役割も担ったであろう。

弥生時代前期末以後には、朝鮮半島系の青銅武器・銅鐸・銅鏡を代表とする祭器が増加した。北部九州では早くから青銅器の墓への副葬が活発であり、他者より卓越した品々を副葬したり墳丘を築く王墓が速やかに出現した。初期の青銅武器は実用品であったが、それらは生前・死後を通じて所有者を物理的・宗教的に守ったものと推察する。実用から離れた祭器専用の青銅器も急速に発達した。

北部九州以東では、青銅器の埋納（地下埋め）が盛んであった。前章では副葬も埋納も中国起源の風習であり、それぞれ個人・集団の祭りに用いたと推定した。初期の銅鐸は北部九州でも製作したが、次第に近畿を中心に広く用いるようになる。祭りのカネである銅鐸の大量使用は一見平和的に見えるが、本来、聖なる音は武器と同様に大きな宗教的威力をもつと考えられていた。銅鐸の祭りが活発になるにつれて武器形木器を使う祭りが始まり（図7-13の5）、実用の武器も発達した。

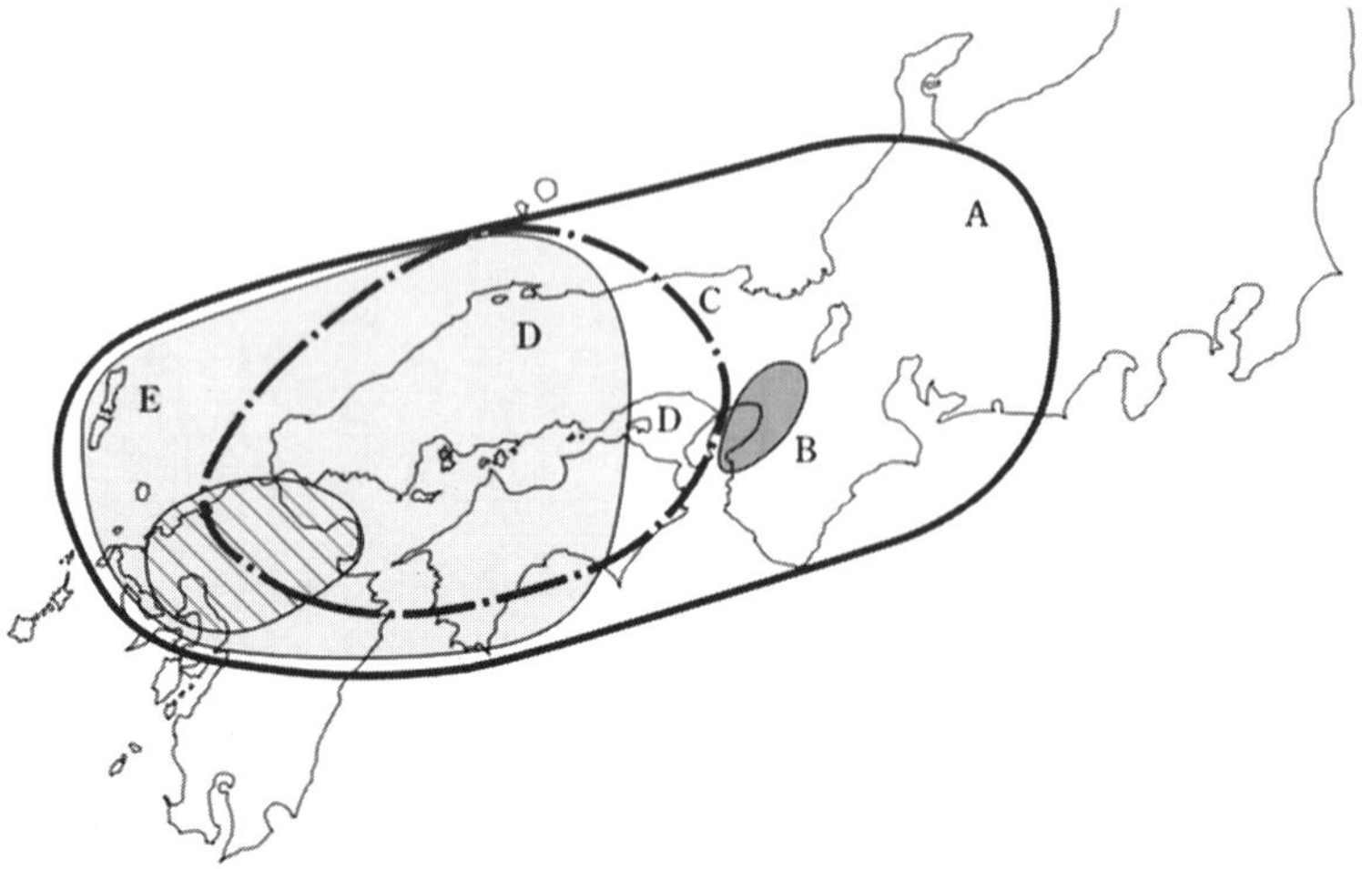

A：銅鐸分布圏　B：大阪湾型銅戈分布圏　C：中細・中広形銅剣分布圏
D：銅矛分布圏　E：九州型銅戈分布圏

図7-14　弥生時代前半期の青銅器分布（喜谷1989から、加筆）

弥生時代前半期の青銅器は、それぞれに生産・使用の中心地をもったが、その分布は広いものや狭いものがあって相互に重なりあい、排他的ではないことに特色があった[26]（図7-14）。朝鮮系の鏡も、北部九州から近畿にかけて広い地域で使用している。

これに対して弥生時代後半期には、中国鏡が西日本に広く伝わった一方で、朝鮮系青銅器は埋納という使用法に一本化していく。同時に武器や発音具という機能的な違いは薄まり、大型の見せる祭器となって、銅矛は北部九州の象徴、銅鐸は近畿・東海の象徴という色彩が強まった[27]（図7-15）。このようなあり方が、東は関東・東北南部にまで及んでいる。

この頃、瀬戸内・山陰・北陸地方では、青銅器を用いた集団の祭りをいち早く脱却して、王墓の祭りを中心とする社会の仕組みができ上がりつつあった。この延

26　喜谷美宣「弥生時代」『新修神戸市史』歴史編1、神戸市、一九八九年。

27　近藤喬一「銅剣・銅鐸と弥生文化」『古代出雲王権は存在したか』山陰中央新報社、一九八五年。
岩永省三『金属器登場』歴史発掘七、講談社、一九九七年。

図7－15 弥生時代後半期の祭祀具・王墓分布（近藤1985から、加筆）

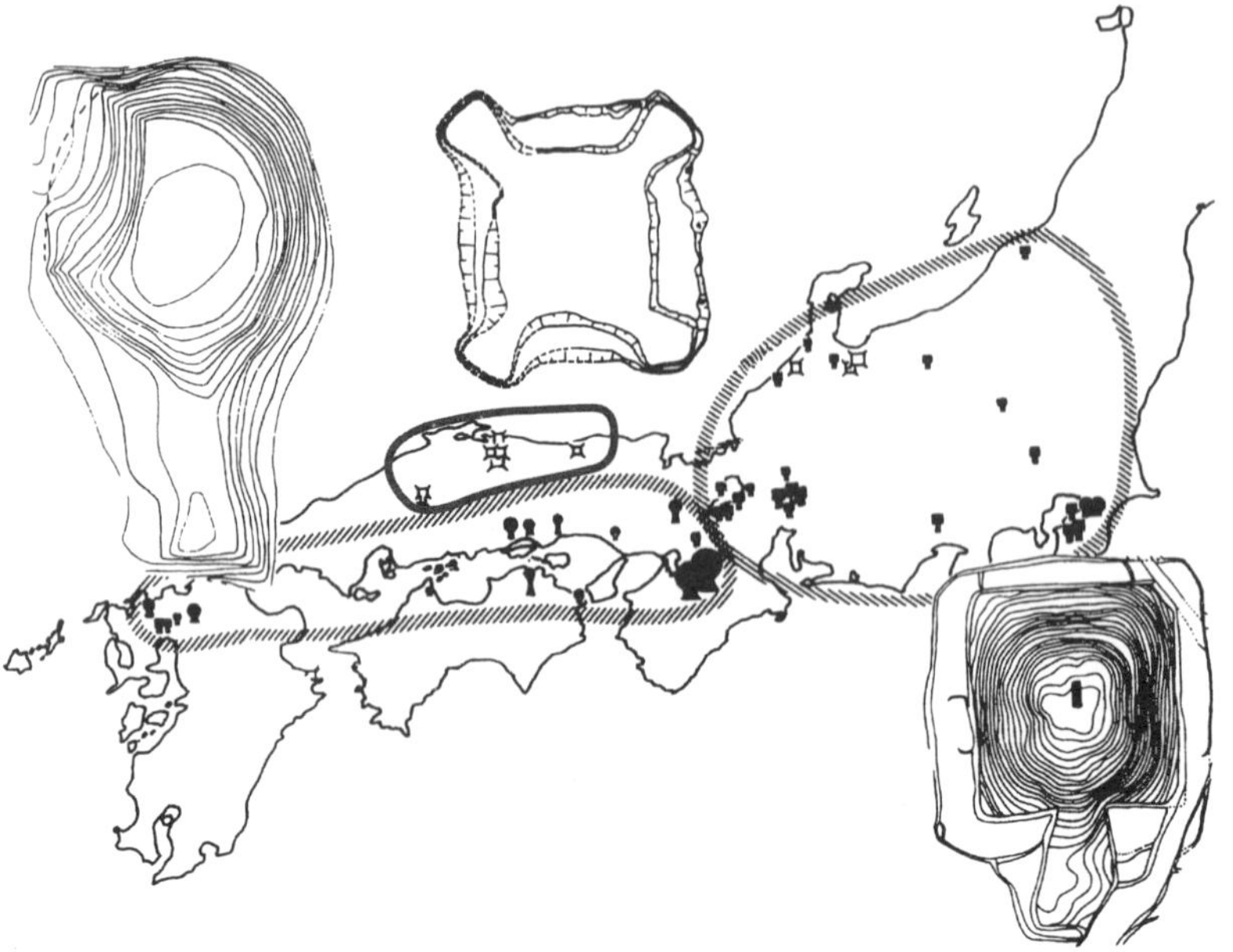

図7－16　弥生時代末期の王墓分布（松木1998から、加筆）

長線上で弥生時代末には、日本列島中央部の東西に大きな王墓分布圏が対峙する情勢となる[28]（図7－16）。この東西の王墓分布圏が融合して日本列島中央部に大きな政治勢力が誕生したと推定できる時点が、古墳時代の始まりであると考える。

28　松木武彦「戦争の始まりと王権の形成」『権力と国家と戦争』古代史の論点4、小学館、一九九八年。

●弥生の祭りの特色

弥生時代の祭りの場・祭りの道具は多様であり、実際にどのような祭りを行ったかについては、今、徐々に研究が進みつつあるところである。しかし、その起源は基本的に中国・朝鮮半島にあり、在来の祭りとは大きく異なる特色をもっている。

縄紋時代の祭りの道具が多元的であったのに対して、弥生時代の祭りの道具は分業的であり、崇拝の対象となるものと、それに仕えたり武威や音で守るものからなっている。崇拝の対象は多様であるが、祖霊・穀霊・集団とその支配領域・集団の指導者は代表的なものであったであろう。

これらの崇拝の対象は弥生時代の当初から存在したが、集団の指導者の役割が高まる傾向にあり、それが西から東へと徐々に広まっていくことが、弥生時代の基本的な動向であった。

四、結び

日本列島の社会と文化が多様であることにはいろいろな要因があるが、弥生時代にその基本的な枠組みができ上がった。すなわち、縄紋時代から東日本・西日本という地域差が存在したが、弥生時代になると、その中央部西の地域が急速に、中央部東の地域は独自に弥生社会に転じていく。この結果、日本列島の北（北海道を中心とする地域）・中東《なかひがし》・中西《なかにし》・南（南西諸島を中心とする地域）という、四大地域文化圏がほぼ定まることとなった。

これらの各地域圏は交流しながらそれぞれに発展していくが、とりわけ中《なか》の地域は中国・朝鮮半島との交流を深める中で、社会・文化の質を急速に変えていった。その変化は、社会の基礎的な単位から、人々が集住する大規模集落の構造や指導者の存在形態にまで及び、祭りに示される心の変革がそれらを支えていた。

なお、このような弥生社会の水準を世界史の中でどのように理解するかについて、いま、活発な議論がなされている。弥生社会を村落からなる国家出現前の段階とする考えから、端緒的な都市・国家が成立したと考える立場まで多様であるが、その社会・文化の実態についての理解には大きな違いはない。そして弥生変革はすでに文明社会を形成していた東アジアの先進情報に基づいて進行したものであり、それが日本列島の急速な古代文明化プロセスのスタートになったことは確かなことである。[29]

参考文献

1. 金関恕・佐原真『弥生文化の研究』全一〇巻、雄山閣、一九八五〜一九八九年。
2. 都出比呂志『日本農耕社会の成立過程』岩波書店、一九八九年。
3. 高倉洋彰『金印国家群の時代』青木書店、一九九五年。
4. 金関恕・大阪府立弥生文化博物館編『弥生文化の成立』一九九五年。
5. 広瀬和雄編著『都市と神殿の誕生』新人物往来社、一九九八年。
6. 寺沢薫『王権誕生』日本の歴史二、講談社、二〇〇〇年。
7. 佐原真編『古代を考える 稲・金属・戦争―弥生―』吉川弘文館、二〇〇二年。
8. 武末純一『弥生の村』山川出版社、二〇〇二年。
9. 藤尾慎一郎『弥生変革期の考古学』同成社、二〇〇三年。

29 急速な古代化は、佐原真が提唱した。弥生変革がなかったら、日本列島社会は新大陸型の緩やかな文明形成の道を歩んだであろう。

8

弥生時代から古墳時代へ

白石太一郎

一、弥生時代の大型墳丘墓

●弥生時代から古墳時代へ

この講義では他の先生方とともに、考古学の研究が日本列島に生きた人々の歴史をどこまで明らかにしているのかということを、時代の大きな転換期に重点を置いて講じている。今回は弥生時代から古墳時代への移り変わりを、大型の墳丘をもつお墓、すなわち、古墳の成立を中心にみていくことにしたい。

縄文時代や弥生時代が、基本的には縄文土器なり弥生土器なり、それぞれの時代に用いられた土器を指標として設定されていたのに対し、古墳時代は古墳と呼ばれる大きな墳丘をもつ墳墓を指標に設定されたもので、時期区分の基準がそれ以前とでは大きく異なっている。ただ、縄文時代や弥生時代の場合と同じように研究が進んでくると、時代の過渡期の様相は極めて複雑で、時期区分についても多くの見解の相違が出てくる。古墳時代についても、何をもって古墳と考えるかによって時代のとらえ方が大きく異なる。ただこの時代が、大きな墳丘をもつ墓の造営によって前後の時代と区分されていることは確かであり、そうした墓を営むことのできる階層が広範に出現した時代として、一定の意味をもつことは疑いない。

●弥生時代後期～終末期の墳丘墓

第二次世界大戦後における考古学的な調査・研究の進展の結果、日本列島ではすでに古墳時代以前の弥生時代にも、墳丘をもつ墳墓が相当広範に営まれていたことが明らかになってきた。とくに、弥生時代の終わり頃になると、もう古墳と呼んでも一向に差し支えないような大きな墳丘をもつ墓が各地に出現してくる。例えば、山陰地方から一部北陸地方にかけての地域では、方形の墳丘墓の四隅を突出させた、四隅突出型墳丘墓と呼ばれる特異な形態の墳丘墓が数多く営まれる（図8-1）。その中には一辺が五〇メートルを超えるような大型のものが営まれた地域もいくつかみられる。このことは、弥生時代の後期から終末期の山陰地方などでは、その地域内の有力な首長たちが共通の様式の墳丘墓を営んでいたことを示すものである。

また、岡山県を中心とする吉備地域には、岡山県倉敷市楯築墳丘墓のように、円丘の相対する二方に突出部をもつ、長さ八〇メートルの大型墳丘墓がみられる。この地域の墳丘墓は墳形はさまざまであるが、こうした有力な首長の墓に供献するために特別立派に作られ

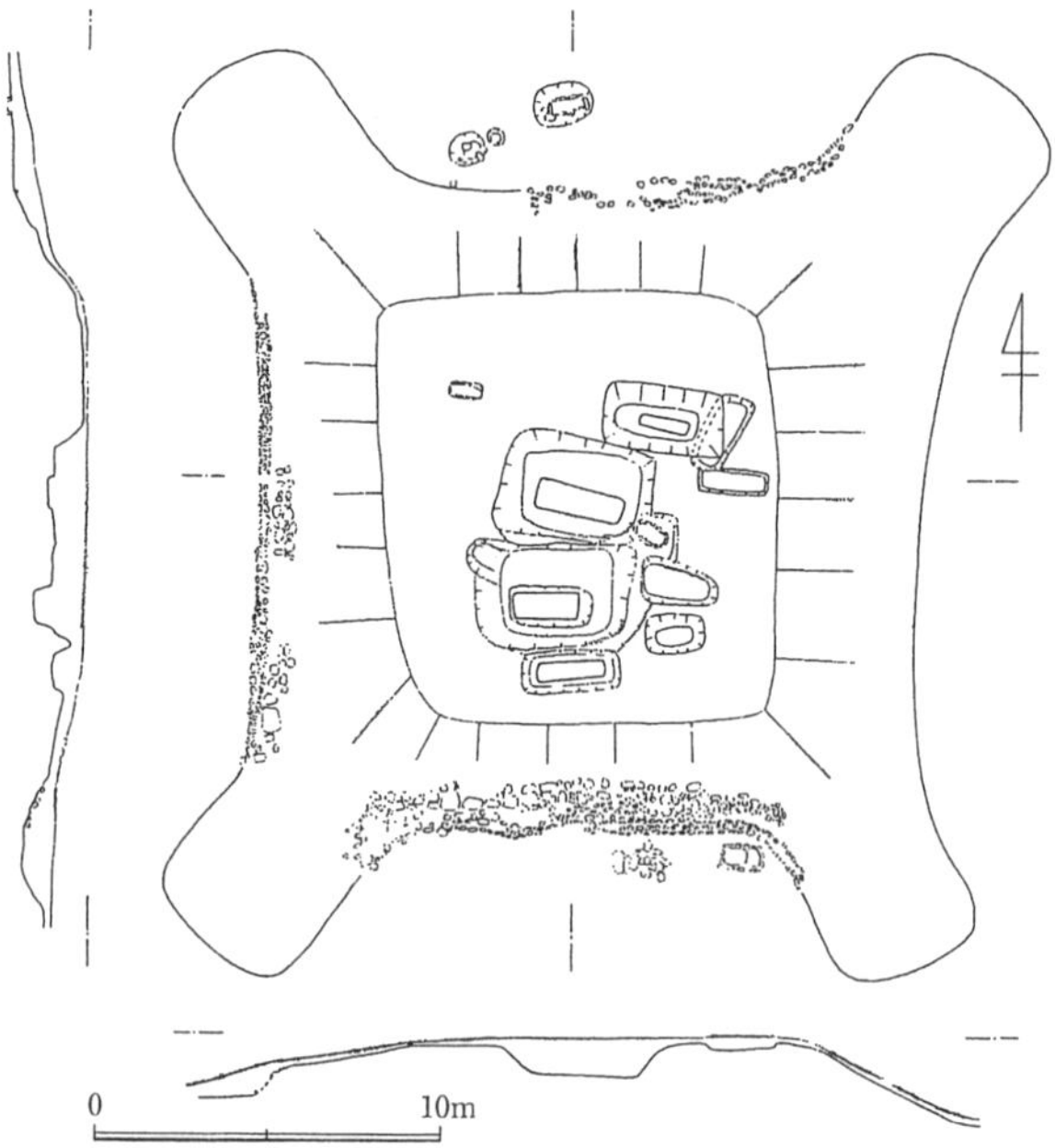

図8-1　四隅突出型墳丘墓（島根県仲仙寺10号墓）

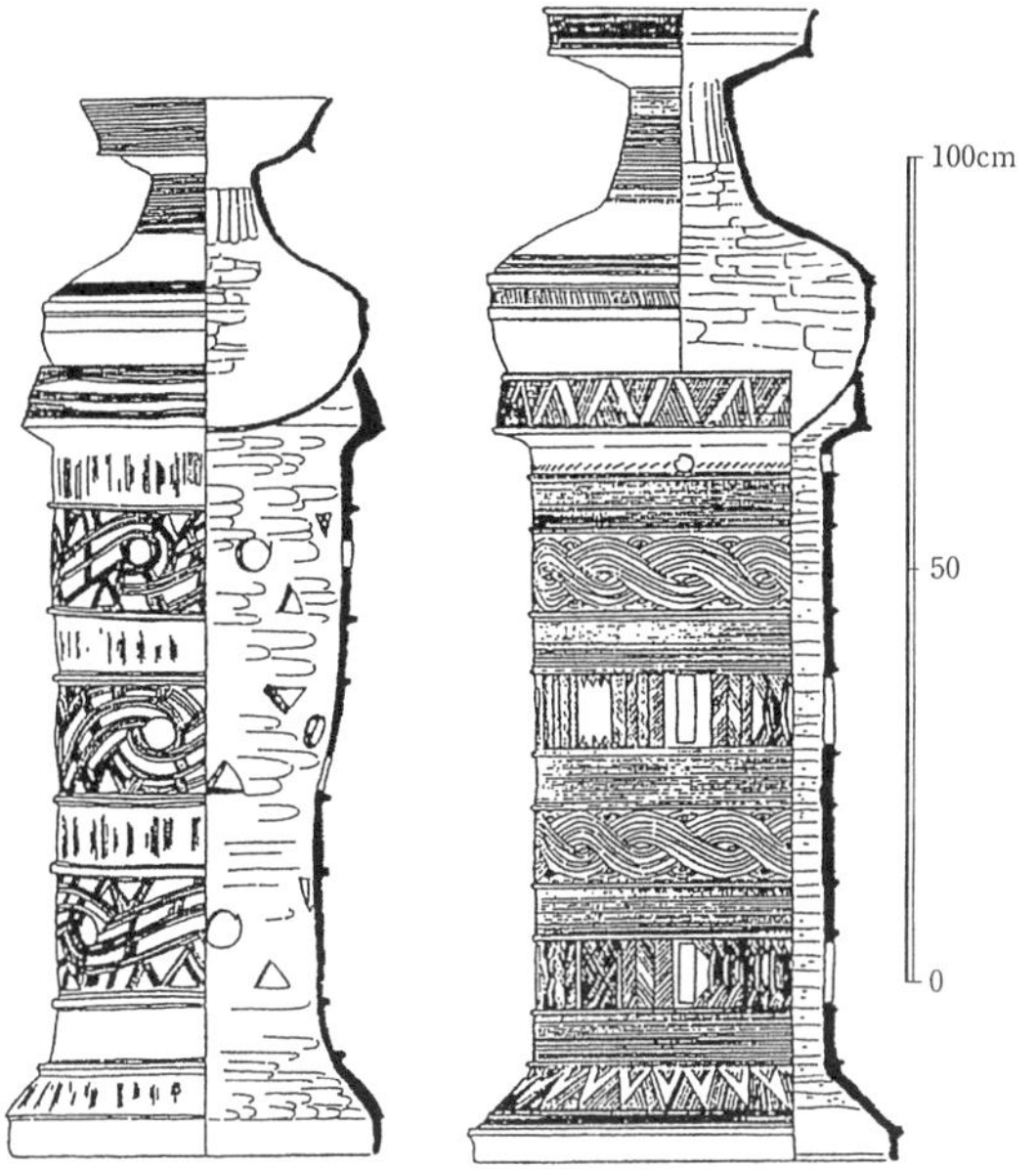

図8-2　特殊壺と特殊器台（右：岡山県中山遺跡、左：岡山県宮山墳丘墓）

図8-3　奈良県ホケノ山墳丘墓（奈良県立橿原考古学研究所）

た、共通の特殊壺とそれを載せる特殊器台が伴っており、やはり有力な首長たちの間で共通の葬送儀礼が行われていたことが知られるのである（図8-2）。この特殊壺・特殊器台の分布地域は、一部出雲などにもみられるが、基本的には後の備前・備中・備後・美作、すなわち、吉備の範囲に限られていることが注目される。

一方、後に畿内と呼ばれる近畿地方中央部などでも、弥生時代の終末期になると、後の前方後円墳の祖形となる、大きな円丘に方形の短い突出部を付けた、前方後円形の墳丘墓が盛んに造営される。最近調査が行われて大きな話題となった奈良県桜井市のホケノ山墳丘墓（古墳ととらえ、ホケノ山古墳と呼ぶ研究者も多い）などはその例で、直径五五メートルの円丘に長さ二〇メートルの突出部を付けた墳丘に、石囲い木槨と呼ばれる、後の古墳の竪穴式石室の祖形とも考えられる特異な埋葬施設から、画文帯神獣鏡などの銅鏡が出土している（図8-3）。

このように弥生時代後期〜終末期には、大型の墳丘をもつ首長墓が各地で造営されていたことが知られているが、それらが極めて顕著な地域的特色をもっていることが知られるのである。

二、前方後円墳の成立

●古墳とは何か

ところが三世紀中葉過ぎから後半になると、こうした弥生時代終末期の墳丘墓よりさらに規模が飛躍的に大きくなった前方後円墳、あるいは、前方後方墳が西日本の各地に出現する。それらは近畿地方のものも、吉備地方のものも、北部九州のものも、墳丘の形態、埋葬施設、副葬品の組み合わせに至るまで極めて画一的であることが注目されるのである。まず、墳丘の形態については、それらは基本的にいずれも前方後円墳であり（図8-4）、まれに前方後方墳が

である。それらのうち前方後円墳は弥生時代の多くの円丘系墳丘墓とは異なり、後円部の形状も幾何学的な正円形を呈する。また、多くは二〜三段に築成され、墳丘斜面には葺石を施したものが多い。さらに、吉備や近畿中央部のものには、弥生時代後期の吉備の墳丘墓にみられた特殊器台・特殊壺の系譜をひく特殊器台形埴輪・特殊壺形埴輪が伴うものもある。

埋葬の方式は、前方後円（方）墳の後円（方）部の頂上部に穿たれた大きな土壙《どこう》内に、長大な丸太を半裁して内部をくりぬいた割竹形木棺を納めて遺骸を安置し、さまざまな副葬品を納める。その後、棺の四方に板石を積み上げて四壁を形成するとともに、壁の背後の部分もすべて石材で充塡する。そして、その長方形の空間の上に数枚の天井石を並べ、さらに、粘土で被覆して埋めてしまうのである。この埋葬施設は竪穴式石室と呼ばれるが、古墳時代の後半期に盛んに営まれる横穴式石室のように、あらかじめ作られた石室に埋葬を行うものではない。同じような約束に従って埋葬が行われた結果、現在発掘すると竪穴式の石室状の空間が検出されるにすぎない。

さらに、副葬品の組み合わせも、三角縁神獣鏡をはじめとする多量の銅鏡や鉄製の武器・武具、鉄製の農工具など極めて呪術的・宗教的色彩の強いものである。

こうした画一的な内容をもつ定型化した大型の前方後円（方）墳の出現は、弥生時代の終わり頃、山陰地方、吉備地方といった地域ごとに成立していた首長たちの政治的なまとまり、すなわち、地域的政治集団相互の間に、さらに大きな広域の政治連合が形成されたことの現れにほかならない。私は、このように定型化した大型前方後円墳の出現を、日本列島における墳丘墓の形成・展開過程の中で極めて重要な画期と考える。そして、このような広域の政治連合の政治秩序と密接な関わりをもって成立する大型墳丘墓や、その延長上にある墳丘墓を「古墳」

図８－４　出現期の前方後円墳（奈良県箸墓古墳）

ととらえている。こうした各地の出現期の古墳が画一的な内容をもつのは、それが連合に加わった各地の首長たちが「共に造るもの」であったためにほかならないと思われる。

いま、西日本における出現期古墳の分布状況をみてみると、後に畿内と呼ばれる地域に奈良県箸墓古墳（墳丘長約二八〇メートル）など最大級のものがみられ、ついで、吉備地方に箸墓古墳の二分の一の墳丘規模をもつ岡山市浦間茶臼山古墳（一四〇メートル）、北部九州でも瀬戸内側の豊前に福岡県苅田町石塚山古墳（一二〇メートル）など大型の古墳がみられる（図8-5）。こうした畿内地域を中心とする古墳の分布のあり方は、その後古墳時代前期から中期、後期にも基本的には変わらず、継続する。このことからも、古墳の出現がヤマト政権と呼ばれる広域の政治連合の成立と関係することは疑いなかろう。この政治連合に加わった首長たちが、その身分秩序に応じて大小さまざまな規模の古墳を営んだものであろう。

なお、箸墓古墳に代表される画一的な内容をもつ定型化した大型前方後円墳の出現時期については、最近の三

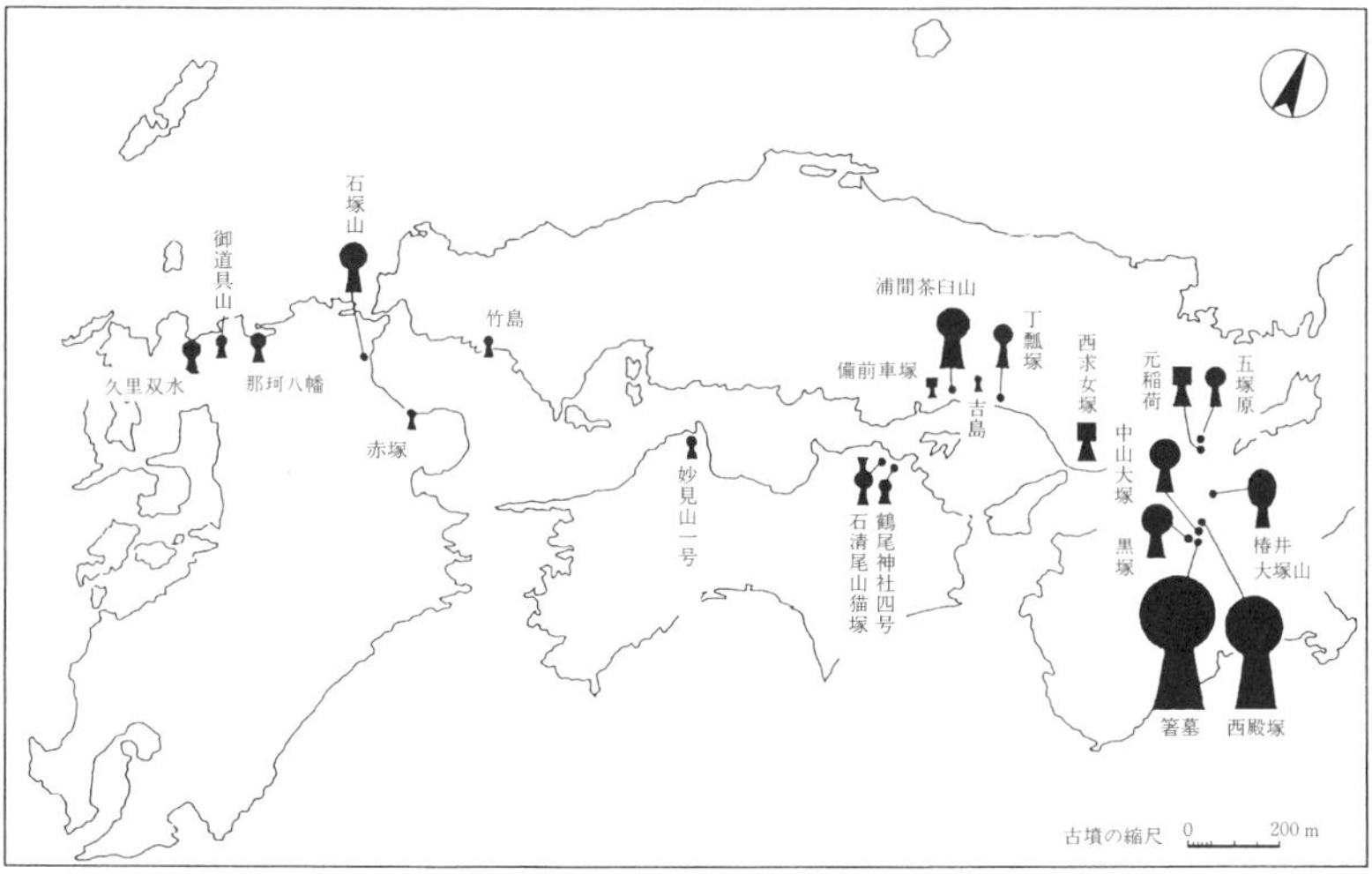

図8-5　西日本における出現期古墳の分布

角縁神獣鏡の編年研究の成果や、年輪年代法の研究成果などから、三世紀の中葉過ぎと考えて大過ないと思われる。

三、古墳出現の歴史的背景

●広域政治連合形成の契機

ところで、こうした広域の政治連合は、一体何を契機に形成されたものであろうか。弥生時代後期には、各地で石器が消滅し本格的な鉄器の時代になる。しかし、現在のところ日本列島では、古墳時代中期以前にさかのぼる確実な製鉄遺跡は発見されていない。このことは、当時の日本列島では製鉄が行われていたとしても、それは極めて低いレベルの小規模なものであったと考えざるをえない。『三国志』の『魏志』弁辰伝によると、三世紀前半頃朝鮮半島の韓・濊《わい》とともに、倭も弁辰（朝鮮半島東南部）、すなわち、後の加耶の鉄を取っていたことが記されている。おそらく、この弁辰の鉄が日本列島にもたらされていたのであろう。このことはまた、四世紀後半から五世紀の日本列島の古墳から、加耶の鉄でつくられたと想定される鉄のインゴットである鉄鋌《てってい》が多数出土していること、すなわち、五世紀になってもなお、倭国で消費される鉄の多くを加耶に求めていたことからも疑いなかろう。

この弁辰、すなわち加耶の鉄資源や中国の銅鏡など海外の先進的文物の入手に主導的な役割を果たしていたのが、『魏志』倭人伝などにもその名がみられる奴国や伊都国など、玄界灘沿岸地域の勢力であったことは疑いなかろう。そのことは、これらの地域では多量の中国鏡を副葬した弥生時代の中～後期の墓がいくつも発見されており、また弥生時代後期の集落遺跡の鉄器の出土量がきわめて豊富なことからも疑いなかろう。

こうした状況を考えると、瀬戸内海沿岸各地や畿内地方の勢力が、より安定的に鉄資源や先進的文物を入手しようとすると、どうしてもこの玄界灘沿岸の勢力を制圧し、それらの入手ルートの支配権を奪取する必要があったと思われるのである。三世紀初頭を境に、それまで北部九州に分布の中心があった中国鏡が、畿内を中心とする分布に一変する。筆者はこの大きな変化を、近畿中央部と瀬戸内各地の首長たちが連合して玄界灘沿岸地域の勢力と戦ってこれを制圧し、鉄資源や先進文物の輸入ルートの支配権を奪取した結果と考え、このことが広域の政治連合形成の契機になったものととらえている。

『魏志』倭人伝は、卑弥呼が擁立される前に倭国が乱れたことを書いている。あるいは、この「倭国の乱」は、このような先進文物の入手ルートの支配権をめぐる争いのことであったかもしれない。ただその場合、一般に『後漢書』の記載などから、倭国の乱、ないし倭国大乱の時期は二世紀後半と考えられているが、考古学の立場からは、その時期は中国鏡の分布の大きな変化の時期からみて、三世紀初頭のことと考えざるをえない。

なお、この三世紀初頭にみられる中国鏡の分布の大きな変化を、九州勢力の東遷の結果とする考えが古くからある。ただ、この前後は汎列島的に土器の移動が極めて顕著になる時期である。奈良県桜井市纏向《まきむく》遺跡には、東海、北陸、山陰、吉備など、各地の土器が大量に流入している。これは、この時期に人々の地域を越えた動きが極めて活発になったことを示すものにほかならない。ところが、この時期には畿内や吉備、あるいは山陰の土器は北部九州に移動しているが、北部九州の土器の吉備や畿内への移動はほとんどみられないのである。このことは、九州勢力の東遷説が成立しがたいことを明確に物語るものである。

このようにして、三世紀初頭に成立したと想定される広域の政治連合が、『魏志』倭人伝にみられる邪馬台国を中心とする国々の連合であることはまず疑いなかろう。三世紀初頭に、初めて日本列島の中央部に出現した広域の政治的まとまりが、鉄資源をはじめとする先進文物の入手ルートの支配権をめぐる争いを契機に成立したと想定されることは極めて興味深い。この首長連合はまさに、鉄資源やさまざまな先進文物の共同入手機構にほかならないのである。連合の盟主権を認められた畿内ヤマトの王は、対外的には倭国王として外交権を掌握するとともに、海外からの先進文物の流通システムの統制・管理を進めたものと思われる。

●古墳出現の背景

三世紀中葉過ぎに出現する古墳は、こうした邪馬台国を中心とする政治連合の体制をさらに強化し、永続させるために行われた政治体制の整備の一環として生み出されたものであり、この革新された政治連合こそ初期ヤマト政権にほかならないと思われる。箸墓古墳をはじめとする出現期の大型前方後円墳の造営年代が、筆者らの想定しているように三世紀中葉にさかのぼることが正しいとすれば、古墳出現の直接的契機は、あるいは卑弥呼という呪術的・宗教的権威の死にあったのかもしれない。卑弥呼の死後もその権威と霊力がこの政治連合を護ることを願うとともに、そうした宗教的権威に頼らなくても政治連合の体制が維持できるようなシステムの整備が求められたことはいうまでもなかろう。邪馬台国連合からヤマト政権への転換は、そうした呪術的権威からの脱皮の模索からなされたものであろう。

いま一つ、ヤマト政権の成立には、東日本の広大な地域の連合への参加という出来事を見逃すことはできないと思われる。卑弥呼の時代、すなわち、三世紀前半の東日本では、濃尾平野を中心に前方後方形墳丘墓が各地で営まれていた。また、地域ごとに極めて地域性が顕著であった東日本各地の弥生時代後期の土器は、巨視的にはこの時期に濃尾平野の土器の影響を受けて斉一性の強い土師器《はじき》に転換するのである。こうした点から、三世紀前半には、濃尾平野を中心に、東海、中部山岳、北陸、関東の地域が文化的、政治的に一つのまとまりを構成していた可能性は大きい。それはもちろん、面的なまとまりではなかったと思われるが、西日本に形成されていた邪馬台国を中心とする連合に対し、濃尾平野を中心とする東日本にも、緩やかな首長連合が形成されていた可能性は大きいと思われる。

『魏志』倭人伝は、邪馬台国の南に狗奴国《くなこく》があり、卑弥呼の晩年に邪馬台国と争ったことを記している。邪馬台国大和説をとれば、この南は東と読み替えることができるが、筆者は、この狗奴国は濃尾平野の勢力にほかならないと考えている。そしてこの狗奴国を中心に東日本のいくつかの地域が政治連合を形成していたものと考えている。邪馬台国と狗奴国の争いはその後どうなったか『魏志』倭人伝に記載はないが、その後の状況から考えて邪馬台国側の勝利、ないし邪馬台国側の主導による和平を迎えたことは想定してよかろう。

●初期ヤマト政権の成立

東日本の広大な地域が、西日本に形成されていた邪馬台国連合に加わったのはまさにこの時のことであろう。それは卑弥呼の死を契機に、政治連合の体制の整備が模索されていたときでもあった。その後、三世紀後半から四世紀前半にかけて、西日本の前方後円墳に対して東日本各地では前方後方墳が造営される（図8-6）。これは新しく成立したヤマト政権の中で、邪馬台国連合以来の一次的メンバーが前方後円墳を、新しくこのメンバーに加わった旧狗奴国連合などのメンバーが、狗奴国連合時代の前方後方形墳丘墓の系譜をひく前方後方墳を営んだものであろう。いずれにしても、東日本の広大な地域が、西日本に形成されていた政治的世界に加わるのは、古事記、日本書紀が描くように、多くのヤマトの将軍たちの度重なる遠征の結果ではなく、三世紀中葉における邪馬台国連合と狗奴国連合の合体の結果であったと思われる。

こうした広域の政治連合形成の契機を、鉄をはじめとする先進文物の入手ルートの支配権をめぐる確執に求める筆者の構想については、今後の調査・研究による検証が必要であることはいうまでもない。ただ現在のところ、考古学の立場から三世紀初頭における広域の政治連合の成立や、三世紀中葉過ぎにおけるその拡大と変革の要因を最も整合的に説明しうる仮説として、十分成立しうるものと考えている。

このように、弥生時代後期～終末期の地域性の顕著な墳丘墓と、画一的内容をもち定型化した前方後円墳などの古墳とを区別する立場に立てば、邪馬台国を中心とする小国連合の段階は弥生時代の最終段階ということになり、初期ヤマト政権の成立からが古墳時代ということになる。邪馬台国連合や狗奴国連合の時代は、弥生時代の地域的政治連合の最後の段階ととらえることができるが、いずれにしてもこうした考古学的な時期区分の問題と、歴史認識の手段としての歴史学的な時代区分の問題は、次元が異なることを認識する必要があろう。

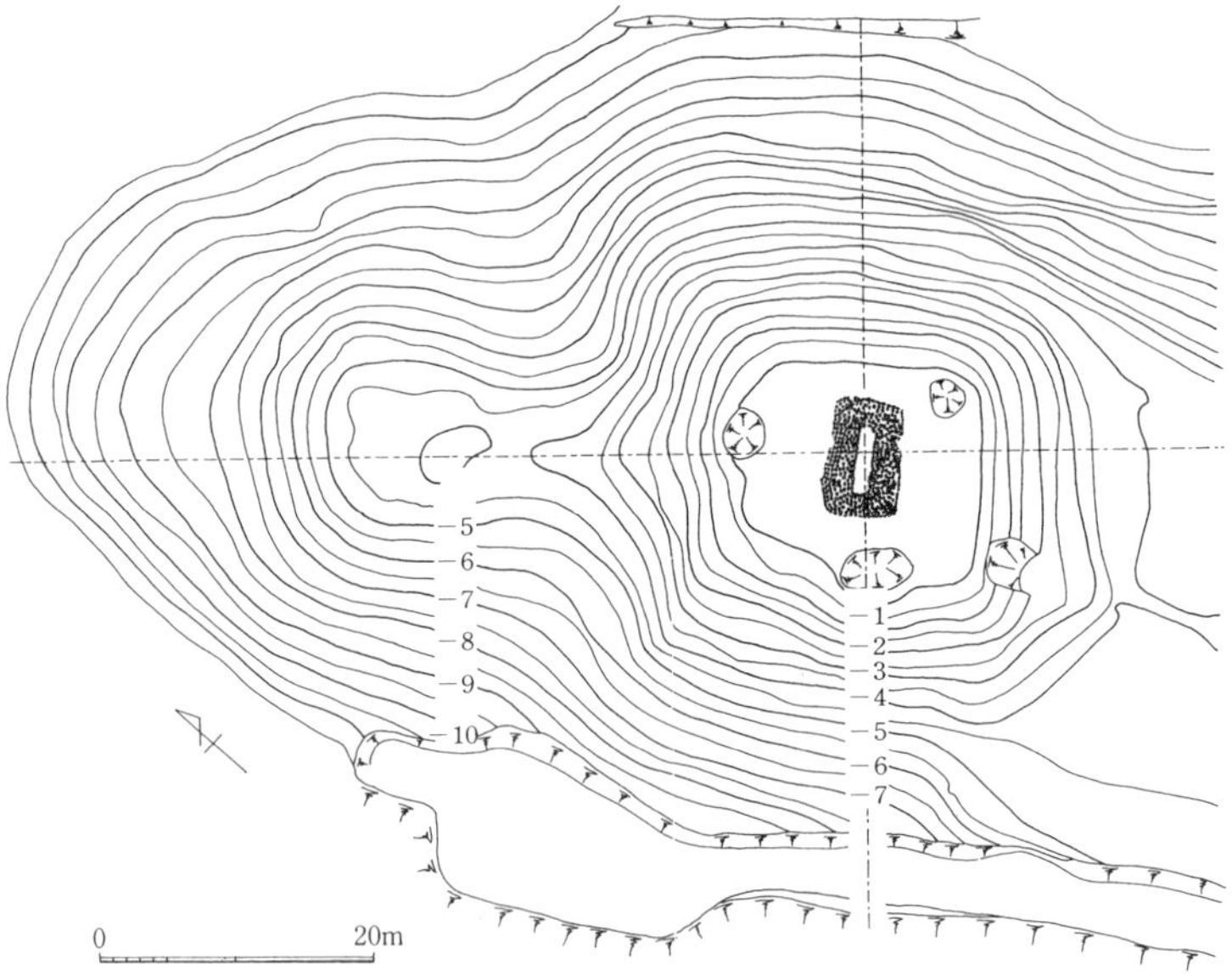

図8-6　前方後方墳（長野県弘法山古墳）

参考文献

1．近藤義郎『前方後円墳の時代』岩波書店、一九八三年。
2．都出比呂志編『古墳時代の王と民衆』古代史復元6、講談社、一九八九年。
3．白石太一郎『古墳とヤマト政権』文春新書、一九九九年。
4．福永伸哉『邪馬台国から大和政権へ』大阪大学出版会、二〇〇一年。
5．白石太一郎編『倭国誕生』日本の時代史1、吉川弘文館、二〇〇二年。

9 古墳時代の社会と文化

白石太一郎

一、集落と豪族居館

●豪族居館の出現

弥生時代と古墳時代を比較すると、少なくとも古墳時代の前半期では、人々の生活の基盤である生業のあり方などに弥生時代と本質的な違いはない。ただ、人々の生活の場である集落のあり方には大きな変化が生じる。その一つは、古墳時代以前の弥生時代の大規模な拠点集落にみられた、ムラを護るための環濠や土塁がみられなくなることであり、いま一つは、首長層が民衆の住む一般の集落から出て自らの居館を営むようになることである。前者は、政治的統合の進展に伴う戦いの時代が終結し、ヤマトの勢力を中心とする首長連合の成立によってそれなりに安定した時代が到来したことを示すものであり、後者は古墳の出現とともに、社会が支配する者と支配される者に明確に分離したことを物語るものであろう。

豪族居館は日本列島の各地でみつかっているが、比較的大規模なものでその構造がある程度明らかになっているものとしては、五世紀後半頃の群馬県群馬町の三ツ寺I遺跡がある（図9-1）。この遺跡は、猿府川の流れを利用した幅三〇～四〇メートルの濠を周りにめぐらした、一辺九〇メートルほどの方形の居館で、濠に面した斜面には古墳と同じように石が葺かれている。濠の内側は全体が柵で囲まれ、さらに、その内側には、それぞれ柵で囲まれた南北二つのブロックがある。南のブロックの西寄りには一辺一四メートルほどの大きな建物があり、この建物の西南には八角形の屋形をもつ井戸が、また東北には居館の西方から導水橋によって水を引いた石敷の池のような施設がある。この石敷の池状の施設では石製模造品などの祭具が出土しており、水に関わる祭祀の場であったことが知られる。北のブロックはまだ一部が調査されただけで全貌は明らかでないが、そこでは竪穴住居が検出されており、豪族の日常生活の場であろうと想定されている。

このように三ツ寺Ｉ遺跡の豪族居館が、カミ祭り、すなわちマツリゴトの場と日常生活の場から構成されていることは、この時代の豪族、すなわち首長の性格を考える上からも重要であろう。彼らはカミを祀る司祭者の性格をも持っていたのである。なお、この居館の西北一キロメートルのところには、五世紀後半から六世紀初頭にかけて相次いで営まれた、いずれも墳丘長一〇〇メートル前後の前方後円墳である二子山、八幡山、薬師塚古墳からなる保渡田古墳群があり、三ツ寺に居館をかまえた首長の古墳と考えられている。

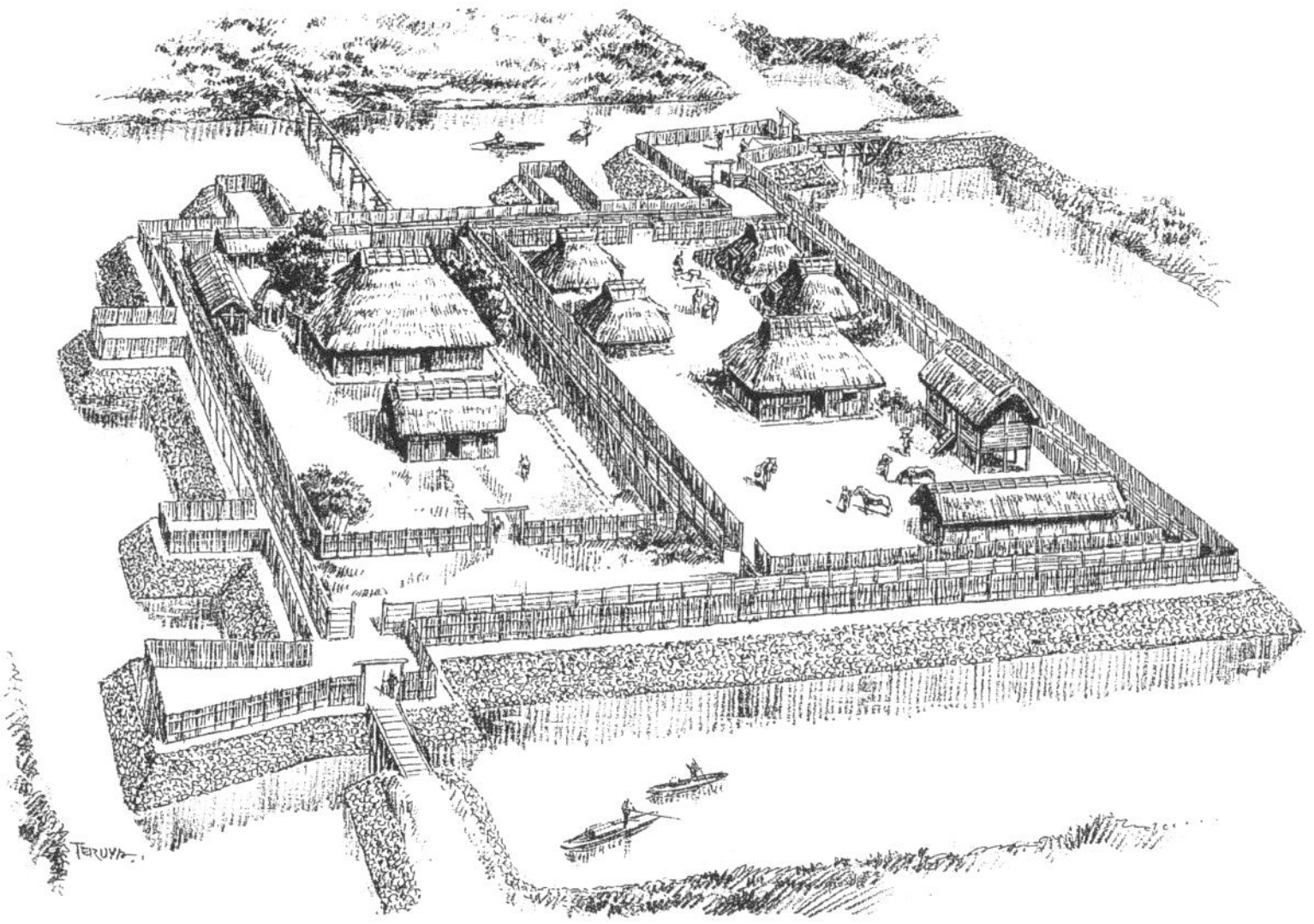

図９-１　群馬県三ツ寺Ｉ遺跡の豪族居館（山本耀也氏画）

●火山灰に埋もれたムラ

一方、古墳時代の民衆の集落の構造を目のあたりにすることができるのは、六世紀中葉の榛名山の噴火によって噴出した軽石層に埋没した、群馬県子持村黒井峯遺跡である。ここでは、垣根で囲まれた屋敷地から二〜数棟の平地住居と高床倉庫、納屋、作業小屋、家畜小屋などが、また垣根の外に接して大型の竪穴住居が検出されており、こうした内部に複数の住居をもつ屋敷地がいくつか集まって集落が構成されていることが明らかにされている（図9-2）。平地住居と竪穴住居との関係などまだ不明な点もあるが、当時の家族が、奈良時代の戸籍にみられるような、内に房戸《ぼうこ》と呼ばれる小家族を複数含んだ、郷戸《ごうこ》と呼ばれる大家

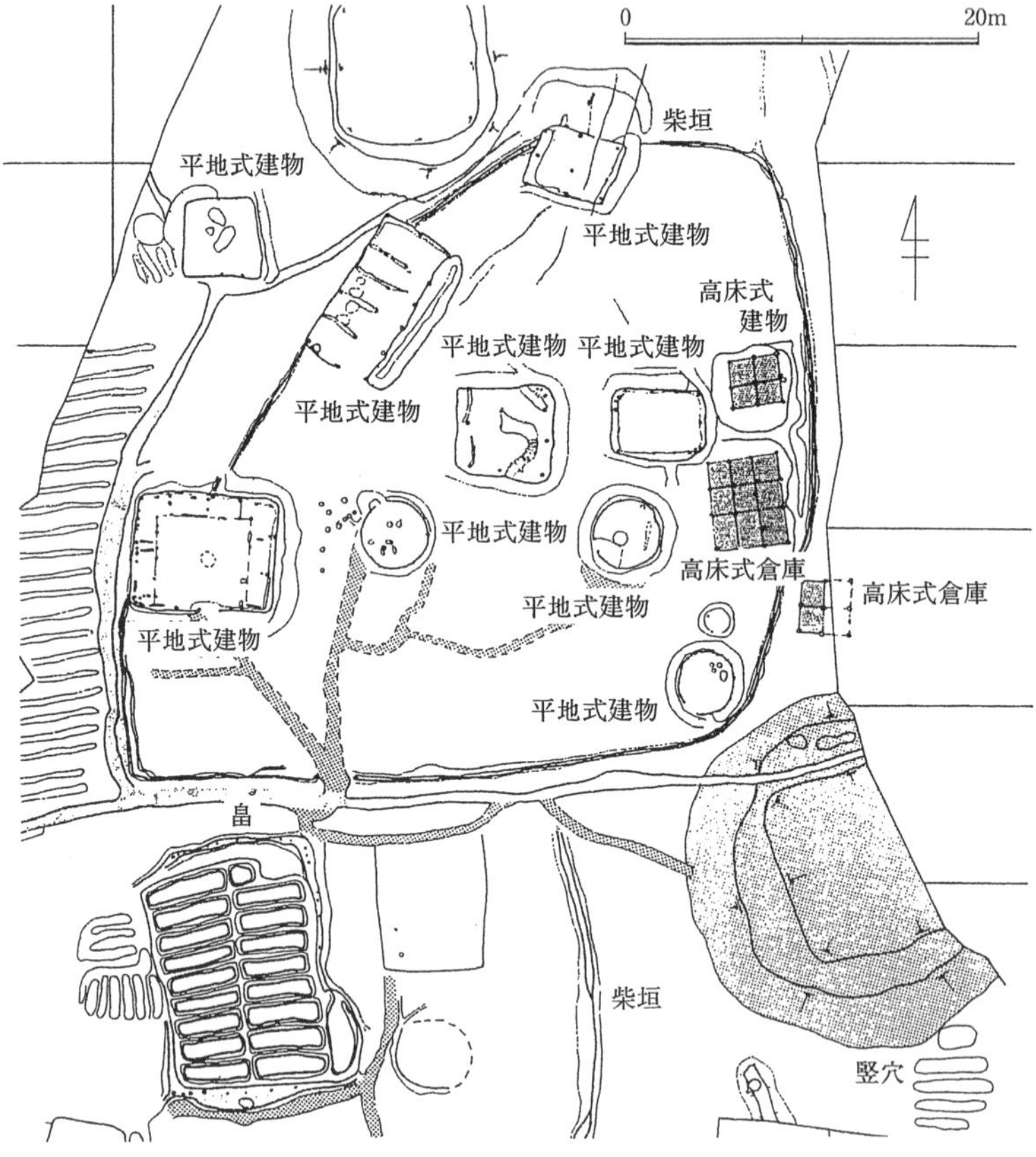

図9-2　群馬県黒井峯遺跡（西組遺跡）の屋敷地

族と基本的には同じような構成をしていたことを示すものとして注目される。こうした内に複数の単婚家族を含む大家族が、日常の生産や消費の基本単位であったことは疑いなかろう。

二、人々の精神生活

●カミとカミ祭り

水田稲作農耕を生活の基盤におく古墳時代の人々にとって、農耕祭祀、とりわけ水の祭りが極めて重要な位置を占めていたことは、最近、水に関わる祭祀遺跡が各地で相次いで発見されていることからも明らかである。その一つ、三重県上野市城《じょう》の越《こし》遺跡は、四〜七世紀のもので、三つの井戸から湧き出る水を導いて合流させた水路に石を葺いて祭場をしつらえ、小型壺や高杯などの祭祀に用いられた土器類や刀・剣・杵・臼・紡織具などの木製祭器が数多く検出されている。また首長の居館でも、水の祭りが行われたことは、先に触れたとおりである。

当時の人々のこうした泉、川などのほか、山、島、巨大な岩、巨木など、さまざまな自然物をカミと崇めた。とくにコニーデ形の美しい山容の山をカミの降臨するところ、ないしカミのやどる神南備《かんなび》として祭祀の対象とした例は多い。奈良県桜井市の三輪山は、古来カミの山として知られ、その信仰が現在まで続いているが、その周辺では多くの古墳時代の祭祀遺跡が発見されている。福島県建鉾山の周辺でも五世紀を中心に、多数の鏡、剣、玉などの石製模造品が出土している（図9-3）。こうした模造品は、本来は鏡、剣、玉などの実物をカミに奉献していたのが、次第に多量の模造品を供えるようになったもので、模造品には木製、石製、土製、金属製のものがある。神体島として今もその信仰が続く玄界灘の孤島沖ノ島でも、多量の銅鏡をはじめ、四世紀から九世紀にわたるさまざまな祭祀遺物が検出されており、そこでは朝鮮半島との海上交通の安全を祈る国家的規模の祭祀が行われたものと推定されている。

●カミを祀る者

最近、四世紀後半から五世紀はじめ頃の各地の古墳から、水に関わる祭りの場を表現した埴輪《はにわ》が相次いで検出されている。三重県松阪市の宝塚一号墳は、五世紀初頭頃の墳丘長一二〇メートルの、伊勢地方で最大の前方後円墳であるが、その北側のくびれ部に設けられた造り出しの周辺から、囲形埴輪に囲まれた覆屋（祭殿）の内部に、導水施設の水槽や井戸をしつらえた特異な埴輪が出土している（図9-4）。こうした導水施設を伴う祭殿とその回りの囲形埴輪のセットは、この頃の各地の古墳で検出されているが、その囲形埴輪の上部には山形の切り込みをもつ、厳重な囲いを表現したものが多く、その内部で行われる水の祭りが秘儀ともいうべき性格の祭りであったことを示している。

一方、こうした外部から水を引く施設を伴

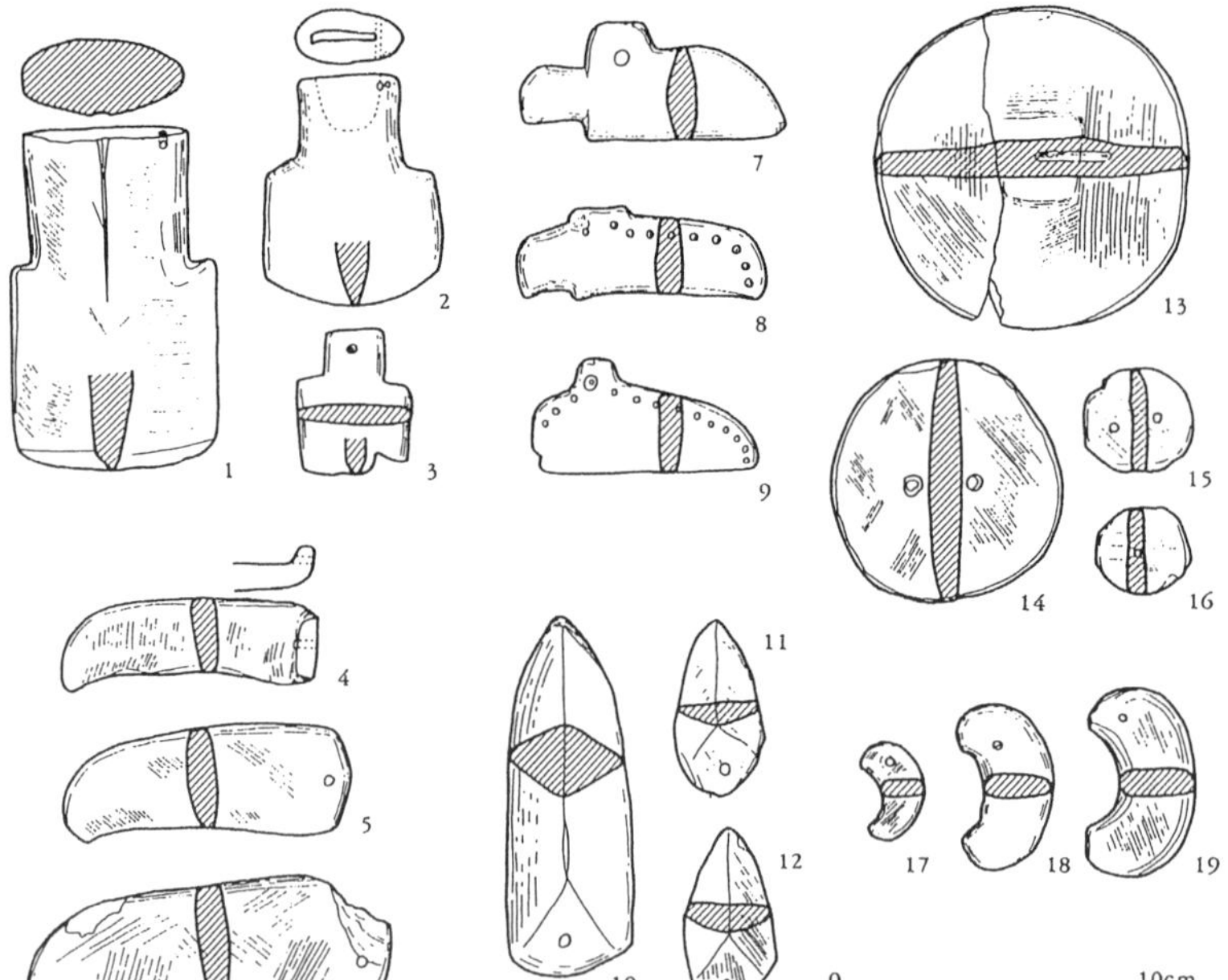

図9-3　石製模造品、福島県建鉾山遺跡出土（1～3斧、4～6鎌、7～9刀子、10～12剣、13～16鏡、17～19勾玉）

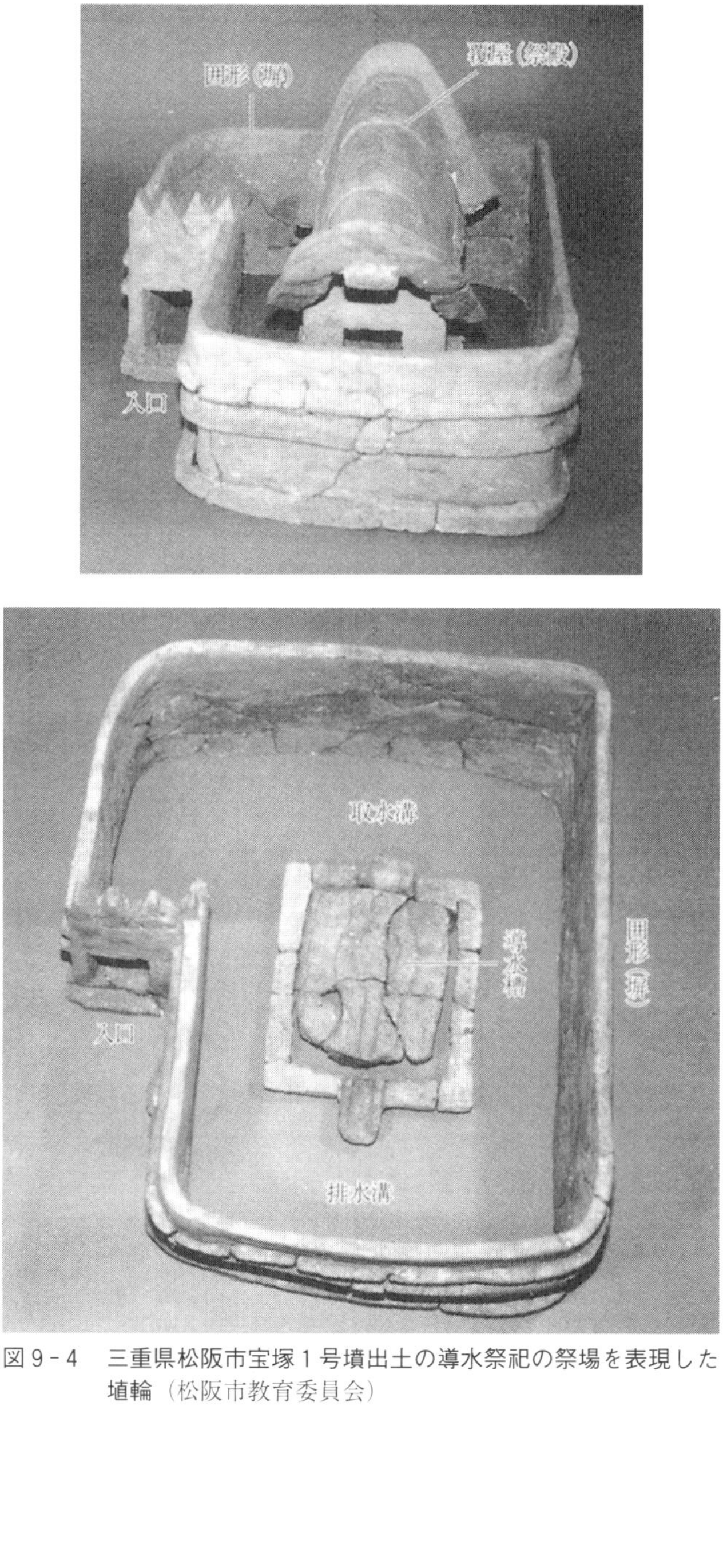

図 9 - 4　三重県松阪市宝塚 1 号墳出土の導水祭祀の祭場を表現した埴輪（松阪市教育委員会）

う導水槽を覆屋内に設け、さらに周囲に垣根をめぐらした遺構の実物も、奈良県御所市南郷大東遺跡など各地でみつかっている。また、先にふれた三ツ寺Ⅰ遺跡の水に関わる祭祀の場も、基本的に同じ性格のものであろう。こうした導水祭祀の遺構は、すでに三世紀代から営まれていたことが知られている。各地の古墳に、こうした当時の首長層が執り行わなければならなかった水の祭りに関わる埴輪が広くみられることは、それらの古墳の被葬者たちが、水田稲作農耕に基盤を置く共同体の首長として、同じ水の祭りを司るという、共通の祭祀的基盤を持っていたことを示している。

奈良県明日香村でみつかり、大きな関心を呼んだ酒船石遺跡の亀形石槽を伴う湧き水祭祀の遺構もまた、こうした古墳時代以来の水の祭りが七世紀の大王《だいおう》によって行われていたことを示すものにほかならない(図9‐5)。この遺構については、多くの

図9‐5　奈良県明日香村酒船石遺跡の湧き水祭祀の祭場
(明日香村教育委員会)

研究者が道教との関わりを指摘している。これを否定する必要はないが、その本質的な性格はあくまでも倭国の首長や首長同盟の盟主として執り行わなければならなかった、伝統的な水の祭りであったと考えられる。

●死後の世界

この時代の人々の来世観や世界観をうかがう資料としては、古墳や横穴の墓室に描かれた壁画がある。こうした古墳の墓室や棺に彫刻を施したり、彩色や線刻で壁画を描いたものを装飾古墳と呼んでいる。九州、山陰、関東から東北南部の太平洋沿岸に多いが、とくに彩色壁画をもつ装飾古墳は、九州の有明海沿岸から筑後川流域に多い。

その一つ、福岡県吉井町珍敷塚《めずらしづか》古墳の横穴式石室に描かれた壁画には、辟邪、すなわち魔よけの意味をもつ靫《ゆぎ》などの絵とともに、太陽の輝く現世から、月の支配する来世へ、舳先にとまった鳥に導かれて船出しようとしている光景が描かれている（図9-6）。六世紀の北部・中部九州ではこうした船や鳥船の絵が、さまざまな辟邪の図文とともに描かれることが多いが、このことはこの時期のこの地域の人々の間に、遥か海の彼方に来世を求める他界観が存在したことを示すものであろう。

図9-6　福岡県珍敷塚古墳の壁画（樋口隆康氏原図）

三、産業と新しい文化の波

●牛馬耕の始まり

古墳時代の経済的基盤が、弥生時代以来の水田稲作農耕にあったことはいうまでもなかろう。六世紀初頭と中葉の榛名山の二度の噴火によって降下した火山灰の下から、当時の水田や畠の跡がみつかっている。この地域が水もちの悪い火山灰地帯であることもあって、それらの水田はいずれも極めて狭い区画をもつ。ただ、他の地域でも水田の区画は数十平方メートル程度の例が多く、多くの労働力の投入による地形の改変を必要とする大区画水田はまだみられなかった。

榛名の火山灰下からは水田とともに畠も多くみつかっているが、注目されるのは、それらから馬の足跡が多数検出されていることである。黒井峯遺跡の屋敷内から、家畜小屋と推定される遺構が発見されていることなどと相まって、六世紀の段階には相当広範に牛馬耕が行われていたことを示すものであろう。

●乗馬の風習

古墳時代前期の古墳には馬具の副葬はまったくみられないが、中期の五世紀になると一斉に馬具の副葬が始まり、乗馬の風習が急速に広がったことは明らかである。最近、五世紀の小型古墳の周濠内などから、犠牲馬を埋めた土壙《どこう》が検出される例が多くなっている（図9-7）。それらはいずれも三歳前後の若駒を犠牲にしたもので、本来馬を飼育していなかった倭人たちの間には起こりえない習俗である。こうした馬の犠牲土壙が検出されている地域は、いずれも『延喜式』にみられる古代の牧の所在地に近いところである。このことからこうした馬の犠牲の風習は、馬匹生産のための牧の設置に伴って各地に移住させられた渡来人たちが伝えたものであろうと想定される。このことはまた、こうした大規模な牧の設置が五世紀にさかのぼることを示すものにほかならない。

『延喜式』にみられる古代の牧の一つ、信濃の大室牧に関連すると想定されている長野市大室古墳群は、積石塚からなる群集墳として知られているが、そこにみられる合掌形石室（図9-8）は五世紀中葉にさかのぼることが明らかにされている。また、この特殊な石室は、現在知られているのは七世紀のものであるが、朝鮮半島の百済の地域に存在することが知られている。このことは、五世紀における大規模な牧の設置に際しては、おそらく百済の援助があったことをうかがわせるのである。

四世紀後半以降、高句麗の南下により国家存亡の危機を迎えた百済や加耶諸国は、倭国を味方に引き入れようとする。鉄資源を朝鮮半島に頼っていたことから、朝鮮半島の情勢には重大な関心をもっていた倭国、すなわちヤマト政権が、利害を同じくする

図9-7　馬の犠牲土壙、千葉県大作31号古墳（岩永省三氏原図）

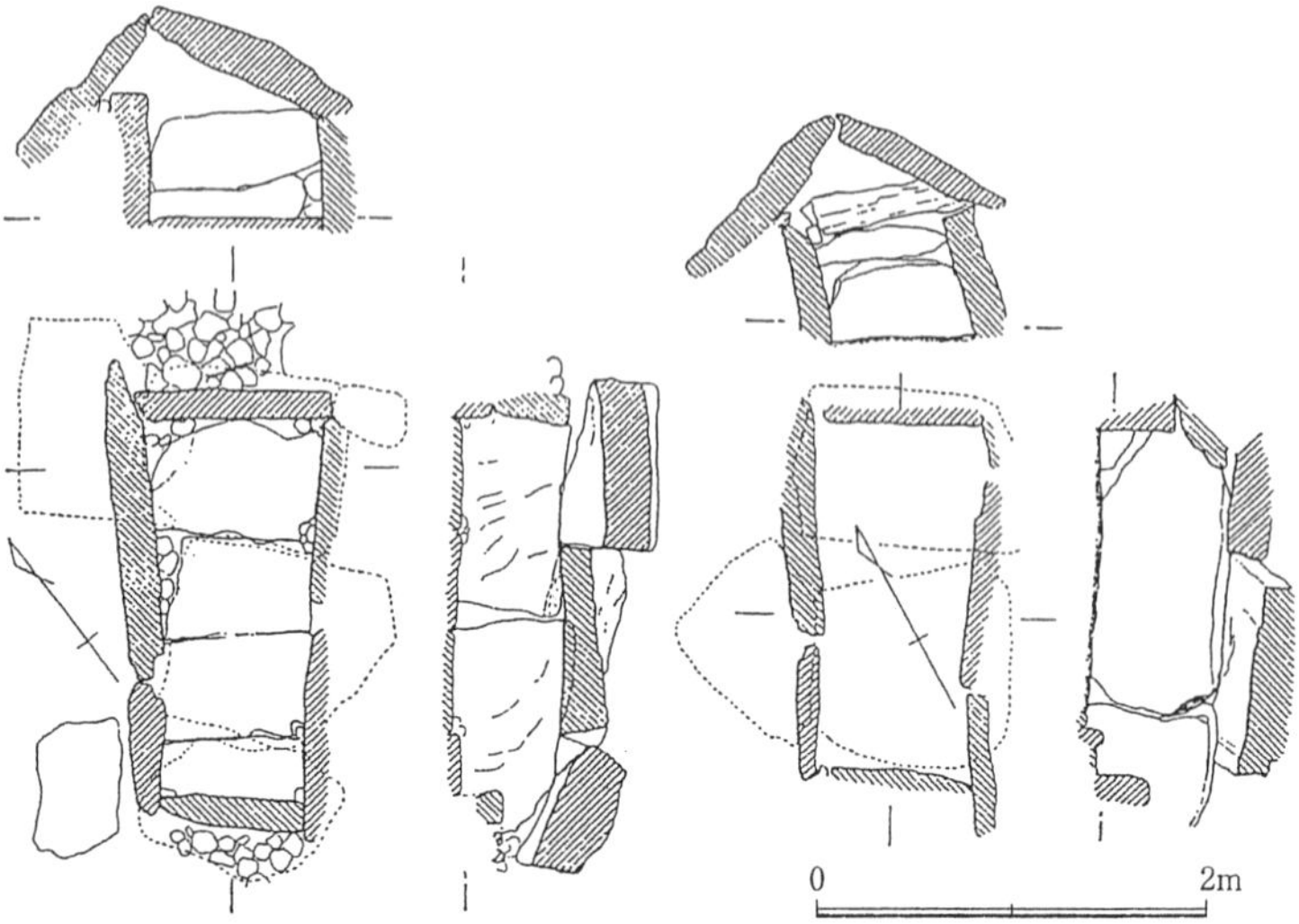

図９－８　長野県大室古墳群の合掌形石室

百済や加耶とともに高句麗と戦ったことは、高句麗の都のあった中国吉林省集安の好太王碑の碑文からも明らかである。高句麗の騎馬軍団と戦うためには、乗馬の風習を学ぶとともに、大量の馬匹と馬具を生産することが必要となる。このため倭国は、百済や加耶の援助を受けて大規模な牧を各地に設置するとともに、馬具の生産を始めたのであろう。馬具の生産技術は、木工、皮革、金属工芸などの総合的な技術である。その受容は、こうしたさまざまな新しい生産技術の定着にも大きな役割を果たした。

●新しい文化の波

こうした五世紀になって、新しく伝えられたさまざまな技術の一つに須恵器生産がある。須恵器は、朝鮮半島の陶質土器の生産技術を受け入れて生産されるようになった硬質やきもので、これ以降弥生土器の系譜を引く土師器とともに、それぞれの特徴を生かして併用されることになる。初期の須恵器は、朝鮮半島東南部の加耶の陶質土器に近いものが多く、加耶から工人がその技術を伝えたものであることが知られている。ただ、第二段階の須恵器には、朝鮮半島西南部の全羅南道地域の陶質土器と共通するところが多く、その技術の系譜は単純ではない。

五世紀にはまた、埼玉県行田市稲荷山古墳出土の稲荷山鉄剣（図9－9）、熊本県江田船山古墳出土の江田船山大刀など、倭国で作られたことの明らかな有銘刀剣が出現する。それらの銘文には、漢字の音を借りて倭人の名前や倭国の地名が表記されている。すなわち、倭人たちによる日本語表記が始まったことが知られるのである。このように、日本列島でも本格的な文字の使用が始まり、さらにさまざまな技術、学問、思想などがこの時期から、とうとうと日本列島に流入する。まさに日本列島の文明化が始まったととらえることができるのである。その直接的な契機が、高句麗の南下に伴う東アジアの国際情勢の緊迫化にあることは、古代の日本列島における文化の受容のあり方を考える上からも重要であろう。

五世紀初頭には、古墳の埋葬施設にも大きな変化がみられる。それは従来の竪穴式石室に代

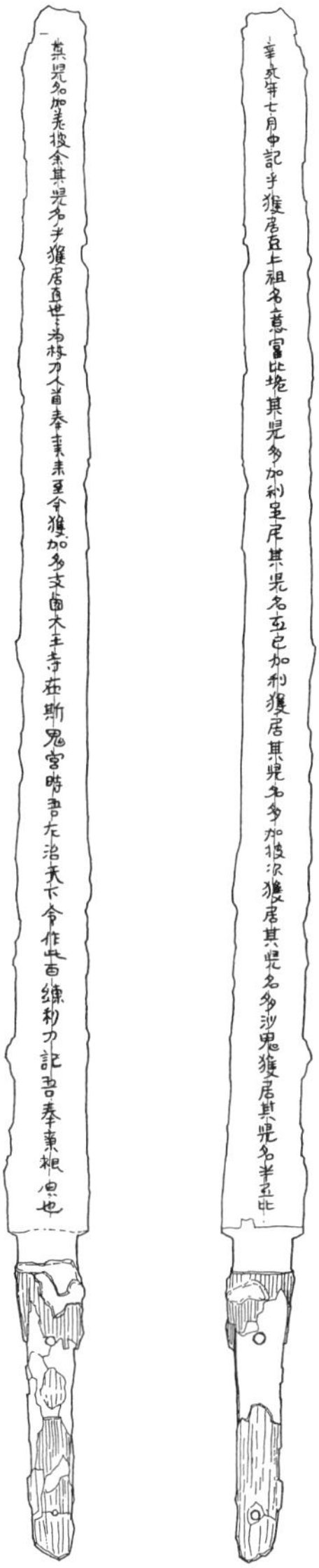

図9－9　埼玉県稲荷山古墳出土の稲荷山鉄剣

表される竪穴系の埋葬施設に対して、新しく横に通路をもつ横穴式石室など、横穴系の埋葬施設が出現するのである。日本列島で最も古い横穴式石室は、佐賀県浜玉町谷口古墳、福岡市鋤崎古墳など、四世紀末葉ないし五世紀初頭の玄界灘沿岸地域の前方後円墳にみられる。こうした初期の横穴式石室は、朝鮮半島のいずれの地域にもみられない形態のものである。それらは、いずれもこの時期の竪穴式石室に横穴式石室のアイディアを取り入れて、一方の小口に出入口と通路を設け、追葬が可能な構造に改変したもので、まさにこの地域で生み出されたものにほかならない。

この時期には、朝鮮半島南部では新羅でも加耶でもまだ横穴式石室は受容されておらず、高句麗ないし百済の墓制の影響を受けたものと考えられるが、いずれにしても北部九州における横穴式石室の受容が極めて早いことが注目される。またそれが、朝鮮半島の墓制からアイディアだけを受け入れ、北部九州で生み出されたものであることが、この時期の倭人たちの文化受容の姿勢を示すものとして興味深い。そこでは、朝鮮半島の文化や技術が、あくまでも主体的・選択的に受け入れられているのである。

これ以降日本列島では、朝鮮半島や中国大陸からさまざまな文化や技術を取り入れ、急速に文明社会の仲間入りを果たし、早くも七世紀後半から八世紀はじめには律令国家と高度な古典文化が成立する。このように倭人たちが短期間に文明化を果たすことができたのは、中国を中心とする文明圏の周辺部に位置しながらも、間に海峡があって文化の選択的受容が可能であったこと、また倭人社会が、倭国の招きによって、あるいは朝鮮半島の動乱を逃れて渡来した多くの渡来人を積極的に受け入れ、そうした渡来人をうちに含む倭人集団が、新しい文化を咀嚼《そしゃく》する能力を常に備えていたことが大きな理由であろう。

参考文献

1. 白石太一郎編『古墳時代の工芸』古代史復元7、講談社、一九八九年。
2. 石野博信編『古墳時代の研究』2 集落と豪族居館、雄山閣出版、一九九〇年。
3. 石野博信編『古墳時代の研究』3 生活と祭祀、雄山閣出版、一九九〇年。
4. 白石太一郎編『古墳時代の研究』4・5 生産と流通Ⅰ・Ⅱ、雄山閣出版、一九九一年。
5. 佐原真・金関恕編『古代史の論点』5 神と祭、小学館、一九九九年。
6. 都出比呂志・佐原真編『古代史の論点』2 女と男、家と村、小学館、二〇〇〇年。
7. 若狭徹『古墳時代の地域社会復元・三ツ寺Ⅰ遺跡』新泉社、二〇〇四年。

10 古墳時代から飛鳥時代へ

白石太一郎

一、古墳の終末

●前方後円墳の終末

北と南をのぞく日本列島では、三世紀の中葉過ぎから大規模な前方後円墳をはじめとする古墳が数多く営まれる。第8章で述べたように、こうした大規模な前方後円墳は、後に畿内と呼ばれる近畿中央部の政治勢力を中心に形成された広域の政治連合、すなわち、ヤマト政権に加わっていた各地の首長たちが、その連合での身分秩序に応じて大小さまざまに造営したものと考えられる。この政治連合も、五世紀後半以降は、畿内以外の地域ではあまり大きな古墳はみられなくなり、畿内勢力の地方に対する支配が強化され、連合の質が大きく変化する。それでもなお六世紀末葉頃までは、各地の首長たちも前方後円墳を営み、首長連合としての性格は形骸化しつつもなお保たれていたと思われる。

ところが、この日本列島の古墳を特徴づけた前方後円墳の造営は、畿内地方など西日本では六世紀末葉をもって終息を迎える。奈良県橿原市の見瀬丸山古墳（五条野丸山古墳、墳丘長三一八メートル、図10-1）などは大王墓として最後の前方後円墳であろう[1]。やや遅れるが、東日本でも前方後円墳の築造は七世紀初頭をもって終わる。これはともに推古朝の出来事と想定され、それ以降、畿内でもそれ以外の地域でも、支配者層は大型の方墳ないし円墳を造営する

1　見瀬丸山古墳についてはこれを欽明天皇陵とする説が有力であったが、最近これを欽明と同世代の蘇我氏の族長稲目の墓とする説が提起されている。確かに文献史料からは現在欽明陵となっている明日香村梅山古墳（墳丘長一二〇メートルの前方後円墳）が欽明陵である蓋然性が強いようにみうけられる。ただ、当時の蘇我氏はあくまでも大王の権威を借りて権力を握ろうとしていたのであり、体積では大王墓に数倍する巨大前方後円墳の造営は、この戦略と矛盾する。見瀬丸山古墳の石室内には六世紀後半のものと想定される二棺があり、文献からうかがえる欽明陵のあり方と一致している。六世紀の大王と畿内豪族との関係を探る上に重要な問題である。

小澤毅「五条野丸山古墳は誰の墓か」『季刊明日香風』八二、飛鳥保存財団、二〇〇二年。

図 10－1　最後の大型前方後円墳（奈良県見瀬丸山古墳）

ようになる。大王墓もまた大型の方墳になるらしい。これは畿内の支配者層が、前方後円墳に象徴される三世紀以来の連合政権の政治秩序と決別し、畿内を中心とする中央集権的な国家秩序を明確に志向しはじめたことを示すものであろう。

関東地方などでも、六世紀代に各地で数多く造られていた前方後円墳が一斉に造られなくなり、それ以降はごく一部の地域で、大型の方墳ないし円墳の造営が継続するに過ぎなくなる。関東各地にみられる七世紀前半の大型方墳や大型円墳には、千葉県栄町竜角寺岩屋古墳（方墳、墳丘一辺八〇メートル、図10-2）や栃木県壬生町壬生車塚古墳（円墳、墳丘径約八〇メートル）のように、同時期の畿内の大王墓を凌駕するものもみられる。これら関東の大型方墳や大型円墳の所在地は、国造の支配領域と一致するようであり、その造営が関東地方における国造制の始まりと対応する可能性は大きいと思われる。前方後円墳の造営停止が、単に墓制の変革にとどまらず、畿内王権による新しい地方支配体制の成立を物語るものにほかならないことを示すものであろう。

●八角墳の出現

七世紀の中葉以降になると、畿内地域に奈良県桜井市段ノ塚古墳（現舒明天皇陵、図10－3）、京都市御廟野古墳（現天智天皇陵）、奈良県明日香村野口王墓古墳（現天武・持統合葬陵）など八角墳が新たに出現する。それらはいず

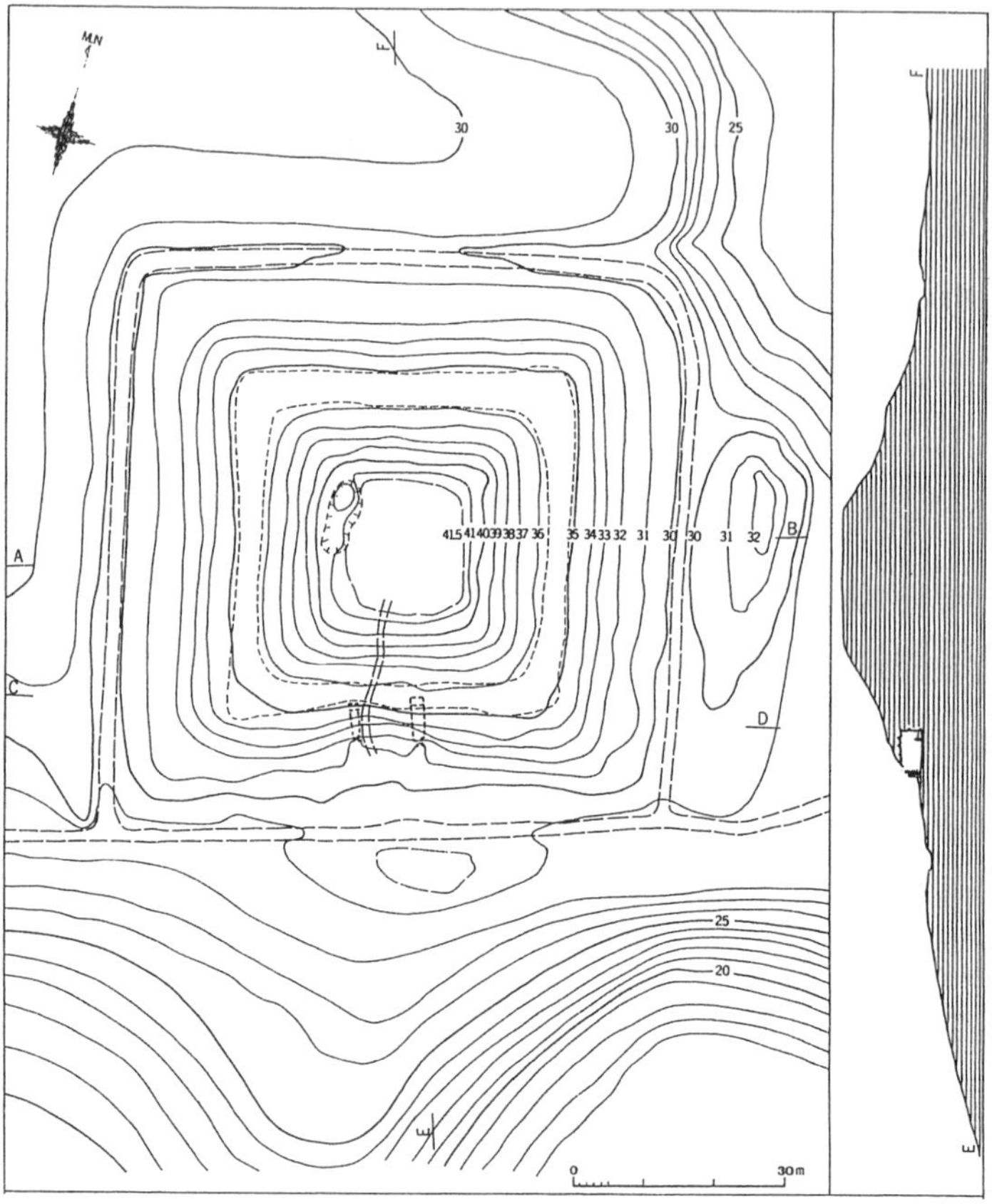

図10－2　関東の７世紀の大型方墳（千葉県竜角寺岩屋古墳、大塚初重氏原図）

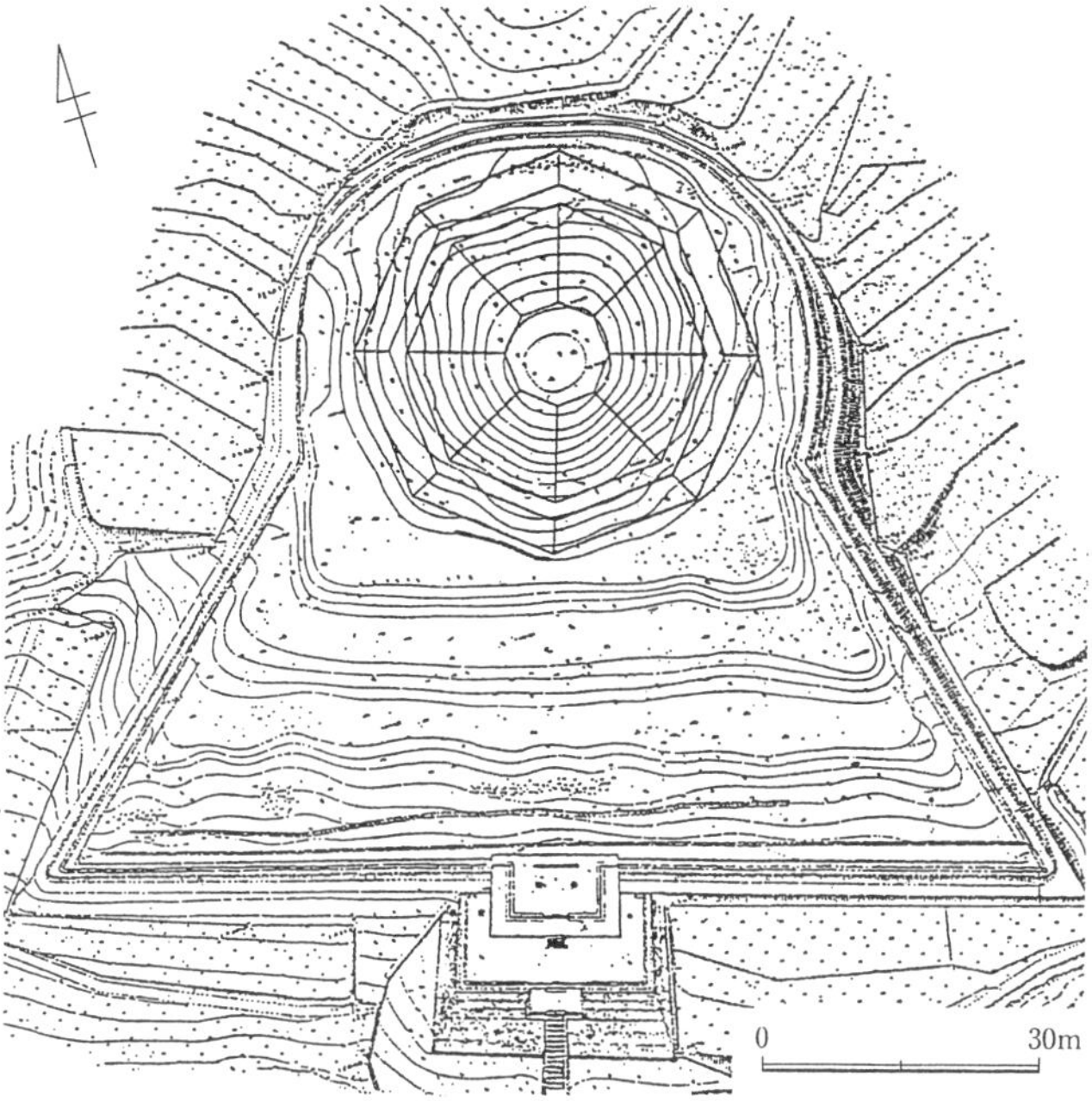

図 10－3　奈良県段ノ塚古墳（現舒明天皇陵）

れも大王墓と想定され、この時期以降八世紀初頭まで即位した大王にのみ固有の陵墓として造営されたものであろう。八角墳は、後の大極殿の高御座が八角形であるのと同様、天下の支配者にふさわしい墳形と考えられたのであろう。それまでは規模こそ大きいが、大王もまた他の豪族と同じ前方後円墳、あるいは七世紀前半には方墳を営んでいたのが、ここに至ってはじめて一般の豪族を超越した存在としての大王の地位を、墳墓の上でも示そうとしたものであろう。まさに大王墓から大王陵への変質にほかならない。

現在のところ、八角墳とし

て最初の大王陵は、七世紀中葉頃の段ノ塚古墳であり、最も新しいのは文武天皇陵と想定される明日香村中尾山古墳である。いわゆる大化改新の時期から、律令制古代国家の成立期八世紀初頭までの大王陵が、こうした八角墳の形態を採用することは極めて興味深い。

●古墳の終末

七世紀中葉以降、大王墓が八角墳化したあとも、畿内などでは有力な豪族層は見事な切石造りの横穴式石室をもつ方墳や円墳を造営していた。例えば、奈良県平群町の西宮古墳は一辺三六メートルの三段に築成された方墳で、この地の豪族平群氏が七世紀の第3四半期に営んだものと想定される。ところが、この平群の地では、この古墳を最後に顕著な古墳はみられなくなる。これは畿内の他の地域でも同様で、畿内の豪族層による顕著な古墳の造営は七世紀の第3四半期でほぼ終息し、それ以降は大王とその一族や新しい古代国家の頂点に立ったごく一部の豪族が、例えば、高松塚古墳のような特殊な古墳を営むにすぎなくなる。これは、おそらく壬申の乱による大王権の著しい伸長の結果、一般の豪族層の古墳造営が規制された結果であろう。ここに古墳の終末の大きな画期を求めることができるのである。

畿内の支配者層の古墳のあり方をみると、六世紀末葉ないし七世紀初頭の前方後円墳の造営停止、七世紀中葉における大王墓の八角墳化、さらに七世紀の第3四半期の終わり頃の豪族層の古墳造営の終息をもって、その終末を迎える。このように、古墳の終末の過程は、とりもなおさず大王（天皇）を中心とする、中央集権的な律令制古代国家の形成過程と表裏の関係にあることが知られるのである。このことはまた、とりもなおさず古墳が中央集権的な古代国家以前の、首長連合の政治秩序を象徴する墓制にほかならないことを物語るものであろう。

二、都宮の造営

●飛鳥の宮都

次に、新しい古代国家の中枢となる畿内の都宮の変遷過程から、大王を中心とする支配構造の形成過程を探ってみよう。七世紀の都宮が置かれた飛鳥の地は、東西幅〇・五キロメートル、長さ二キロメートルほどの狭い谷である。七世紀はじめの推古の小墾田宮から天武の飛鳥浄御原宮まで、一時、七世紀中葉に難波に、七世紀後半の一時期近江に都宮が移された時期をのぞき、大王の宮はすべてこの谷に営まれた（図10-4）。

最近著しく進展した発掘調査を伴う研究の結果、舒明の岡本宮、皇極の板葺宮、斉明の後岡本宮、天武の浄御原宮はすべて、飛鳥寺の南の明日香村岡付近の同じ場所に営まれていたらしいと考えられている。現在この地で発掘されている宮殿跡は、天武・持統二代にわたる皇宮であった飛鳥浄御原宮の遺構とされており、その下層にそれ以前の宮跡が眠っているらしい。[2]また、最近この浄御原宮の北西の飛鳥川添いのところで大規模な苑池の跡が発掘されており、『日本書紀』天武十四年十一月条にみえる「白錦後苑」にあたると考えられている。

飛鳥浄御原宮は、七世紀前半以来の宮の地を踏襲しているため、後の藤原宮などのように、必ずしも計画的な整然とした殿舎配置にはなっていない。後の大極殿・朝堂院にあたる施設も、宮の東南部に別に設けられている。また藤原宮のように、宮の中枢部にも瓦はまだ葺かれていない。

2　小澤毅「飛鳥の都」『倭国から日本へ』日本の時代史3、吉川弘文館、二〇〇二年。

●内裏・朝堂院の変遷

推古十一年（六〇三）に推古が移った小墾田宮は、まだ発掘によってその実態が明らかにさ

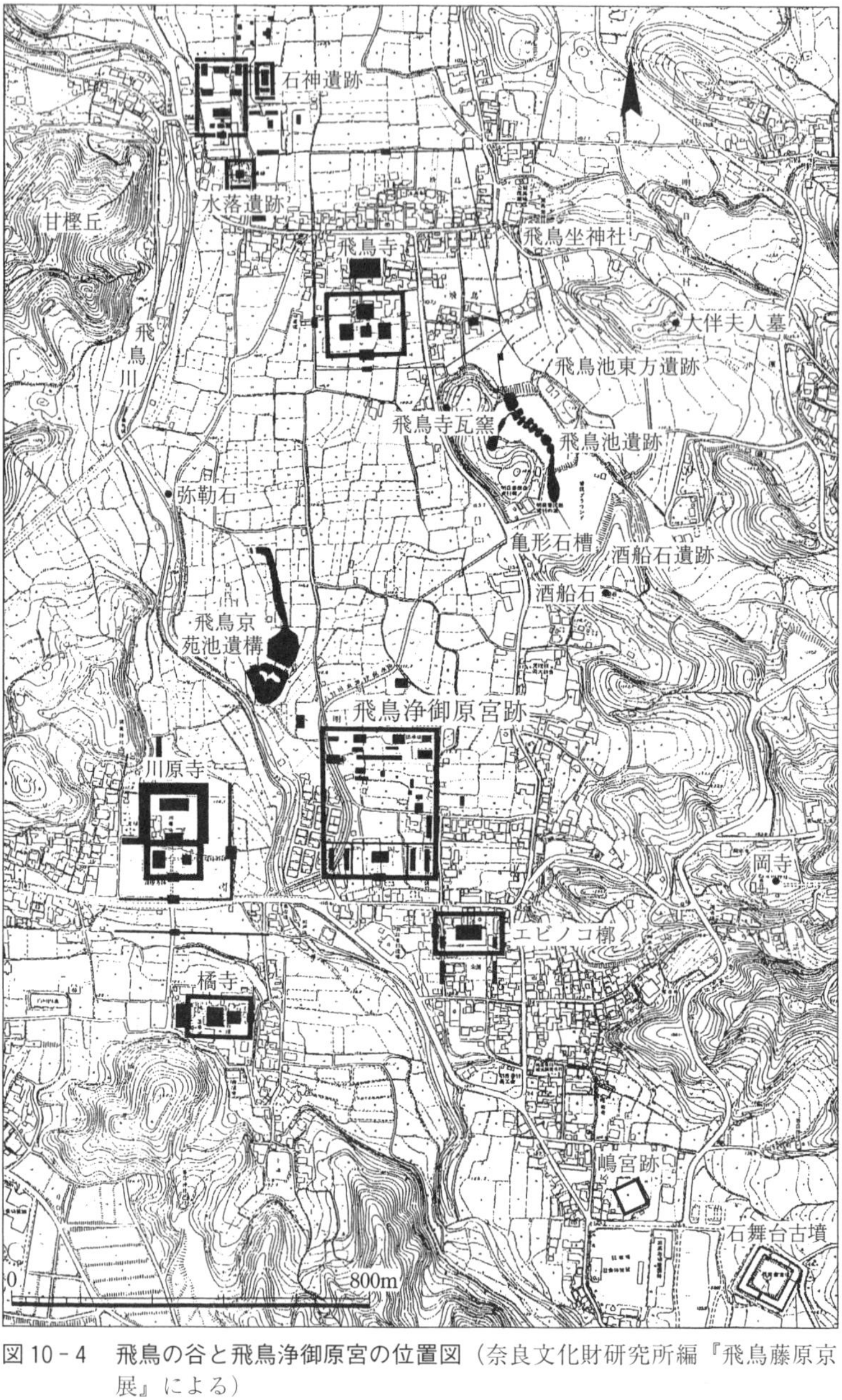

図10－4　飛鳥の谷と飛鳥浄御原宮の位置図（奈良文化財研究所編『飛鳥藤原京展』による）

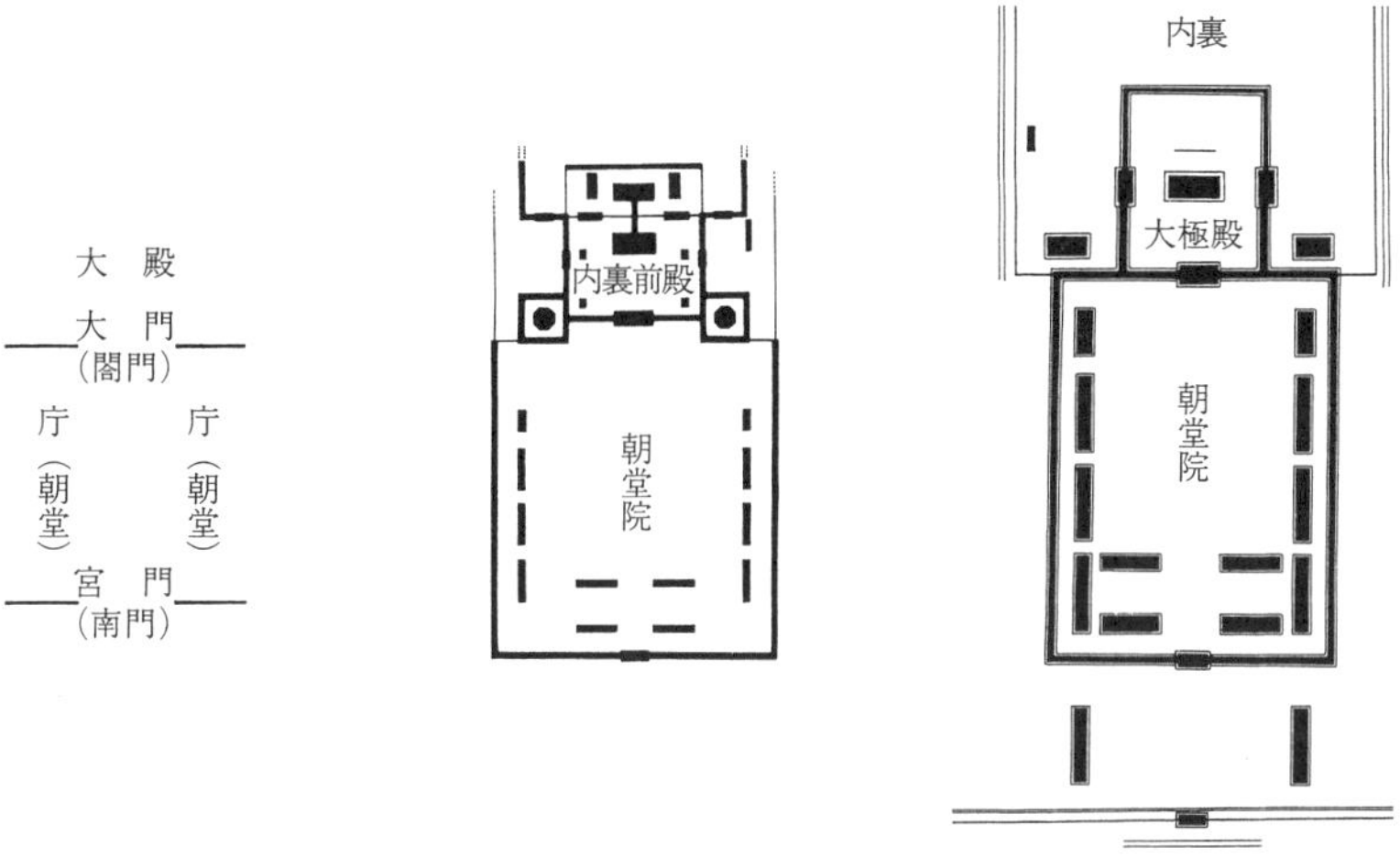

小墾田宮模式図（603～655）　前期難波宮（長柄豊碕宮か）（652～686）　藤原宮（694～710）

図10－5　内裏・朝堂院の変遷

れているわけではないが、『日本書紀』にみられる隋や新羅の使節がこの宮に来たときの記事から、南門を入ると朝廷の左右に庁（朝堂）が並び、その北には大門があって、大王が座す大殿があったことがうかがわれる。すでに、後の朝堂院にあたる朝庭部分と後の内裏にあたる大殿を中心とする一画が明確に分離していることが注目される（図10－5）。さらに孝徳の長柄豊碕宮（六五二～）説もある前期難波宮になると、内裏の大殿が前殿と後殿に分化する。この内裏前殿が七世紀末葉の藤原宮（六九四～七一〇）の大極殿の前身であることは明らかであるが、ただ公的儀式の場として大王（天皇）の私的空間から完全に分離した藤原宮大極殿とは異なり、まだ大王の居住区として内裏の空間の一部を構成しているところが大きく異なる。なお、この前期難波宮の遺構については、これを難波豊碕宮とする説と、これを天武朝に下げて考える説があって対立している。この十二堂からなる広大な朝堂院をもつ前期難波宮が孝徳朝にさかのぼるか否かは、いわゆる大化改新の実像の評価とも関わる重要な問題である。

飛鳥浄御原宮と想定されている飛鳥宮上層遺構（七世紀後半）では、内裏と想定される中心部分の東南部分にエビノコ槨《かく》と呼ばれる大極殿と朝堂を備えた一郭があるが、まだその実像には不明なところも多い（図10-4）。前期難波宮の帰属時期の問題をも含めて、さらに調査・研究が進めば、古代律令制の形成期における天皇の位置付けの変化をはじめ、古代国家の政治秩序の変遷を可視的に認識することが可能になるであろう。

なお、地方支配システムの整備状況については、八世紀および、それ以降の地方官衙の考古学的な調査は著しく進展しているが、七世紀の地方官衙の実態については不明なところが多い。これは新しい制度が成立しても、官衙のような施設の整備はそれに遅れるためでもあろう。ただ、『常陸風土記』の記載などから、七世紀中葉には評《こほり》（後の郡）の設置が始まっていたことは疑いないものと考えられている。また飛鳥宮出土の七世紀中葉過ぎの木簡群の中に、大化五年（六四九）から天智三年（六六四）まで用いられた冠位十九階に基づく冠位を記した木簡とともに、「白髪部五十戸《さと》」と書かれた貢進物の付札木簡がある。これは、すでに七世紀の第3四半期から、五〇戸＝一里制が施行されていたことを示す資料として重要である。こうした木簡の資料などから、七世紀中葉頃から「評」とともに、その下部組織の「さと」の整備が始まっていたことは疑いない。初期の地方官衙に関する今後の考古学的な調査・研究の進展が期待される。

三、仏教寺院の造営

●最初の仏教寺院

古墳の終末の過程や都宮の造営のあり方などからみたように、七世紀、すなわち、飛鳥時代は、政治史的には畿内勢力が、それまでの首長連合の体制に替えて、大王を中心とする中央集権的な支配秩序の確立をめざした時期にほかならない。それとともにこの時代は文化史的には、仏教という世界宗教が朝鮮半島から伝えられ、日本列島内に定着した時期でもある。次に、この仏教の受容のあり方を簡単にみておくことにしよう。

『日本書紀』などの文献資料によると、仏教が倭国に伝えられたのは欽明朝の六世紀中葉のことになっている。この時期に百済から仏像・教典などが伝えられたことは疑う必要はなかろうが、本格的な仏教寺院が建立されるのは六世紀末葉の、蘇我氏による飛鳥寺の建立を待たねばならない。この寺院は、物部氏との争いに勝利した蘇我氏が崇峻元年（五八八）から造営を始めたものである。

一九五〇年代に行われた飛鳥寺の発掘調査によって、この日本列島最初の本格的寺院はピョンヤンにある高句麗の清岩里廃寺などと共通する、塔の北と東西に三つの金堂を配する極めて特異な伽藍配置をもつものであること、また、その金堂は韓国の扶余にある百済の定林寺などにみられる二重基壇を採用していることが明らかにされた[3]。また、この寺の屋根に葺かれた瓦は、すべてこの時期の百済の寺院のそれと共通の文様をもつものであった。このことは『日本書紀』にも明確に記載されているように、この最初の寺院の建立が、すべて百済から招いた技術者の指導によるものであったことを実証するものであった。また、この寺の塔跡から発掘さ

3　奈良国立文化財研究所『飛鳥寺発掘調査報告書』奈良国立文化財研究所学報5、一九五八年。

れた塔心礎の埋納品には、金銅製の舎利容器とともに、挂甲（鉄の小札を綴じ合わせた甲）や馬具、鉄刀、金銅製の耳飾り、勾玉や管玉など六世紀後半の古墳の副葬品と共通する品々がみられた。このことは飛鳥寺の造営が、まだ古墳時代の出来事でもあったことを物語っている。

●大王家の氏寺

七世紀に入ると、蘇我氏の飛鳥寺建立に倣って畿内の豪族や王家は次々と仏教寺院を造営するようになる。蘇我氏の建てた尼寺である豊浦寺や上宮王家の斑鳩寺（法隆寺）などがその例である。

推古大王のあとを継いだ舒明大王は、舒明十一年（六三九）に大宮（百済宮）と大寺（百済大寺）の造営を開始したことが『日本書紀』にみられる。この百済大寺は、大王家の最初の氏寺であり、九重塔をもつ大寺であった。この百済大寺の所在については長い間不明であったが、奈良県桜井市に所在する吉備池廃寺が、一九九七年から始まった発掘調査の結果、大規模な寺院であることが明らかになり、百済大寺にほかならないと考えられるようになった。

この寺跡は、回廊内の東に金堂、西に塔を配した極めて大規模な伽藍をもつ寺であったことが確認されているが、その塔の基壇は一辺二八メートルという大規模なもので、おそらく七〇メートルほどの高さの巨大な木塔であったと想定されている。この時期の東アジアでは、新羅の皇龍寺木塔や百済の弥勒寺中院の木塔など、巨大な塔が競って建てられるが、百済大寺の塔もそれらに匹敵する大規模なものであった[4]（図10-6）。当時の大王家が倭国内では蘇我氏に対する、国際的には新羅、百済に対する強い対抗意識からこうした巨大寺院の造営に踏み切ったものであることは疑いなかろう。また、こうした巨大な寺院の造営が可能であったことは、七世紀前半のヤマト王権の支配体制の整備がそれなりに進行していたことを示すものとしても重

4　佐川正敏「吉備池廃寺の調査」『奈良国立文化財研究所年報』一九九八－Ⅱ。

図10-6　東アジアの塔の規模（奈良文化財研究所編『飛鳥藤原京展』による）

要であろう。

●東アジアの中で

中国では、五八九年に隋が二百数十年ぶりに南北統一を果たし、巨大な統一国家を打ち立てる。この中国の統一が、朝鮮半島諸国や倭国など東アジアの周辺諸国に与えた衝撃は極めて大きなものであった。高句麗は隋の直接的な攻撃を受け、百済、新羅も急速に国家体制の整備を進める。倭国の推古朝の諸改革もまた、こうした隋の出現に伴う国際関係の緊張の影響によるものであることはいうまでもなかろう。

六一八年、中国では唐が隋に替わるが、六六〇年にはこの唐と結んだ新羅が、五世紀以来倭国と親密な関係を保ってきた百済を滅ぼす。そして六六三年には、百済の遺臣たちからなる百済復興軍と倭国の連合軍が、唐・新羅の連合軍と錦江河口の白村江で戦い、大敗する。この白村江での敗戦が、倭国の支配者層に与えた衝撃は極めて大きかった。倭国では唐・新羅の来攻に備えて各地に多くの朝鮮式山城を築くとともに、都を近江に後退させる。また、六六八年には高句麗が唐・新羅の連合軍に滅ぼされ、朝鮮半島には統一新羅という強国が出現する。こうした大きな危機感こそが、倭国の国家体制の整備を急速に進めさせ、七世紀末・八世紀初頭には律令制古代国家がその姿を現すことになるのである。

古墳時代から飛鳥時代への動きは、まさに古墳の造営に反映している首長連合から、畿内勢力を中心とする集権的な古代国家への転換期にあたっている。そして、日本列島における中央集権的な古代国家の形成、さらに、飛鳥時代における巨大な仏教寺院の建立すらも、こうした東アジアの国際情勢の大きな変化という背景を考慮してはじめて、正しい理解が可能になるのである。

参考文献

1. 白石太一郎編『古代を考える・古墳』吉川弘文館、一九八九年。
2. 町田章編『古代の宮殿と寺院』古代史復元8、講談社、一九八九年。
3. 奈良文化財研究所編『飛鳥藤原京展』朝日新聞社、二〇〇二年。
4. 森公章編『倭国から日本へ』日本の時代史3、吉川弘文館、二〇〇二年。

11 律令時代の社会

宇野隆夫

一、はじめに

日本史上、古墳時代の次の段階に成立した日本列島中央部の古代社会を律令《りつりょう》国家と呼び、その時代を律令時代と呼ぶ。律令の「律」は現代の刑法、「令」は同じく民法にほぼ相当し、律令国家の成立は日本列島に法治国家が出現したことを意味した。[1]

律令は中国で発達して隋唐時代に整備されたものであるが、それを受けて日本・新羅・渤海《ぼっかい》など東アジア各地に律令国家が成立した。その背景には各地の社会の急速な成長と抗争の激化とがあり、律令国家の成立は新しい時代の新しい社会の仕組みが鋭意追求された結果である。日本の律令国家形成は七世紀を通じて急速に進み、飛鳥浄御原律令の編纂を開始した天武十年（六八一）から大宝律令を制定した大宝一年（七〇一）の頃にはほぼ確立した。なおその後、西暦一〇世紀に至ると多くの律令国家が滅亡したが、日本律令国家は存続して、律令は変質しながらも後の時代にまで一定の影響を与え続ける。[2]

律令時代の考古資料では、巨大古墳やきらびやかな装身具による威信よりも、都城《とじょう》・役所、寺院、道路の建設などを重視するようになり、また各地での産業の整備が進んで、その社会は大きく変わっていったと考えられる。以下で、その具体的なあり方を見ていくこととしたい。

1　律令の内容は多岐にわたり唐律と異なる独自の規定もある。また臨時の法令である「格」と施行細則である「式」とがあった。「律令」が根本法典であり、人と田地の公有を基本原則としつつ、「格式」によって生きた現実の情勢に対応していた。井上光貞「日本律令の成立とその注釈書」『律令』日本思想体系三、岩波書店、一九七六年。

2　このような事情から、日本古代から中世へかけての変化は漸進的なものとなり、時代区分についていろいろの学説が生ま

二、交通体系の整備

日本列島において社会の質が変わるに際しては、対外・対内的な交通体系の変革がその条件を提供することが多かったが、律令時代もその例外ではなかった。

海を通じての交流には国家レベルと民間レベルのものとがあったが、外交は律令国家にとって重要な意味をもち、遣隋使の派遣を経て、西暦六三〇年から十数回にわたって遣唐使を派遣した[3]（図11-1）。八世紀は遣唐使派遣のピークであり、その参加者は帰国後に政治・宗教・技術などいろいろの分野にわたって活躍したが、九世紀には派遣が少なくなり寛平六年（八九四）に遣唐使派遣を正式に中止することとなった。

図11-1　遣使の道（東野1999から）

れる背景となった。ここでは、王朝国家（平安中・後期。一〇世紀～一二世紀中頃）を古代の後半期かつ中世社会の形成期として理解しておきたい。

坂本賞三『日本王朝国家体制論』東京大学出版会、一九七二年。

3　東野治之『遣唐使船　東アジアの中で』朝日新聞社、一九九九年。

遣使は、当初は朝鮮半島西岸を北上して、山東半島登州から中国・長安城に至る伝統的で安全な北路をとっていた。しかし、七世紀後半に朝鮮半島の軍事的緊張が高まったことを契機として、五島列島を経て中国江南地方に至る困難な南路を使うようになった。八世紀には新羅や渤海との使節の往来も活発になり、外交使節の往来は国際交易の活発化とも深く関わっていた。

遣唐使は、一五〇人ほどが乗船できる大型船四艘《そう》で編成するという大がかりなものであり、七世紀中頃以後、難波宮・難波京や大宰府《だざいふ》を建設した理由の一つには、港湾の整備と新しい海運体制の確立の意図があったであろう。遣唐使は外交上の理由から無理な航海をする必要があり、造船技術・航海技術を鋭意高める必

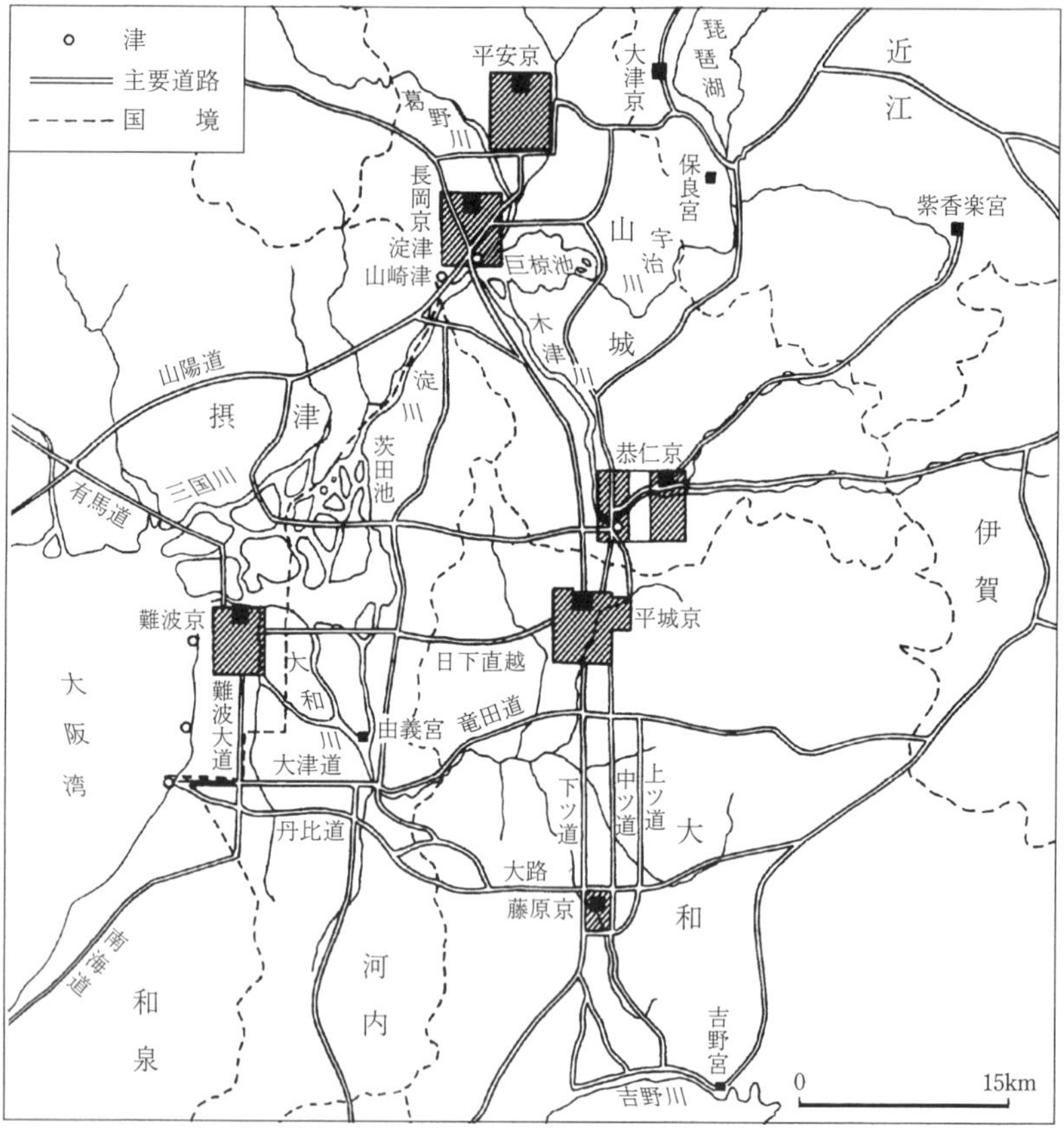

図11－2　畿内地方の官道と都城（中尾1989から）

要があった。

この頃から、日本国内では直線官道（国道）の建設が急速に進み、当時の政治的中心地である畿内地方（奈良・大阪・京都）では、正方位（東西南北方向）の幹線道路を含む直線道路網を整備していった。その施工に際しては正確な真北測量を行った可能性が高く、造都の技術・思想とも深く関わっていた[4]（図11-2）。

畿外の諸国では、国府を結ぶ幹線道を駅路、郡家《ぐうけ》を結ぶ枝道を伝路と呼び、駅路は道路幅約一二メートル、伝路はその約半分の幅であることが多かった。幅員については地形を考慮して変化があったが、少しう回すれば楽に道を通せるようなところでも低湿地では地盤改良し、丘陵では切り通して、直線道路を通すことが原則である[5]（図11-3）。なお駅路・駅制は律令国家が新しく採用した制度であり、伝路・伝制は古墳時代の交通制度の系譜を引くとする説が有力である。

後の時代の街道のように、もう少しコンパクトな道幅で地形に沿って建設したら、道路の維持管理にも人の往来にも効率的であったであろう。

図11-3　佐賀県吉野ケ里遺跡の官道（西海道、佐賀県教育委員会1994から）

4　中尾芳治「限りなき遷都」『古代の宮殿と寺院』古代史復元八、講談社、一九八九年。

5　佐賀県教育委員会『吉野ケ里』一九九四年。
高橋美久二「律令制支配と交通体系の整備」『交易と交通』考古学による日本歴史九、雄山閣、一九九七年。
木下良「古代道路研究の現況」『古代交通研究』第一〇号、古代交通史研究会、二〇〇〇年。

しかし、当時すでに水運が発達して主要な物流を担っていたと考えられる。古代の道路建設は狭義の交通だけではなく、情報の速やかな伝達、軍隊の移動、中央からの現地視察、行政区画の確定など、律令国家に特有な多くの役割を担っていたことが、直線道路を重視した理由である。とくに駅路は緊急の公文書伝達が重要な任務であり、三〇里（約一六キロメートル）ごとに駅家《うまや》をおいて、駅馬を常備していた。

律令国家は、その成立の当初から水陸交通網を一体的に整備して掌握することの重要性を認識していたであろう。

三、都城の建設

律令国家が律令を機能させるためには役所と官僚制度[6]が必要であり、中央官庁街を備えた首都である都城建設を必要としていた。古墳時代の政治拠点は、大王・豪族の代替わりごとに移動していた可能性が高いが、七世紀になると飛鳥《あすか》に宮を固定して諸施設が充実し正方位地割を行う一方、難波宮・大津京において都城建設を試行していた。

藤原京は天武五年（六七六）に新城として計画して、中断の後に建設を再開し、持統八年（六九四）に遷都した完成度の高い古代都城である（図11-4）。また天武十二年（六八三）には、港湾機能をもつ副都として難波京の整備を決定している。

藤原京にはいろいろの復元案があったが調査が進行した結果、一〇条×一〇坊の平城京に匹敵する大規模なものであったことが明らかになっている。[7]その京（市街地）には、香具山・耳成山・畝傍山を含み込み、交易の場である市《いち》も設置していた。京の中央部に、宮（天皇の私的空間である内裏と役所である朝堂院、およびその両者をつなぐ大極殿院などからなる空間）を

6 七世紀以来整備された官僚制度は、律令国家で二官八省の制度として整えられた。二官とは神祇官（祭祀担当）と太政官（政治担当）であり、弾正台（警察）や五衛府（首都警備隊）などもあった。八省は太政官の下部組織であり、左弁官に内務省（天皇側近）・式部省（役人の任免）・治部省（仏事・外交）・民部省（戸籍・租税）、右弁官に兵部省（軍事）・刑部省（司法）・大蔵省（財政）・宮内省（宮中の庶務）があった。

7 小沢毅「古代都市「藤原京」の成立」『考古学研究』第四四巻第三号、考古学研究会、一九九七年。

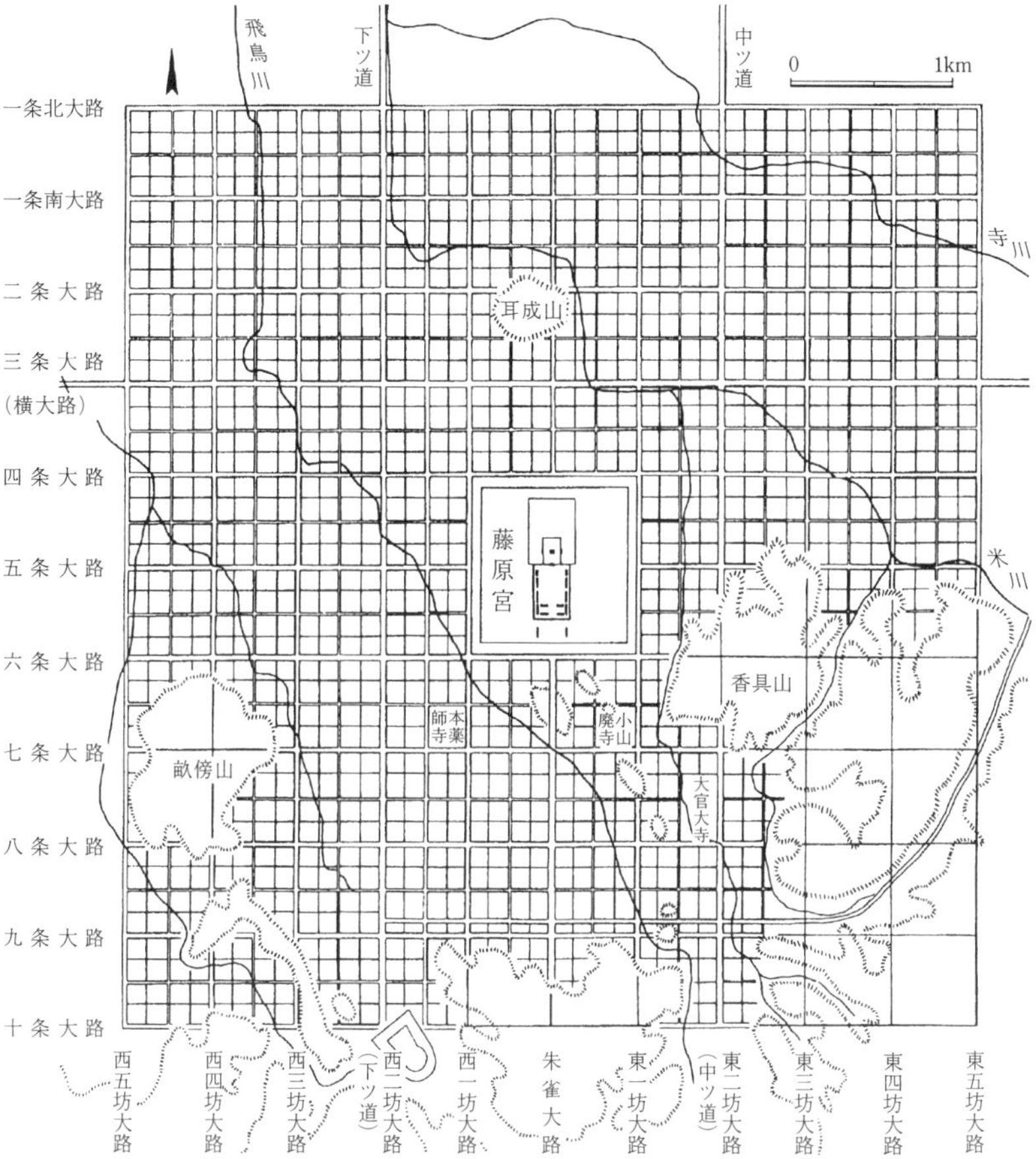

図11－4　藤原京有力復元案（小沢1997から）

配置している。ここで、当時の最も重要な国家儀式を行い、朝堂院周辺には実務のための役所を配置した。

当時の唐長安城は藤原宮に相当する宮城（皇帝の宮殿）と皇城（役所街）を、都市の北端中央に配置して皇帝が南面する構造であり、藤原京との違いが大きい。[8] 当時は日本が遣唐使派遣を中断していた時期でもあり、藤原京は長安城を直接に手本として成立したものではない。

そのため、藤原京は隋唐時代以前の中国都城や新羅の都城の系譜を引く可能性や、中国古典である『周礼』の理想の都市を手本に造都した可能性などが指摘されている。日本律令国家の都城建設は単に先進国のものを模倣したのではなく、このような困難な情勢の中で模索されていた。なお、藤原京は高麗尺（大尺。一尺が三五センチメートル強）を使って、地割各部位の位置を細かく定めていく丁寧な測量方式をとっていた。[9]

藤原京は手狭ではなかったが十六年で廃都となり、和銅三年に奈良盆地北部の平城京（七一〇～七八四）に遷都した[10]（図11-5）。平城京を建設した場所は東・北・西の三方に丘陵や丘陵状の高まりがあり、南が開けて川が流れて、風水思想によく合致している。また平城京の構造も、細部ではいろいろの相違点があるが、基本的に長安城に一致するレイアウトを採用した。すなわち、京の北端中央に宮をおき、京内の北部には有力貴族の邸宅、南部には下級役人の宅地をおき、東西二個所の市《いち》も設置した。[11]

その背景には大宝二年（七〇二）に遣唐使派遣を再開し、唐からの情報を豊富に得たという事情があったであろう。また、多くの場合、遷都は政治的な目的をもつものであり、平城京遷都は従来の皇親主導の政治に対して、藤原不比等らの有力貴族が影響力を強めていく契機となった。

8 町田章編『古代の宮殿と寺院』古代史復元第八巻、講談社、一九八九年。
町田章編『古代都市文化と考古学』雄山閣、一九九四年。

9 千田稔『平城京の風景』文英堂、一九九七年。
井上和人「古代都城制地割再考—藤原京・平城京を中心として—」『研究論集』Ⅶ、奈良国立文化財研究所学報第一冊、一九八四年。

10 田中琢『平城京』古代日本を発掘する第三巻、岩波書店、一九八四年。
金子裕之編『古代の都と村』古代史復元九、講談社、一九八九年。

11 奈良国立文化財研究所編『平城京左京二条二坊・三条二坊発掘調査報告—』吉川弘文館、一九九六年。
奈良国立文化財研究所『古代都市の構造と展開』

平城京は短期の遷都を挟みながら再編・拡充して存続したが、八世紀末に京都の長岡京（七八四〜七九四）・平安京（七九四〜一八六九）へ遷都した。長岡京が首都であったか平[12]安京の副都であったかは難しい問題であるが、平安京遷都をもって首都・副都の仕組みは消滅した。[13]
　平安京遷都後、延暦二十四年（八〇五）になると、造作（造都）と征夷（軍事）を国家的事業として続けるべきかどうか

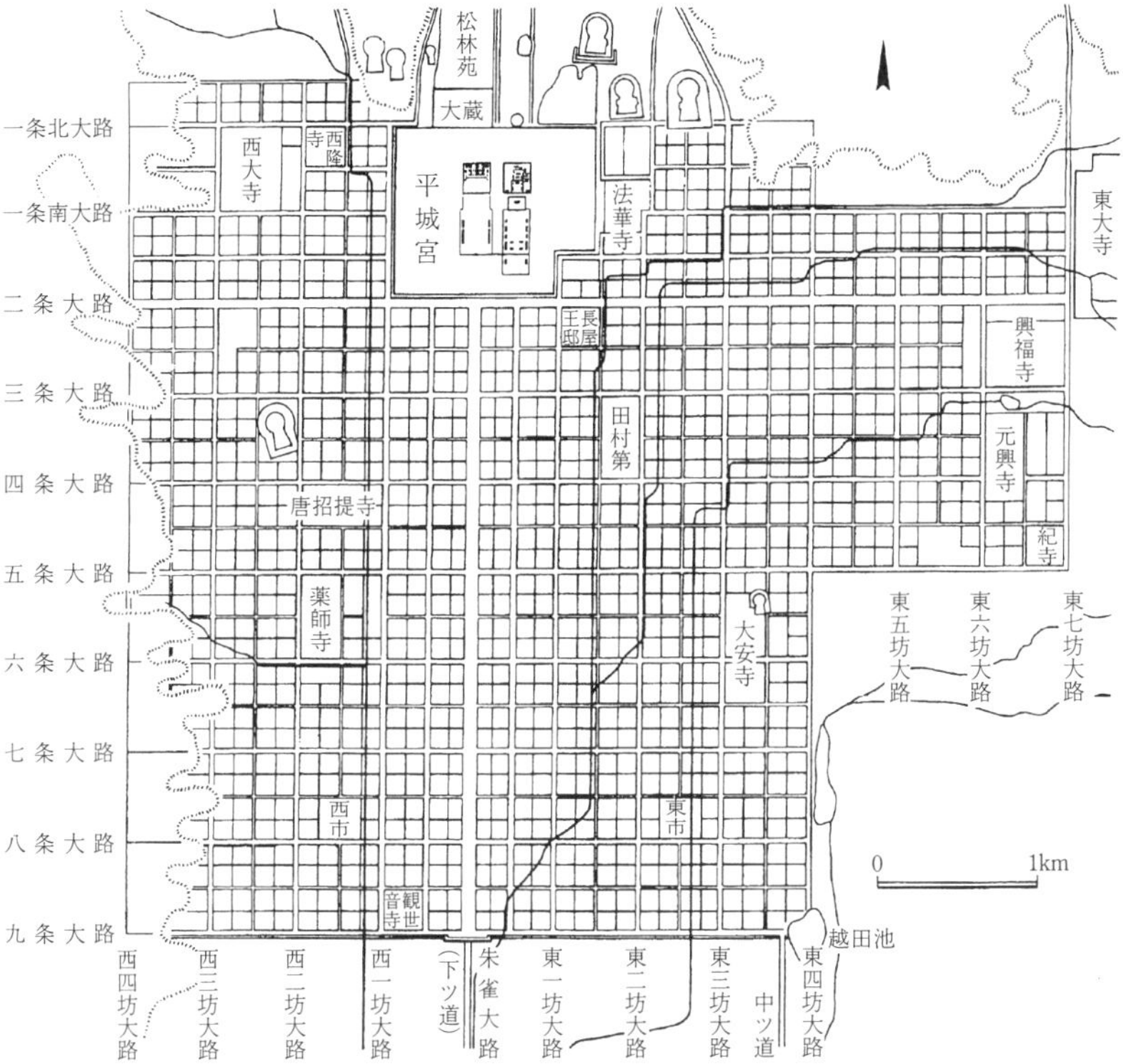

図11－5　平城京復元図（小沢1997から）

古代都城制研究集会第三回報告集、一九九八年。

　篠原豊一「平城京の東市」『交易と交通』考古学による日本歴史九、雄山閣、一九九七年。

12　山中章『日本古代都城の研究』柏書房、一九九七年。

13　古代学協会・古代学研究所『平安京提要』角川書店、一九九四年。
　吉川真司編『平安京』吉川弘文館、二〇〇二年。

の徳政論争がおこり、結局これらを停止することになった。律令社会は、この頃から段階的に性格を変えていくことになる。

この結果、平安京はその計画的な方格の平面形と整った構造が失われていくが、同時に、従来は首都と副都が分担していた政治と経済の機能をあわせもつ総合都市として成長していく。

四、役所網の編成

律令国家の都城は、巨大さや諸施設の豪華さによる威信を求めただけではなく、国内に役所網を張り巡らせて統括する機能を持つところに意義があった。そして、都城を律令国家の頭脳とするなら、以下で述べる東西の要の役所大宰府《だざいふ》と多賀城《たがじょう》はその顔・盾であり、国府《こくふ》（国衙《こくが》）と郡家《ぐうけ》（郡衙《ぐんが》）は、律令国家の体内に行きわたる神経・血管網という性質のものであった。

●大宰府・多賀城・秋田城（東西の要）

律令国家の首都・副都が、中国で普遍的な羅城制（都市を城壁で囲むこと）を部分的にしか採用しなかったことは、古代史の一つの謎である。[14] しかし、東西の要の役所において、厳重な軍事施設を設置したことは、軍事が律令国家の基礎として位置づけられたことの一端を明示している。

日本は七世紀には百済と協力して新羅・唐に対抗していたが、白村江の海戦（六六三）で敗北して以後は、西の守りはとくに重要であった。[15] そのため、七世紀には北九州・瀬戸内・畿内の要所に朝鮮式山城を築くと同時に、福岡平野に大宰府を設置して、西の守り・外交の要とした[16]（図11-6）。

大宰府の最大の特徴は、福岡平野最奥の守りに適した位置において、平野の土塁・濠と山城

14 私見では、律令時代には古墳時代の豪族居館の防御施設を強力に否定したことが、都城に羅城制を採用しなかったことと関係していると推察している。

15 記録に残らないものや、築城の経緯について異説があるものもある。
村上幸雄・乗岡実『鬼ノ城と大廻り小廻り』吉備人出版、一九九九年。

16 七世紀には西日本に、複数の大宰を置いていた。大宰府は筑紫の大宰の系譜を引く。
石松好雄・桑原滋郎『大宰府と多賀城』古代日本を発掘する四、岩波書店、一九八五年。
高倉洋彰『大宰府と観世音寺』海鳥社、一九九六年。

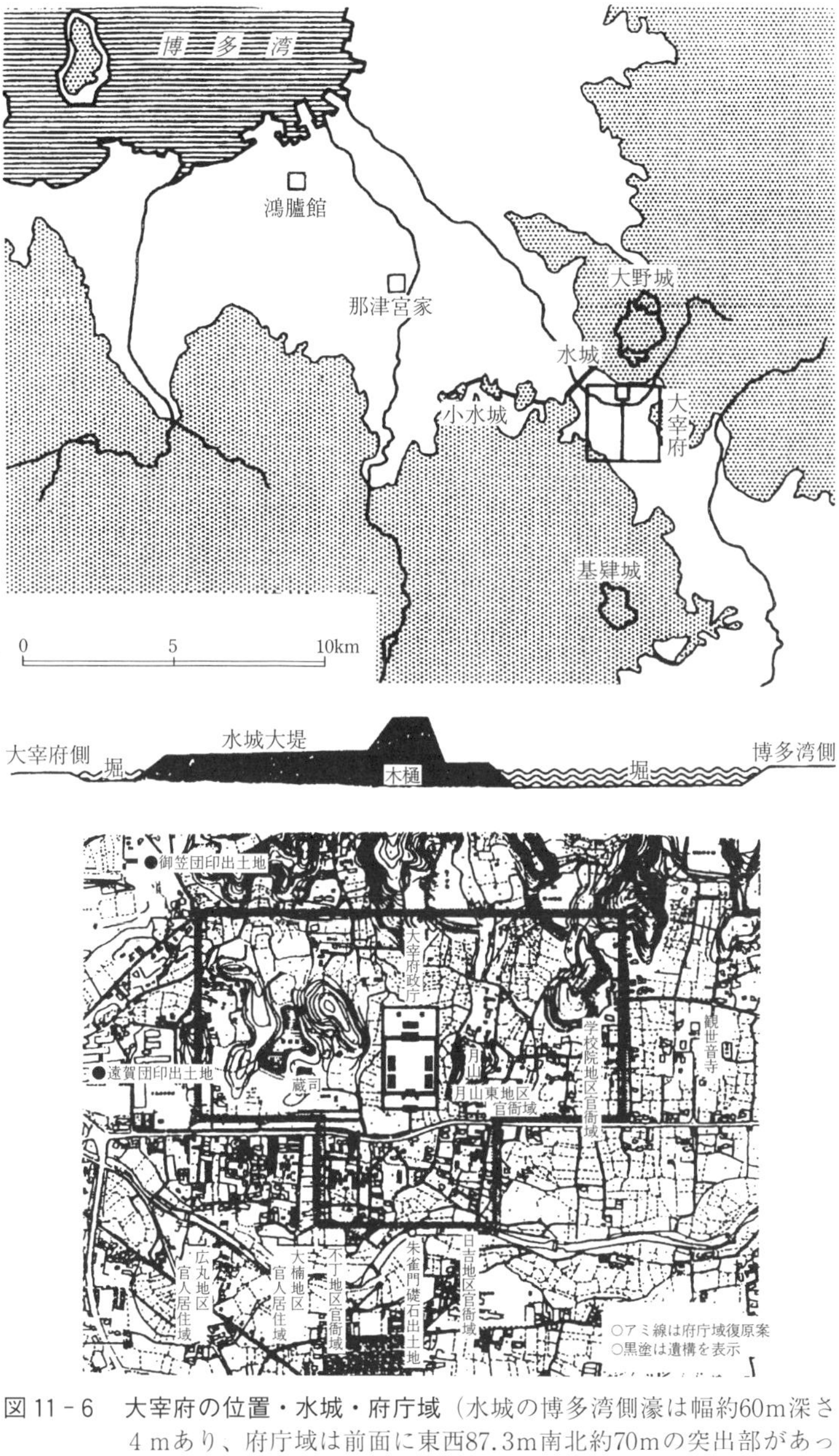

図11－6　大宰府の位置・水城・府庁域（水城の博多湾側濠は幅約60m深さ4mあり、府庁域は前面に東西87.3m南北約70mの突出部があったことがわかってきている。石松・桑原1985、高倉1996から）

の石垣・石塁を結んで厳重な防御を行ったことである。その構造は百済の最後の都である泗沘城に似たものであり、実際に百済系の貴族が技術指導を行ったことが『日本書紀』に記されている。特に水城《みずき》と呼んだ正面の土塁・濠は大規模なものであった。日本律令国家の力と、それが立ち向かった相手の力の巨大さを実感することができる。

大宰府の地には、七世紀後半には掘立柱建物群を整然と配置していたが、八世紀初めの頃に、政庁において瓦葺き建物と都城の朝堂院の建物配置を採用して、観世音寺が官寺の役割を果たした。また府庁の周辺域も徐々に整えていった。大宰府は都城の建設と一体的に整備したものであろう。

大宰府は承平天慶の戦乱において藤原純友によって焼かれて後も（九四一）、速やかに復興した。一二世紀には役所の施設が衰退したが、一四世紀の頃まで活発な営みが続いている。このことは、大宰府が軍事・外交だけではなく、九州諸国の統治や国際交易の管理という役割をもったことの一つの表れである。とくに承和五年（八三八）以後、遣唐使の派遣が中断する一方で、商業活動が活発化して鴻臚館《こうろかん》に多くの中国商人が集まるようになった。このような過程を経て、一一世紀以後に国際交易の中心が港のある博多に移っていく。[17]

多賀城（多賀柵、宮城県多賀城市）には、陸奥国（岩手・宮城・福島県）を統治する国府と、蝦夷《えみし》（東北北部・北海道の律令国家に容易に従わなかった人々）政策を司る鎮守府《ちんじゅふ》を置いた[18]（図11-7）。ここでも七世紀後半に、すでに郡家・城柵あるいは、最初の陸奥国府である可能性をもつ宮城県仙台市郡山《こおりやま》遺跡が成立し、そのⅡ期（七世紀末・八世紀初め）には、四町四方に丸太塀と濠を巡らせて寺院が付属した。さらに、北方の大崎平野でも、瓦葺き建物をもつ古川市名生館《みょうだて》遺跡が出現している。

17 田島公「大宰府鴻臚館の終焉 八世紀～一一世紀の対外交易システムの解明」『日本史研究』三八九、日本史研究会、一九九五年。

18 石松好雄・桑原滋郎『大宰府と多賀城』古代日本を発掘する四、岩波書店、一九八五年。

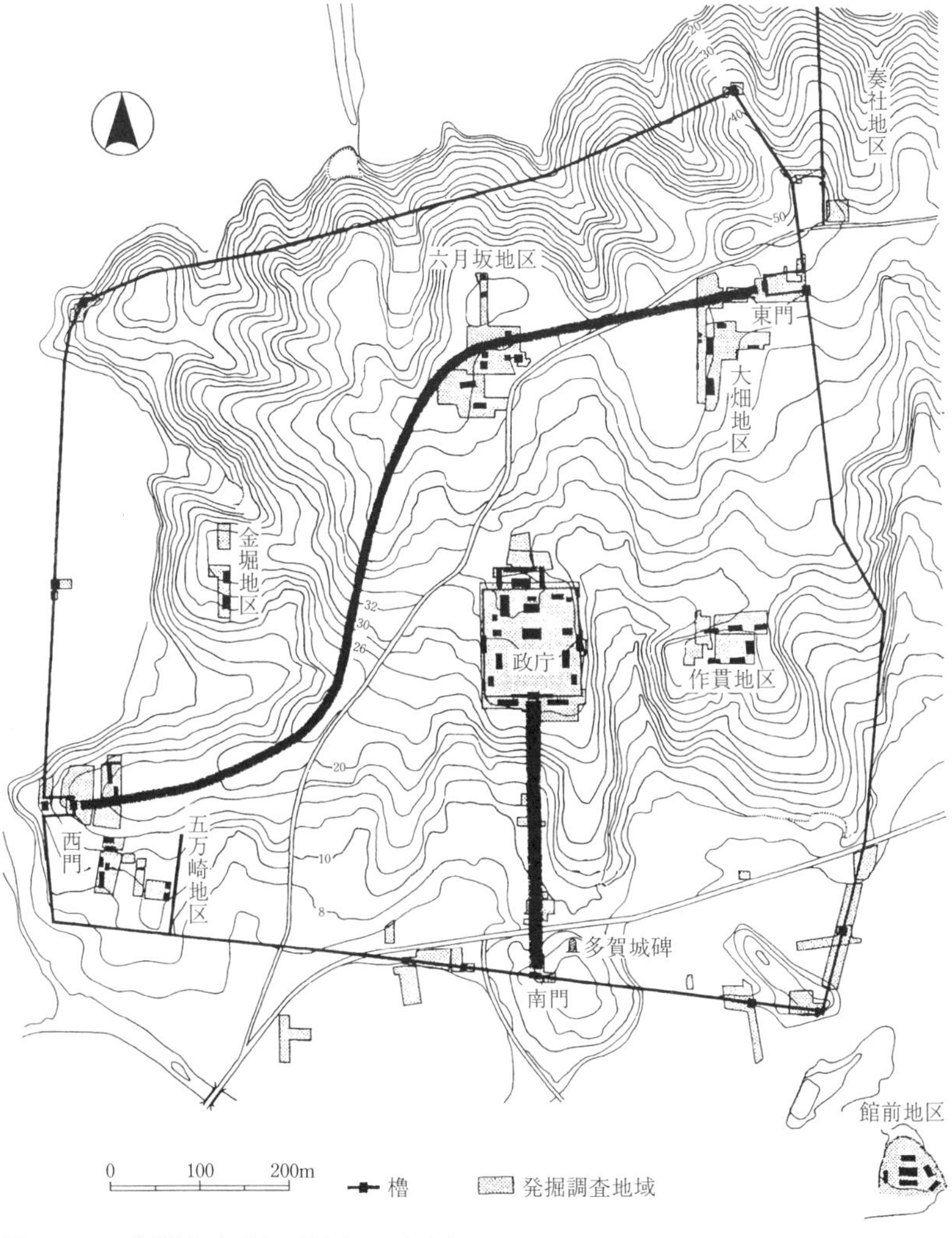

図11－7　多賀城（石松・桑原1985から）

　このような状況の中で八世紀前半に多賀城が成立したが、その内郭の政庁の建物配置は大宰府に準じ、多賀城廃寺も大宰府観世音寺と同じ伽藍配置である。政庁の建物も最初は掘立柱建物であったが、速やかに礎石建物となり、内郭と外郭の主要な部分は役所で使用する築地塀で造った。大宰府と比較すると多賀城の施設は役所的な色彩が強いが、柵・城と呼び、後に外郭に七個所の櫓を付加することは、軍事的な役割も重要であったことを示している。東北北部・北海道の考古資料からみて、多賀城とその前線の拠点は蝦夷の最大勢力と対峙していたと考えられる。

　多賀城は成立以後、戦乱や地震による被災と復興を繰り返しながら存続し、一〇世紀中頃に衰退した。ただし、多賀城域周辺を含めると、多賀城は姿を変えながらもその拠点としての役割を中世前期まで維持したようである。

　日本海側における城柵官衙《じょうさくかんが》（防御施設をもつ役所）は、大化三年（六四七）の越後（新潟県）の渟足《ぬたり》柵設置以後、急速に北上して秋田城（出羽柵）に至った[19]（図11-8）。この最北の城柵は、山形県庄内付近にあった出羽柵を天平五年（七三三）に秋田村高清水岡に移して、秋田城と改称したものである。出羽国府をおいたが、延暦二十三年（八〇四）以後は、国府を南に移した。

　秋田城も多賀城と同様に、築地塀の内郭と外郭をもち、一般の国府と同列には考えにくいものである。多賀城の主要部と同様に、一〇世紀中頃まで存続した。ただし、大宰府と多賀城が最前線から奥の安全な場所を選んで設置しているのに対して、秋田城は境界領域のまっただ中にあり、国府をおくのに違和感を覚える立地である。

　秋田城では、東門外付近から水洗便所が発見されている。ここからブタを宿主とする寄生虫

19　日本考古学協会一九九七年度秋田大会実行委員会『蝦夷・律令国家・日本海』秋田市教育委員会・秋田城跡調査事務所、一九九七年。

卵がまとまって出土し、渤海使のような外国使節が逗留したと推定されている。また、秋田城とその周辺からは、東北北部・北海道と関わる沈線紋土器が出土する一方、律令社会に特徴的な須恵器が北海道まで伝わった。

おそらく秋田城の最も大きな役割は北方世界への門戸、外交・交易拠点であったであろう。そして、国府が南に移転した九世紀以後には、秋田県北部〜青森県の人々が境界領域の役割を担い、さらなる交流を発展させた。このような営みの中から中世の海の領主である安藤氏や、北の港湾都市十三湊《とさみなと》（青森県市浦村）が出現してくる。

東西の要の役所には、統治に加えて、軍事・外交・国際交易などいろいろの役割があった。八世紀には大宰府では軍事・外交、秋田城では交流・交易に力点があり、多賀城はその中間的な位置にあったであろう。九世紀以後に、これらの性格が大きく変わっていく。

●国府と郡家

律令国家の行政区画は国郡里制がその基本をな

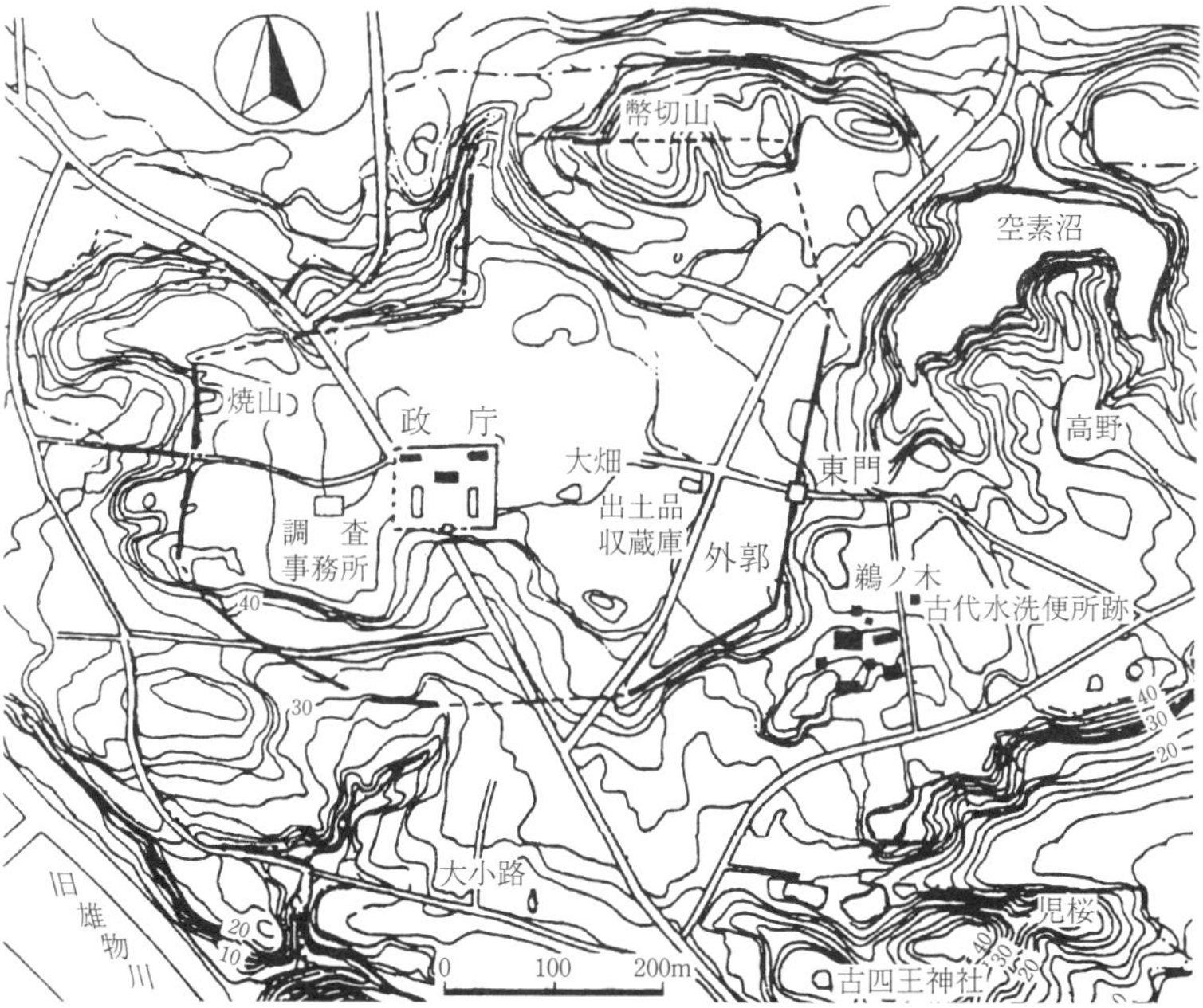

図 11－8　秋田城（日本考古学協会1997年度秋田大会実行委員会1997から）

し、ほぼ現代の県に相当する「国」、現代の郡とほぼ等しく市町村より大きめの「郡」、五〇戸程度からなる「里」からなっていた。大宝律令（七〇一年制定）において、従来の行政区画であった「評」を「郡」に再編して、すでに存在していた国や里と組み合わせて成立したものである。霊亀一年（七一五）には、「里」を「郷」に改めて従来よりも小さな里を作ったが、まもなく里は廃止した。

この制度において、国の役所が国府（国衙）、その長官が国司、郡の役所が郡家（郡衙）、その長官が郡司である。特例を除いて国司は中央からの派遣役人、郡司は在地有力者であり、国府が中央と地方との接点であった。在地有力者が郡司に登用されることは、日本律令制の特色である。この国府と郡家のネットワークが、律令国家の土台をなした。

国府は一町四方前後の国府政庁（国庁）を中心にして、周辺に実務を行う曹司《ぞうじ》や国司が滞在する国司館あるいは、厨《くりや》や工房や市《いち》を配置していた[20]（図11‐9）。なお国府政庁の建物配置は都城の大極殿院・朝堂院の配置とは異なり、周辺も直線道路に沿って施設を拡充していくが、方格地割りは基本的に行わないという特色をもっていた。

国府は八世紀前半に設置したものが多く、八世紀中頃以後に瓦葺き・礎石建ち建物や門・築地塀などを整備して、地方政治の中心の場になっていく。国府周辺の諸施設も充実し、都市的な様相を帯びることが少なくない。なお、国府そのものは一〇世紀を境として衰退するものが多いが、場所を移して存続して中世の都市発展の起点となるものがあった。

郡家の中心施設である政庁（郡庁）は、およそ半町四方程度の区画に正殿と付属棟を配置した（図11‐10）。周辺には国府と同様にいろいろの関連施設があるが、大規模な倉庫群が付属することが大きな特色である。

20 阿部義平『官衙』ニュー・サイエンス社、一九八九年。
　山中敏史・佐藤興治『古代の役所』古代日本を発掘する五、岩波書店、一九八五年。
　山中敏史『古代地方官衙遺跡の研究』塙書房、一九九四年。
　日本考古学協会三重県実行委員会編『国府五畿・七道の様相』一九九六年。

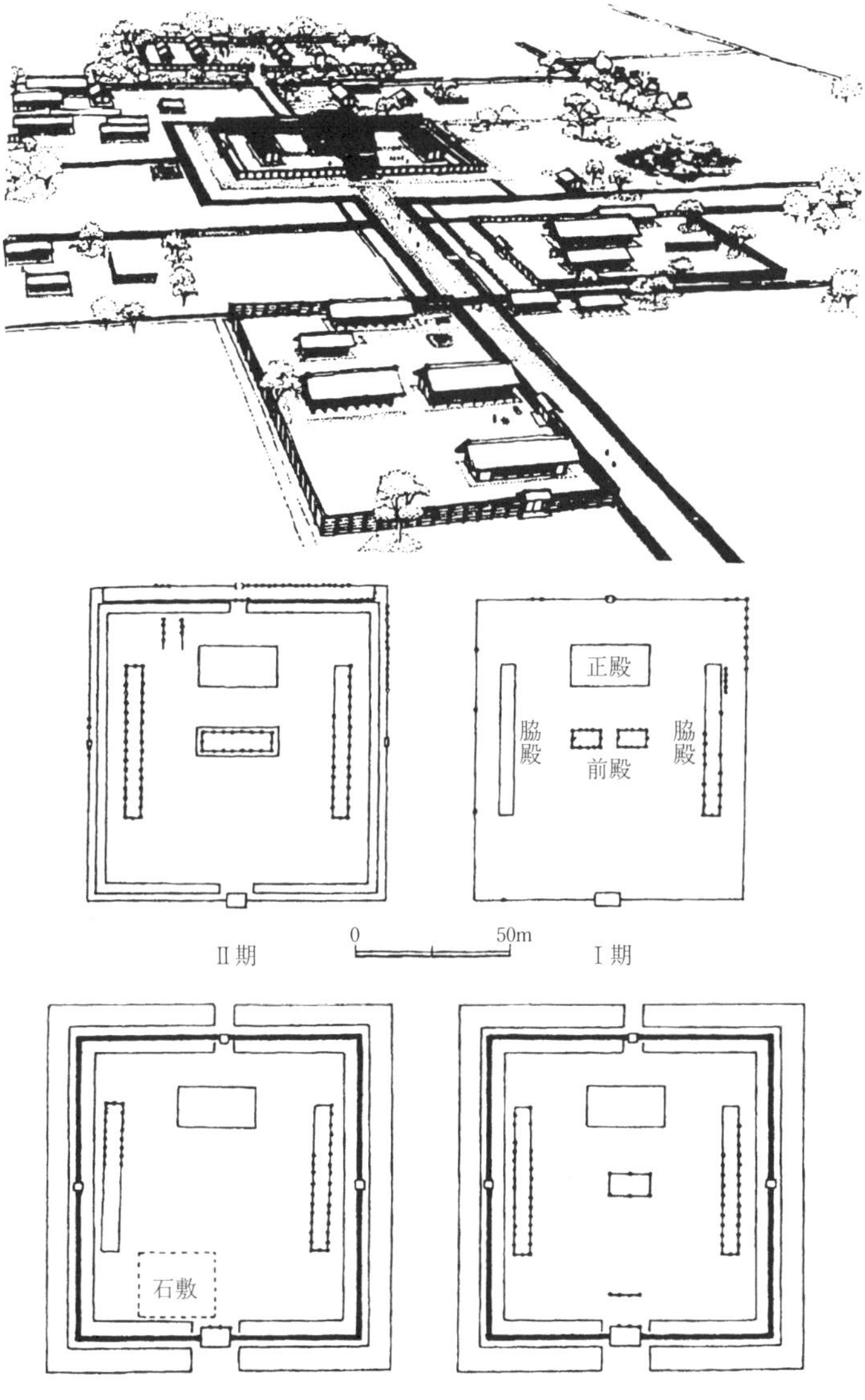

図11－9　下野国府復元図と国府政庁の変遷（山中・佐藤1985から作成）

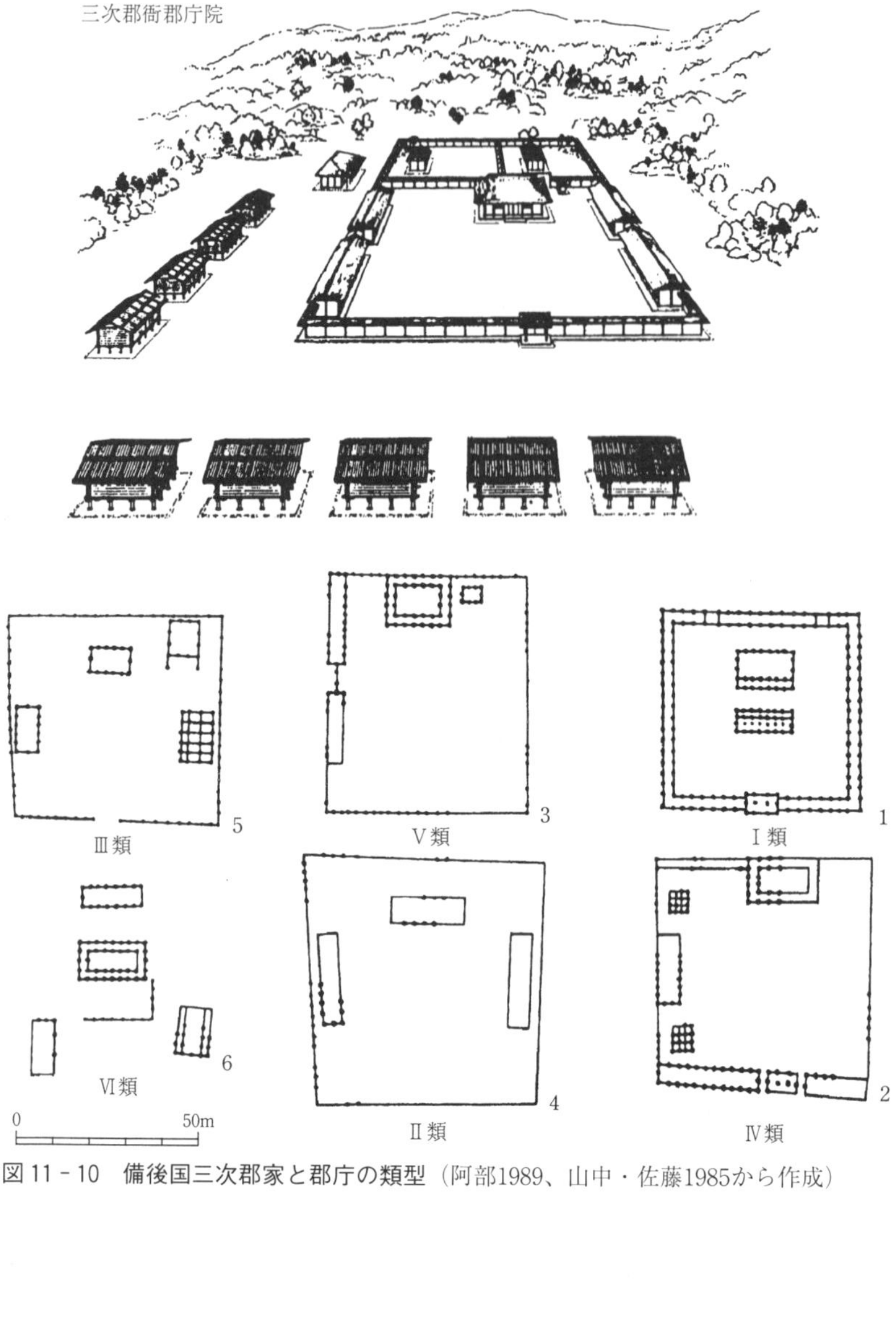

図 11－10　備後国三次郡家と郡庁の類型（阿部1989、山中・佐藤1985から作成）

郡家は七世紀の評家の系譜を引き、国府に先行して成立することが多い。律令国家の初期には、郡家が地方政治の中心であったであろう。しかし、郡家は八世紀中頃から役所的な配置をとらなくなるものが生じてきて、九世紀には途絶えるものが増加した。郡家の役割は国府と、後述の荘園経営という両極に発展的に吸収されていったとみられる。

●集落と荘園

律令時代がどのような社会であったかは、頂点の都城から末端の集落に至るまでを対等に比較して、初めて判断できるであろう。

律令時代の集落には大小さまざまのものがあるが、古墳時代から連綿と続いたものは少なく、七世紀～八世紀初め頃に再編成立して以後、安定して同じ場所で存続したものが多い。弥生時代以来の建物数棟からなる基礎単位が複数集合して、疎塊村《そかい》(緩やかに集住する集落)あるいは、集村《しゅうそん》に近い集落形態をとるものが多かった[21](図11-11の下)。

一般の集落では、三〇平方メートル前後の建物が主流であり、一般の人々の住まいであったであろう。五〇平方メートル以上の建物が有力者の住まい、三〇平方メートル未満の建物は倉庫や納屋であることが多かったと推定できる。

これらに対して、五〇平方メートル以上の建物を含む建物群を方向を揃えて配置し、区画施設を設けるものは、在地有力者の屋敷であった可能性が高い(図11-11の上)。古墳時代との違いは、防御施設を設けることが非常に例外的であることである。この階層が軍事施設を復活させていく過程は、律令制の変質と表裏の現象であった。

この時代の集落の基礎単位が再び分散していくのは、その地域における郡家のような役所の変質・衰退と一致することが多いことから、律令時代の役所網の編成は集落景観に大きな影響

21　広瀬和雄「中世の胎動」『変化と活気』岩波講座日本考古学六、一九八六年。
　宇野隆夫『律令社会の考古学的研究—北陸を舞台として—』桂書房、一九九一年。

を与えていたことがわかる。基礎単位がいくつも集合する集落形態であれば、役所は管理がしやすく、人を徴発したり移民させたりすることも容易であったであろう。

この一方で、在地有力層や一般の人々は一方的に支配されるのではなく、国家の仕組みから

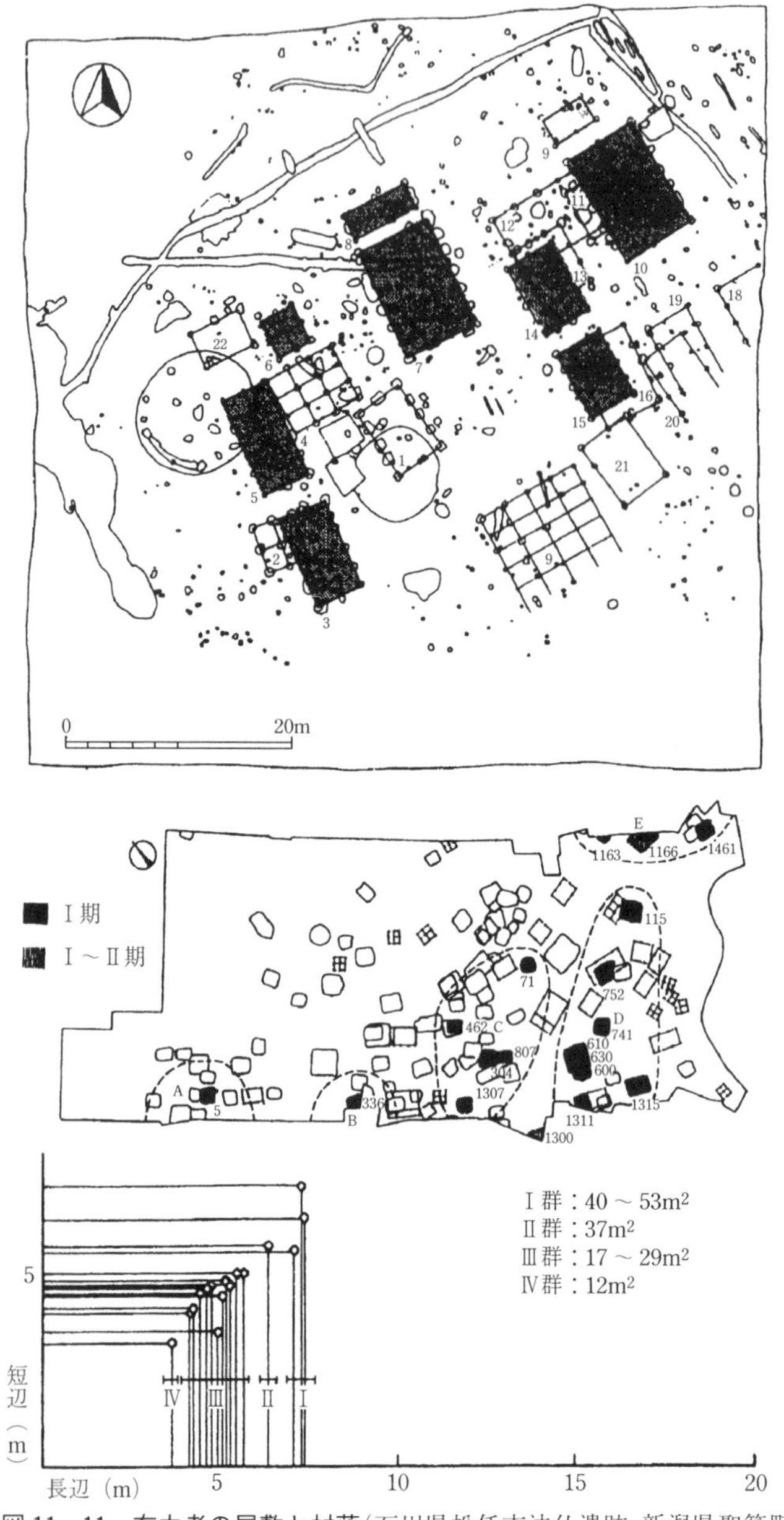

図 11 - 11　有力者の屋敷と村落（石川県松任市法仏遺跡、新潟県聖籠町山三賀Ⅱ遺跡。田嶋明人・坂井秀弥による。宇野1991から）

脱却する力を蓄えつつあったようである。このような動きはとくに八世紀中頃から明確になり、小規模集落が増加する傾向にあった。地方政治の中心をなしていた郡家の政庁に在地有力層の屋敷と変わらないものが増加することも、郡領層と呼ばれた人々の中央指向が変化してきていることを示唆している。このような地方の動きと、中央の貴族・寺社の開発指向とが結びつく中で、荘園《しょうえん》経営が活発化した。[22] 荘園の定義は難しいが、およそ古代には国家が限定的に許可した私的な経営地であり、中世には国有地と対等の私有地・私有民であった。

22 宇野隆夫『荘園の考古学』青木書店、二〇〇一年。

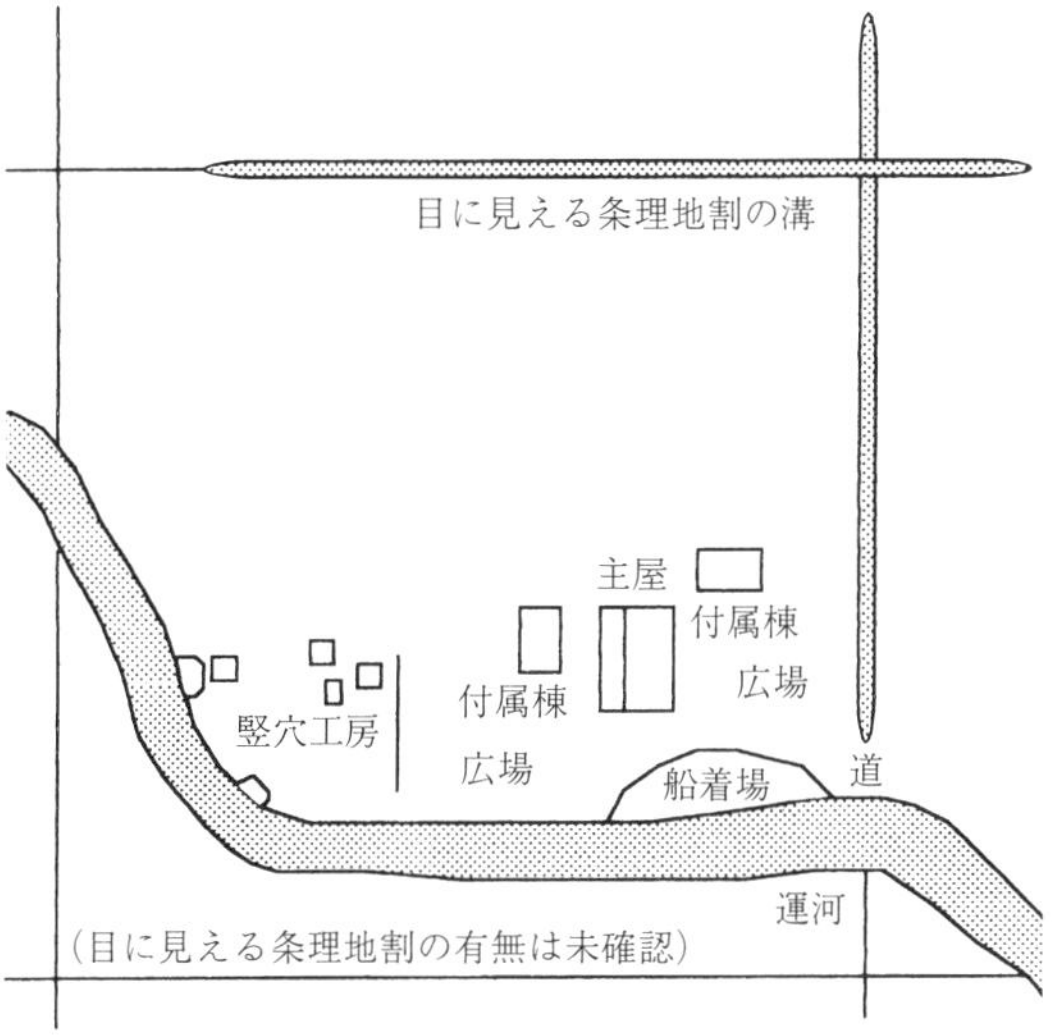

図 11－12　**古代荘園の荘所模式図**（石川県東大寺領横江荘東庄地区。宇野2001から）

田地・人の公有は律令制の大原則であり、律令国家は荘園経営にいろいろな制限を加えている。しかし、律令にも本来いろいろの例外規定があり、かつ、それが拡大される方向にあった。とくに養老七年（七二三）の三世一身法、天平十五年（七四三）の墾田永年私財法、天平勝宝一年（七四九）の寺院墾田地許可令が施行されたことによって、荘園開発は著しく進んだ。その現地経営拠点である荘所は、水運に便利な場所に立地し、農業開発だけではなく商工業の営みも活発化させていた。古代荘園を代表する東大寺領荘園荘所の発掘成果に基づいた模式図を示しておく（図11-12）。

このような荘園の発展は律令国家の基盤を危うくするものであったが、律令制の中枢にある寺院や貴族が国家の力を背景にしながら営みを充実するという側面があった。また、在地の側も中央の貴顕を利用しながら力を蓄えていくことが多かった。このような中央と地方の新しい関係が生まれたことは、日本律令国家が滅亡を免れて、独特の形で中世へ向けての社会発展がなされた一因になるものであった。

五、結び

日本の律令時代は、世界史において多くの研究者が国家形成の十分条件とみなす法律や、官僚制度に基づいた統治機構を整備した時代である。それは単に先進国情報が伝わった結果成立したのではなく、対外的・対内的な強い緊張関係の中で、目的意識的な営為を積み重ねて達成したものであった。

律令国家は、中央における都城建設を頂点として、東西の要の役所や国府・郡家の役所網を国内に張り巡らせ、水陸の新しい交通体系によって強く結びつけた。これに伴い、一般の人々が住まう集落の形態まで一新されることとなった。律令時代には中央から国境地帯まで、また、頂点から末端に至る階層の人々までが律令のもとで、有機的に編成されることとなった。

このようにして律令国家の高度な仕組みが成立したが、それを構成する諸階層の指向によって速やかに変質していく。その一つの動向が荘園経営の活発化であったが、それは新たな中央と地方の関係を生み出して、日本列島の個性的な展開がなされていく契機となった。

参考文献

1．坪井清足・田中琢・佐原真編『古代日本を発掘する』第一～六巻、岩波書店、一九八五年。
2．町田章編『古代の宮殿と寺院』古代史復元八、講談社、一九八九年。
3．金子裕之編『古代の都と村』古代史復元九、講談社、一九八九年。
4．宇野隆夫『律令社会の考古学的研究—北陸を舞台として—』桂書房、一九九一年。
5．山中敏史『古代地方官衙遺跡の研究』塙書房、一九九四年。
6．宇野隆夫『荘園の考古学』青木書店、二〇〇一年。

12

律令時代の産業と文化

宇野隆夫

一、はじめに

律令時代には政治（役所）の仕組みを整えただけではなく、農林水産業の全般にわたって大きな変化が生じた。この時代には日本史上でもとくに多くの生産遺跡が成立し、国内の資源開発が重視されたことを示唆している。

またこの頃、国内各地には多くの寺院が建立《こんりゅう》される一方、神祇・道教的な器物を用いた祭祀を活発に行うようになった。これらの宗教的な営みは、国家的な儀式から民衆の営むものまで、非常に多様であった。

これら律令時代の新たな産業と精神文化は、律令制の変化とともに性格を変えていくが、いろいろな形で社会に根付き、以後の日本社会を支えていくことになる。

二、律令時代の産業

律令時代の産業は、全般的に官営工房的な色彩が強まるが、その実態はいろいろな性格のものがあった。ここではその特色が表れやすい手工業を中心にみていく。

なお、日本律令は中国の制度を手本としたが、産業政策には大きな違いも存在した。[1] とくに唐では役人が工人を監督したのに対して、日本では長上《ちょうじょう》・番上《ばんじょう》などと呼ばれた工人出身の役

1　櫛木謙周『日本古代労働力編成の研究』塙書房、一九九六年。

人（技術官人）がいて技術指導を行い、徴発・雇いの人々（仕丁《しちょう》・雇人《やといにん》）を監督したことにその特色がある。日本には先進技術を掌握することが王権を強めるという伝統があり、また短期間に律令制に必要な諸施設を整備するため、官主導の工人編成を行ったことがその理由である。

●都城の手工業

奈良県明日香村飛鳥池《あすかいけ》遺跡は、律令制的な官営工房の成立過程をよく示す例である。[2]この大規模工房は天武朝から藤原京の末頃までに盛期をもち、天武朝の政治的中心である飛鳥浄御原《あすかきよみはら》宮《のみや》の北東約五〇〇メートル、飛鳥寺の東南・藤原京の南に隣接して操業した。

遺跡の中央には東西方向の塀があり、北が大型建物地区、南が工房地区となっている（図12-1）。南地区では二つの谷に面して多くの工房があり、西の谷には金・銀・ガラス、東の谷には銅・鉄の工房が立ち並ぶ。中央の谷に大量の廃棄物を捨てるが、陸橋で何段にも堰き止めて沈殿池とし、上澄みの水を流すように工夫していた。工房地区からは天皇や宮や、食料に関する木簡《もっかん》（板札への書き付け）が出土し、大型建物のある北地区からは飛鳥寺・東南禅院の資財管理に関わる木簡が多数出土している。

ここで生産した品目は、装飾玉、富本銭《ふほんせん》、銅鏡、仏像、銅人形《ひとがた》、鉄刀子・釘・鏃・扉金具、漆器、瓦ほか多様なものがある（図12-2）。そして金属器の製作に際しては、規格的な製品を作るために、実物大見本である木製の様《ためし》を使用していた（図12-3）。

古墳時代には有力豪族がいろいろの手工業生産を分担して技術を継承していた可能性が高いのに対して、飛鳥池遺跡では金・銀・銅・鉄・窯業のような、多くの手工業分野を狭い空間に集中的に配置して操業していた。木製様の使用は、新しい生産の仕組みにおいて、新しい製品

2　飛鳥池遺跡は、その後半期に都城（藤原京）の工房となるが、前半期も都城形成過程の工房という性格があったであろう。
　花谷浩「飛鳥池工房の発掘調査成果とその意義」『日本考古学』八、一九九九年。
　直木孝二郎・鈴木茂治編『飛鳥池遺跡―富本銭と白鳳文化―』ケイ・アイ・メディア、二〇〇〇年。
　直木孝二郎・鈴木茂治編『飛鳥池遺跡と亀形石―発掘の成果と遺跡に学ぶ―』ケイ・アイ・メディア、二〇〇一年。

図12－1　飛鳥池遺跡全体図（花谷1999から）

図12－2　飛鳥池遺跡出土品（ガラス関係。花谷1999から）

管理方式が必要であったことを示している。

木簡からは、飛鳥池遺跡は、飛鳥寺および天皇家との関わりが深かったものと推定できる。そして、飛鳥池遺跡ほど多彩なものは他に例をみないが、ここで見た多角的な手工業編成は、以後、律令国家の各地域で広く成立した。また、八世紀には中央の役所で部門別に手工業を編成するようになるが、飛鳥池遺跡はそれを可能にする母体になったであろう。

平城京における完成度の高い官営工房の実態を示す資料として、百萬塔がある[3]（図12-4）。百萬塔は、天平宝字八年（七六四）に称徳天皇が藤原仲麻呂の勢力を鎮圧した事後処置として、陀羅尼経を入れる百万基の木製小塔を製作して十大寺に納めたものである。それは約五年半をかけた大事業であったが、工房は平城宮内にあり、法隆寺に伝えられた約四万五千基の塔とあわせて詳しい調査がなされている。

百萬塔の約九割には工人の名前を記入し、時期が降るほど日付や工房名まで丁寧に書くようにな

3　金子裕之「工房の四季」『古代の都と村』古代史復元九、講談社、一九八九年。
金子裕之「百萬塔」『法隆寺の至宝』第五巻、小学館、一九九一年。
森本晋「宮の中で働いた職人たち」『古都発掘—藤原京と平城京—』岩波書店、一九九六年。

る。これによって、二五〇余名の工人が製作に携わったことがわかったが、記入した文字は、製品の仕上げ時に白土を塗って消してしまった。このことから製品に名前を記入した目的は、品質管理や賃金計算にあり、臨時の雇工《やといこう》のものと推定された。これに対して無銘の約一割の製品は、常勤の司工《しこう》の作品とされる。

このように、少数の技術官人と多数の臨時工や役夫が協業して生産にあたる仕組みは、律令制下において広く採用されたものである。これによって、多様で増減の激しい国家的な需要に対応できた。そして品質を保証するものが工人の名声ではなく、国家であることが律令制的な官営工房の特色である。

古代には瓦を特別な建物にのみ葺いたため、造瓦も官営工房の性質を強くもった。そして七世紀には寺院建築に瓦を使用することを原則としていたが、藤原京

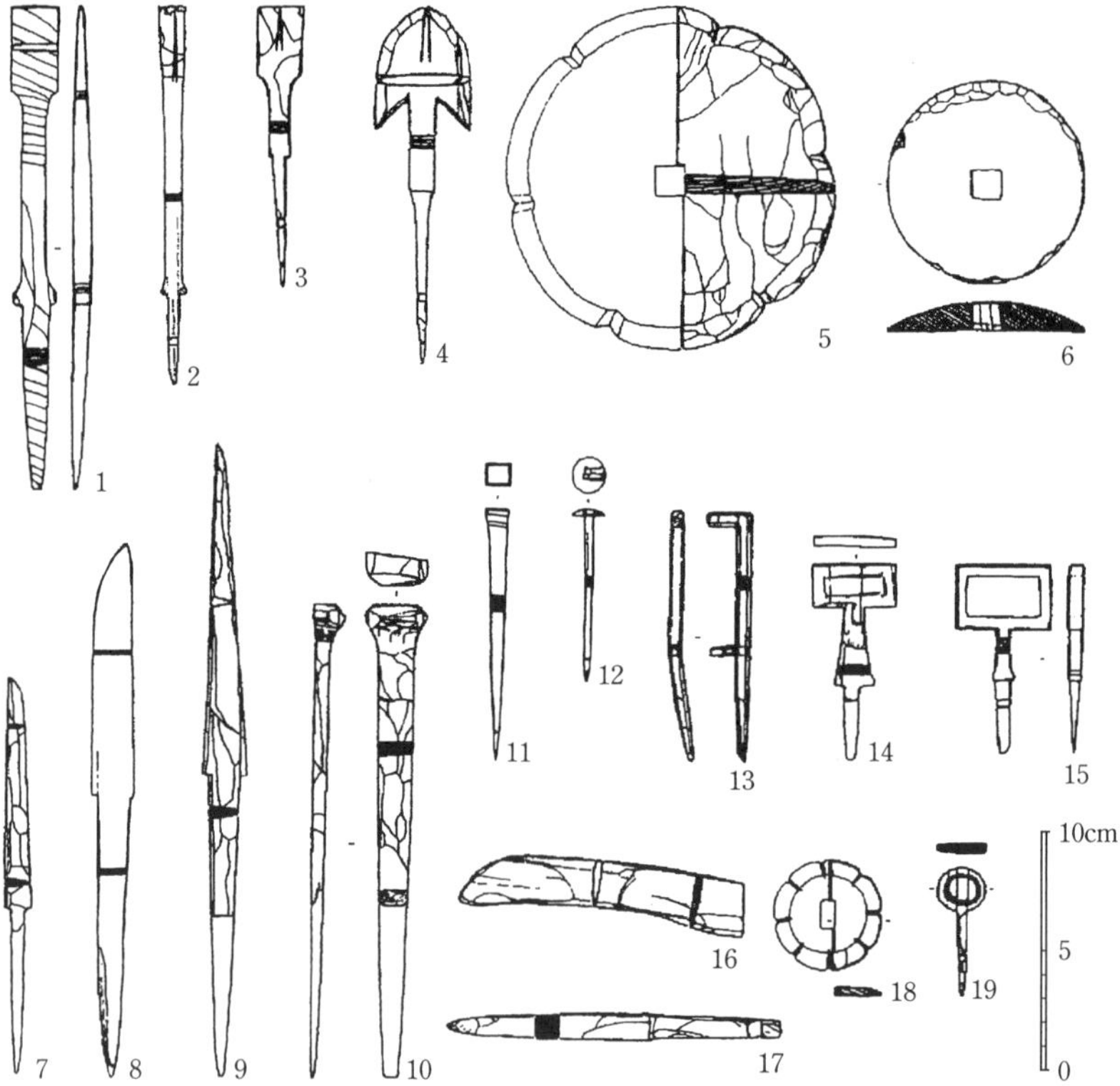

図12－3　飛鳥池遺跡出土の木製様と鉄器（直木・鈴木編2000から）

の段階から役所の建物にも瓦葺きを採用したためその需要が急増した。古代の瓦は須恵器《すえき》生産を基礎として生産することが多かったため、[4]一生産拠点での生産量を急に増大させることは難しく、藤原京の前半期には大和以外の各地からも瓦を運んで使用した。しかし、藤原京の後半期には、早くも大和の生産品でほぼ需要をまかなえるようになった。[5]

このような過程をへて、平城京以後では京の北郊の官窯で瓦を集中的に生産する方式が定着した。[6]恭仁《くに》京（七四〇～七四四）に遷都する頃には、百萬塔と同様に雇工の作った焼成前の瓦に工人名を押印するようになる（図12-5）。その造瓦工房（西山瓦屋）では一人の司工と三人の雇工が一組になり、全体で約四〇人が平・丸瓦に分かれて作業したことが

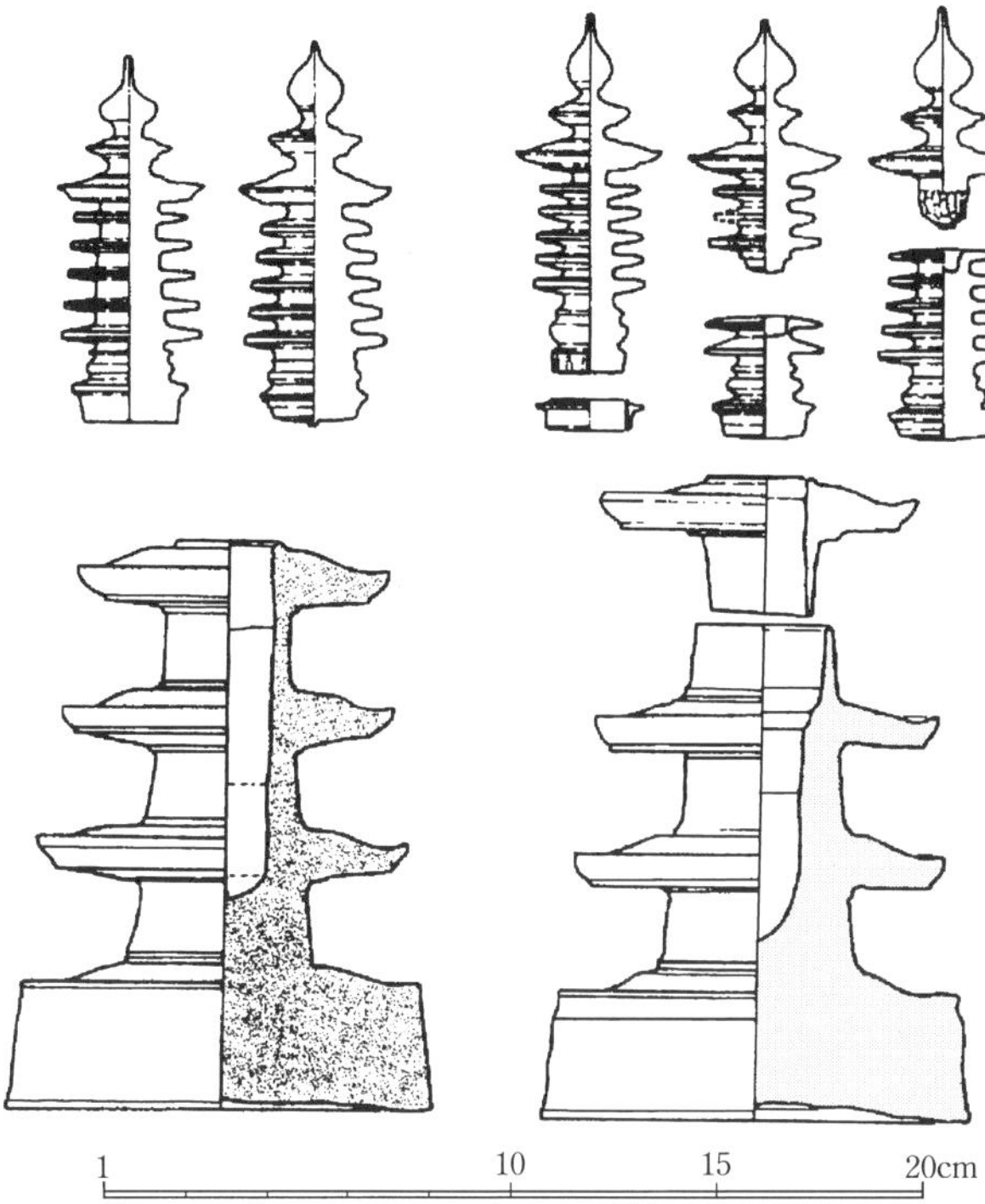

図12－4　百萬塔（金子1991から）

4　菱田哲郎『須恵器の系譜』歴史発掘一〇、講談社、一九九六年。

5　花谷浩「寺の瓦作りと宮の瓦作り」『考古学研究』第四〇巻第二号、考古学研究会、一九九三年。

6　上原真人「天平一二、一三年の瓦工房」『研究論集』Ⅶ、奈良国立文化財研究所、一九八四年。
上原真人「仏教」『集落と祭祀』岩波講座日本の考古学四、岩波書店、一九八六年。
上原真人『瓦を読む』歴史発掘一一、講談社、一九九七年。

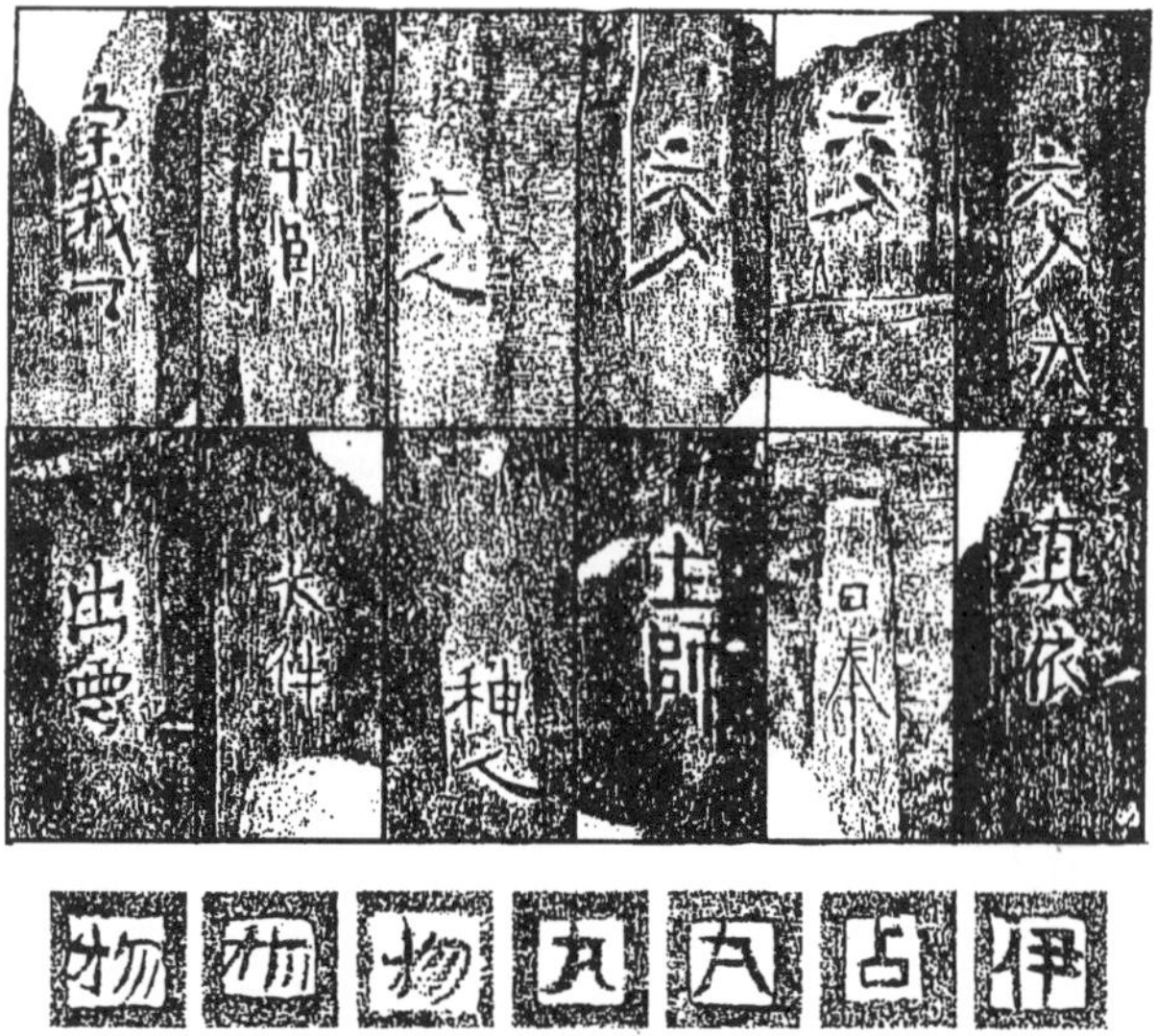

図12－5　瓦の工人名押印（上：恭仁京、中：多賀城、下：隋唐洛陽城。上原真人1984・1986・1997から）

復元されている。これは唐の管理方式を導入したものと推定されるが、手間がかかるためか、長岡京・平安京では工程ごとに品質を検査し、出勤簿で賃金を支払う方式に転換した。

他方、平城京長屋王邸跡出土の鏡や、腰帯具を含む鋳造関係品は、上層貴族が屋敷内で手工業生産を行ったことを示している[7]（図12－6）。長屋王家木簡からは、土師女《はじめ》・奈閇作《なべつくり》・瓫造《みかつくり》

7　奈良国立文化財研究所『平城京長屋王邸宅と木簡』吉川弘文館、一九九一年。

奈良国立文化財研究所

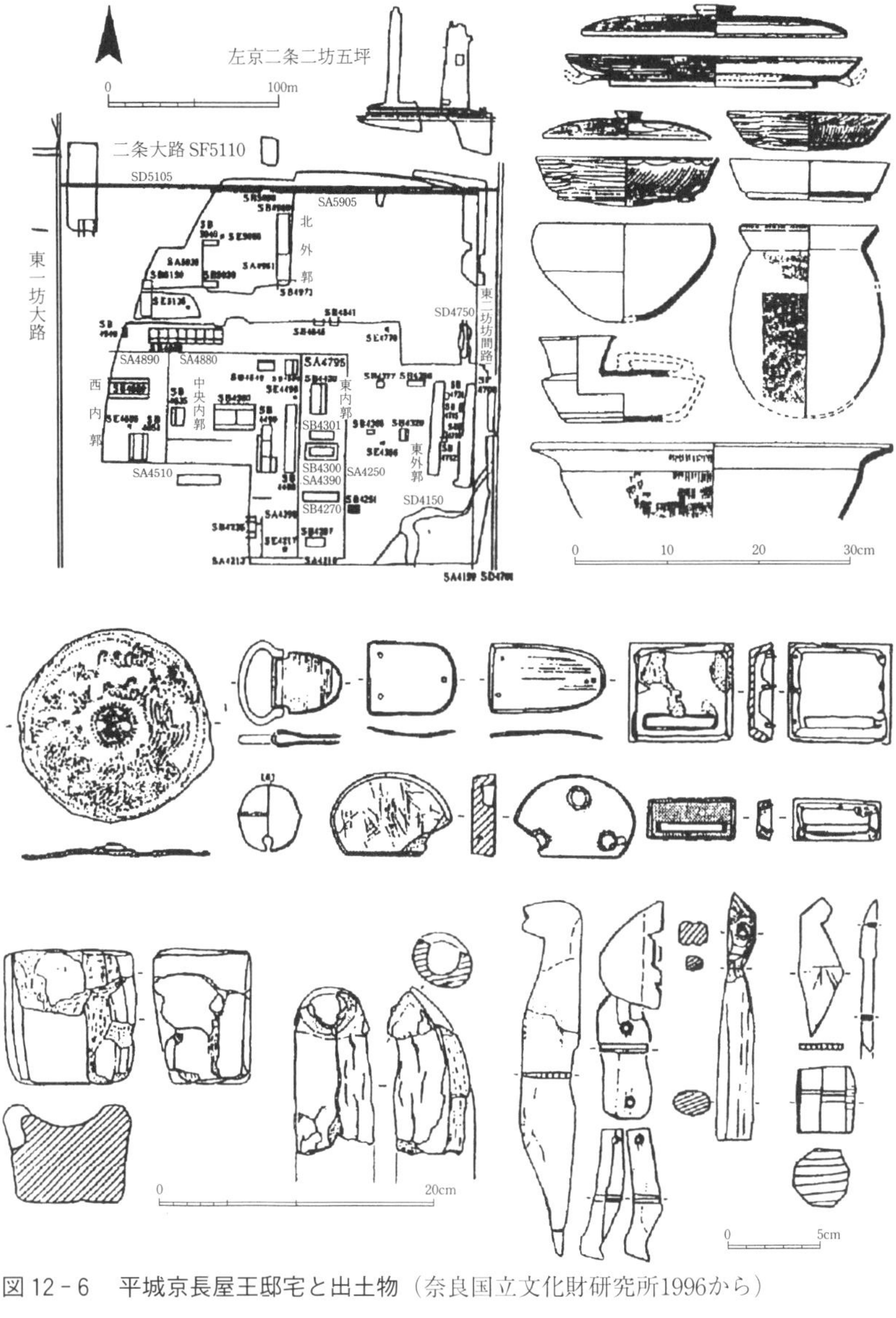

図 12 - 6　平城京長屋王邸宅と出土物（奈良国立文化財研究所1996から）

（土器作り）、鋳物師《いもじ》、轆轤師《ろくろし》、帙師《ちつし》、帙作、要《よう》（腰）帯師《たいし》、大刀作、矢作など多くの分野の生産者が長屋王家と関わったことがわかる。

また、平城京内では銭貨の鋳造を行った記録がないが、実際にはその鋳造遺構が複数の場所からみつかり、記録に残らない官営の鋳銭、貴族（藤原仲麻呂）が特権的に行った鋳銭、私鋳銭（にせ金作り）などの可能性が指摘されている。[8]

これらの生産が基本的に国家によるものか、私的なものかの判断は難しいが、都城においてすら巨大な官業の周辺で、官とも民とも区別しにくい営みが存在したようである。

●都城以外の役所の手工業

都城の中央官庁は、大宰府・多賀城、国府、郡家（郡衙）という国内各地の役所と密接な関係をもち、各地から人的・物的な資源を集めることによって成り立っていた。そのため、都城以外の役所においても官営工房を編成したが、役所の末端にいくほど官営か私営かがあいまいになっていく。そのあいまいな部分（利権）が律令国家の求心力を生み、また次の時代を担う階層を育てていた。

宮城県多賀城では、須恵器・瓦の生産拠点を早くから整備したが、八世紀中頃には、都城と同様に焼成前の瓦に瓦工名を押印するという方式を、簡略化した形で導入した。[9] これは一例であるが、大宰府と多賀城には独自に官営工房を維持する仕組みがあった。

また国府周辺に官営工房を編成する例は、常陸国国府付属工房かと推定される、茨城県鹿の子C遺跡（図12-7）をはじめとして、鋳銅・鋳鉄・鍛冶・漆工、紡績、武器・武具・農具・工具生産のような分野が知られている。[10] また国府のある郡域の丘陵地帯では、大規模な須恵器・瓦、銅・鉄の生産がなされることが多く、これらも官営工房的な色彩をもっていた。[11] このよう

『平城京長屋王邸跡―平城京左京二条二坊・三条二坊発掘調査報告―』吉川弘文館、一九九六年。

8 杉山洋「皇朝十二銭の鋳造」『考古学による日本歴史』九、交易と交通、雄山閣、一九九七年。

9 高野芳宏・熊谷公男「多賀城第Ⅱ期の刻印文字瓦」『研究紀要』Ⅴ、宮城県多賀城跡調査研究所、一九七八年。
前掲上原論文。

10 茨城県教財団『常磐自動車道関係埋蔵文化財発掘調査報告』Ⅲ、一九八一年。
町田章編『古代の宮殿と寺院』古代史復元八、講談社、一九八九年。
山中敏史・佐藤興治『古代の役所』古代日本を発掘する五、岩波書店、一九八五年。

図12-7　茨城県鹿の子C遺跡（常陸国府工房か。町田編1989から）

な国府工房の編成は、地方政治の中心が郡から国府に移る八世紀中頃以後にとくに顕著となっていく。

他方、国府の領域内だけで編成することが難しい鉱山経営や塩業生産においては、国府と郡家の連携が重要であり、郡が独自に編成する生産部門も多かった。

長門国長登《ながのぼり》銅山は、七世紀の端緒的な開発を経て、八世紀に本格的に操業を開始したものである[12]（図12-8）。その銅は大仏鋳造用に二万六四七四斤が送られたが、産銅の一部は在地で流通していた。この銅山の本格的な開発に際しては、おそらく長門国鋳銭司を通じての技術指導があった。また長門国正税帳には、長門国が煎塩鉄釜を所有していたことを記録する一方、長登鉱山では焼塩用土器（六連式土器）がまとまって出土している。

石川県羽咋《はくい》市滝・柴垣製塩遺跡群では、古代の鉄釜炉一基と多数の土器製塩炉・製塩土器お

山中敏史『古代地方官衙遺跡の研究』塙書房、一九九四年。

11　宇野隆夫『律令社会の考古学的研究―北陸を舞台として―』桂書房、一九九一年。

大橋泰夫「国衙工房の成立―下野国分寺出土瓦の分析―」『官営工房研究会会報』六、一九九九年。

12　山口県美東町教育委員会『長登銅山跡』Ⅰ・Ⅱ、

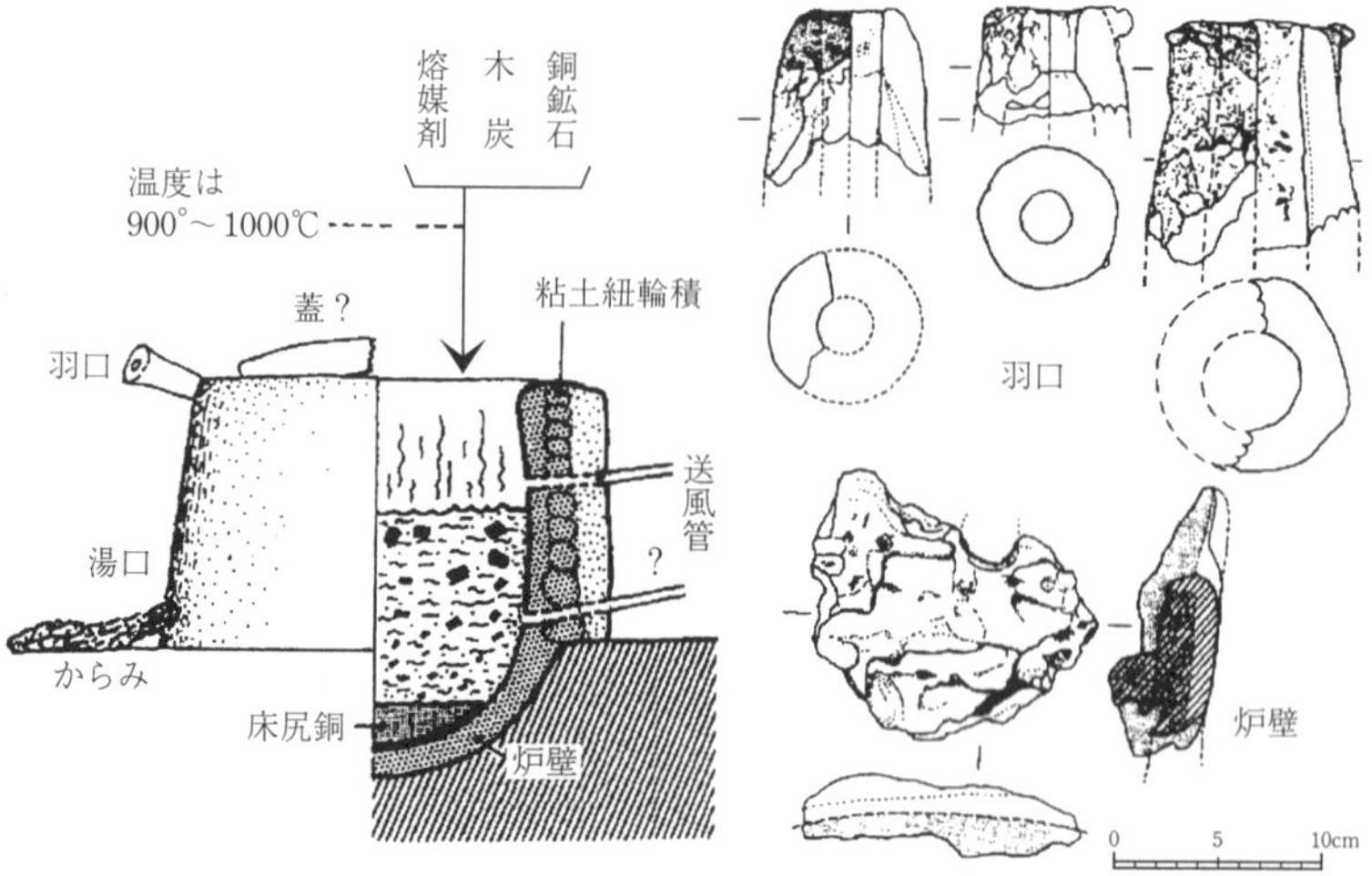

図12－8　山口県長登銅山跡の精練炉復元図と出土物（山口県美東町教育委員会1990・1993から）

よび、揚浜《あげはま》式塩田[13]が出土している。[14]鉄釜を所有する能登国府と、土器製塩の伝統をもつ羽咋郡家が連携して、大規模塩生産を行ったと推定できる。長門国長登銅山にも、長門国府と響灘に面した郡家が連携して、散状塩や固形塩を供給したであろう。

秋田城出土の漆紙文書《うるしがみもんじょ》に、竹田継依という役人が象潟《きさかた》へ製塩用鉄釜の検収のために出張し、一つを回収したが、未収品がないかを秋田城の出羽国次官に問い合わせた手紙がある。[15]この手紙は、国府が郡家に希少な生産財を貸与したことを示すと同時に、末端にいくほどその管理が徹底しなかったことを示唆している。

塩業が海辺の生産であるのに対して、窯業・製鉄は山の生産である。そして環畿内地帯のように国府・郡家の仕組みの形成が順調であったところでは、国府だけではなく郡に近い単位でこれらの生産拠点を編成した。それほど生産遺跡が緻密ではない地域も存在す

一九九〇・一九九三年。山口県美東町教育委員会『長登銅山跡出土木簡図録』二〇〇一年。

13　人力で海水を散布する塩田。潮位の干満を利用するものが入浜式塩田。

14　富山大学考古学研究室・石川考古学研究会『能登滝・柴垣製塩遺跡群』真陽社、一九九一年。

15　日本考古学協会一九九七年度秋田大会実行委員会『蝦夷・律令国家・日本海』秋田市教育委員会・秋田城跡調査事務所、一九九七年。

図12－9　須恵器窯と製塩遺跡の分布（須恵器窯は製鉄遺跡と複合することが多い。宇野作成）

るが、律令時代には全体として大変多くの生産遺跡が成立したことに特色がある（図12-9）。

これらは官主導の産業編成の結果という印象を与えるが、実態は単純なものではなかった。例えば、産地を識別しやすい須恵器の流通は、郡の行政区画の中で完結せず、郡境を越えて流通していた。これら郡レベルの生産の多くは郡領層が主導し、一定量を役所に貢納した残りの多くは、交易財源となった可能性が高い[16]。その経営者は、役人（郡領）と私富蓄積者という二つの顔をもっていたであろう。

●集落と荘園の手工業

律令時代の集落（村落）には、建物数棟の単位が多数集合する長期型の集村あるいは、疎塊村と、一家族程度の短期型散居集落とがある。古墳時代との違いは長期型の大型集落が増加することであり、次の時代へ向けては短期型散居集落の増加が大きな意味をもった。

律令時代を特徴づける長期型の大型集落では、糸つむぎ・機織りや鍛冶による農工具生産などを行うことが少なくない。このような集落内手工業は一見、農工未分離のように見えるが、集落で広く手工業を行うことは律令時代に盛んになったことである。

律令国家の需要は、食料・衣服・地下資源・力役・兵役ほか多様であった。また都城ですら技術官人は少数であり、郡家レベルに至るまで官営工房を営むには多くの臨時工と役夫を必要としていた。集落形態を革新して役所が管理しやすい規模で集村化し、村落内手工業を編成することは、力役に加えて広範な半熟練工を徴発することを容易にしたであろう。

他方、小規模短期型の集落が増加傾向となり、郡家の役所的色彩が薄れてくるのは八世紀中頃であるが、これと表裏をなして荘園遺跡が増加していく[17]。荘園にはいろいろのレベルのものがあるが、東大寺を代表とする寺院や王臣家領荘園では、農業開発に加えて郡家に匹敵する手

16　宇野隆夫「律令制下の交易」『交易と交通』考古学による日本歴史九、雄山閣、一九九七年。

17　宇野隆夫『荘園の考古学』青木書店、二〇〇一年。

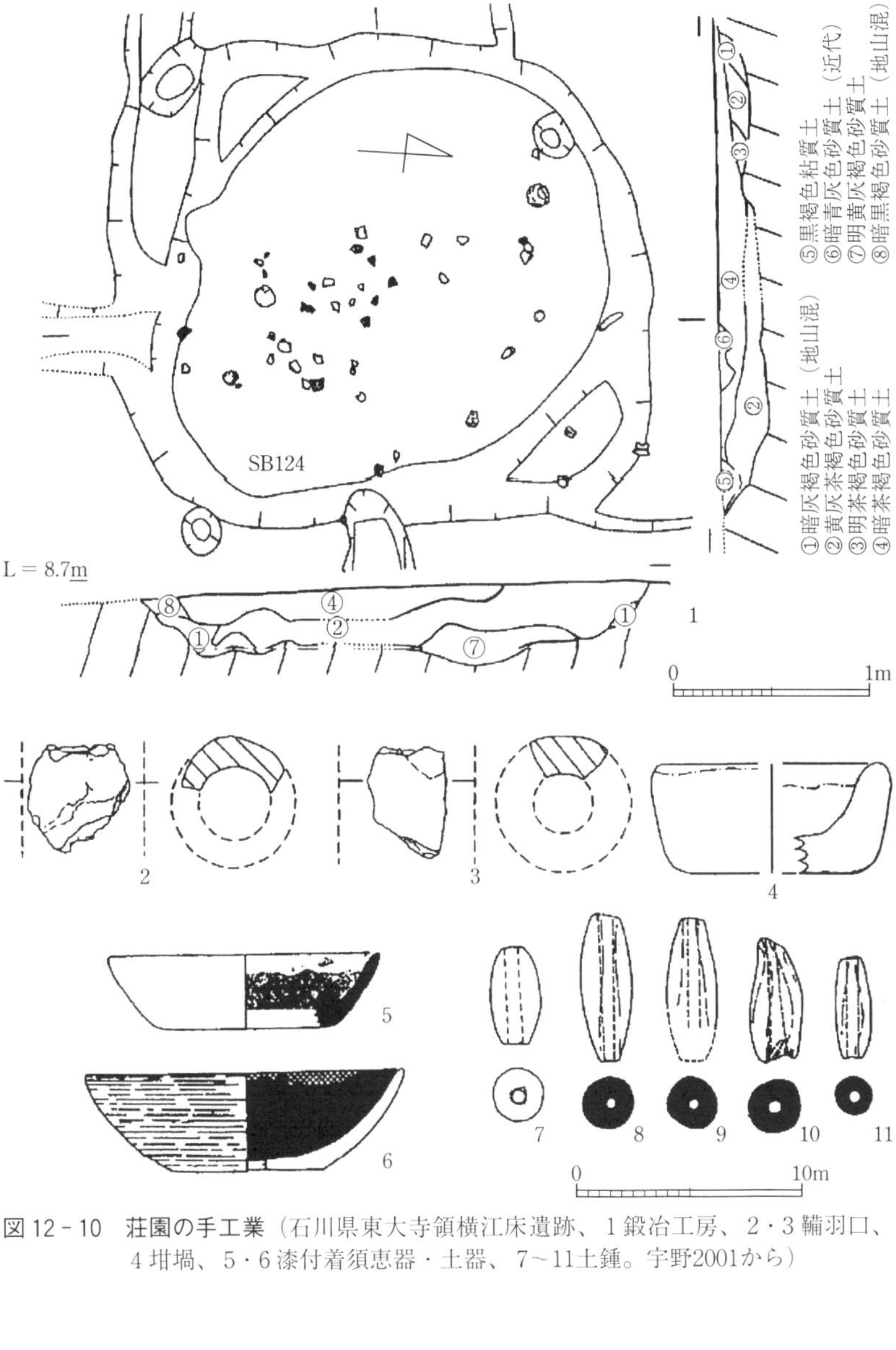

図12－10　荘園の手工業（石川県東大寺領横江床遺跡、1鍛冶工房、2・3鞴羽口、4坩堝、5・6漆付着須恵器・土器、7～11土錘。宇野2001から）

工業を行っていた(図12-10)。律令時代にはこのような営みは少数派であったが着実に充実し、それは律令社会が大きく変化することを意味していた。

●律令時代の産業の特質

律令時代の産業は、都城・役所・寺院などが出現する一方、在来の手工業や集落形態が大きく変化したことによって成立したものである。これによって、技術官人・半熟練工・役夫を巧みに組み合わせて、質量ともに多彩化した国家的需要に対応することができるようになった。古墳時代と比較すると豪族の枠組みを越えた生産の仕組みができたこと、中世と比較すると生産者集団の自立度が未成熟であったことに、律令時代の産業の特質がある。

しかし、律令時代の産業は決して画一的ではなく、完成度の高い官営工房から民業に至るまでさまざまなものがあった。この中で、役所が編成する官営工房色の強い生産から、在地主導型の生産に移行する傾向が生じたが、荘園の発展がその契機を提供していた。

三、律令時代の文化

文化は社会生活のほとんどについて適用する用語であるが、政治(役所)や経済(産業)に対置する場合には、精神文化を指すことが多い。これら三者は相互に深く関わり、社会の基礎を形成した。律令国家が成立するには、古墳築造という精神文化を否定し、そこに込められていた王権継承や身分秩序形成の機能を役所に吸収することが必要であった。

律令時代の最上級の建築は、基壇・礎石の上に柱を立てて屋根に瓦を葺き、柱は朱色、壁は白壁に仕上げて、門や築地塀《ついじ》を備えるというものであった[18]。このような施設はまず朝鮮三国から導入して、仏教寺院という形で実現した[19](図12-11)。また瓦を葺かない伝統的な掘立柱《ほったてばしら》建

18 上原真人『瓦を読む』歴史発掘一一、講談社、一九九七年。
なお築地塀は、精良な土を少しずつつき固めて盛り上げる中国の版築技術によって造った土塀である。

19 寺院の伽藍は、唐(釈迦の遺骨の一部と認識された仏舎利の安置)、金堂(仏像の安置)、講堂(僧尼の勤行)、僧坊(僧尼の生活)、築地塀・門ほかからなっている。これらの配置には各種あり、系譜・造寺理念・儀式空間などを考える情報を提供している。

物にも檜皮葺き・板葺き・草葺きのような格差があり、場によって建物の種類を使い分けて、複雑で重層的な格式を表現していた。

日本における最初の本格的な寺院は、奈良県明日香村の飛鳥寺《あすかでら》である（図12-11の1）。この寺は崇峻一年（五八八）に、百済から伝えられた仏舎利のために蘇我馬子が約二十年をかけて建立したが、高句麗様式の伽藍配置に百済様式の瓦を葺くという独特のものであった。

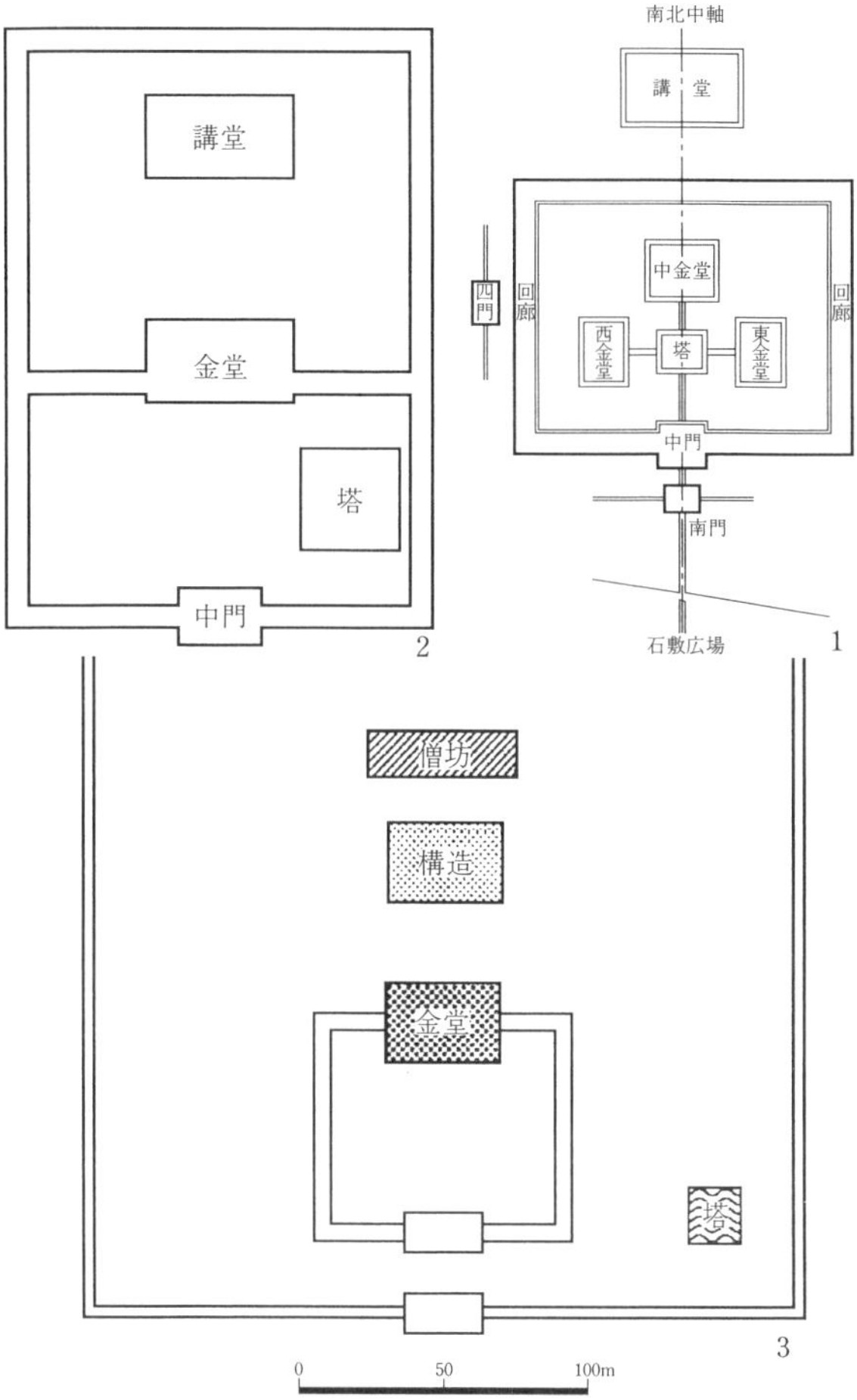

図12-11　古代寺院（1飛鳥寺、2大官大寺、3備前国分寺。坪井1985・上原1986から）

飛鳥寺以後、いろいろの伽藍配置・瓦様式の寺院が畿内を中心として建立し、七世紀後半には畿外でも盛んな造寺活動を行った。これらの寺院が建立された地域が、次第に律令制が成立する地域と重なってくる。そして、奈良県明日香村大官大寺《だいかんだいじ》にいたって、伽藍配置に重要な変化が生じた（図12-11の2）。

大官大寺は天武六年（六七七）に、高市大寺を国営の官寺に改めた官寺として有名である。しかし、調査された大官大寺は、従来の寺を転用したものではなく、文武朝（六九七〜七〇七）に新たに建立したものである可能性が高い。ここでは仏教信仰の中心である塔を、金堂前面の東に寄せた配置をとっていることが特徴的である。それは塔（仏舎利）への信仰が低下したのではなく、大極殿前庭のような儀式空間を広くとる役所の配置と共通させた結果であることが明らかにされている[20]。

この大官大寺が新築された頃に、藤原京において役所の建物に瓦葺きを採用するようになった。役所と寺院の建築と配置が共通してくることは、寺院が律令社会形成の推進役から、役所と一体的な仕組みを作る存在に変化したことを示している。

八世紀中頃以後に、国内の「国」ごとに建立した国分寺《こくぶんじ》の典型的な伽藍配置は、大官大寺での試みが完成されたものである（図12-11の3）。その活発な造寺活動は、国家の財政を圧迫した側面もあったであろうが、地方の役所である国府・郡家の変革や、地域の資源開発の進捗と深く関わっていた。

このように寺院と役所が有機的な関係を作っていた時期が、律令時代の盛期と重なっている。この時代の仏教の役割の高さは、一般の人々が使用した焼物の食器まで、仏具である金属器の形を写して製作したことにもよく表れている[21]（図12-12）。なお、金属器と焼物の類似度には地

20 坪井清足『飛鳥の寺と国分寺』古代日本を発掘する二、岩波書店、一九八五年。
上原真人「仏教」『集落と祭祀』岩波考古学講座日本考古学四、岩波書店、一九八六年。

21 西弘海『土器様式の成立とその背景』真陽社、一九八六年。

域によって濃淡があり、律令制の浸透度合いをはかる材料を提供している。

文武四年（七〇〇）には僧道昭の火葬を行い、大宝二年（七〇二）に持統天皇が納骨を伴う火葬を行ったことも、律令の理念の浸透をはかるものであった。[22] これは従来進めてきた古墳築造規制の仕上げであり、豪族が在地で世襲してきた諸権利を否定するものであった。このような政策は藤原京の時期に徹底し、都城近郊には身分別の葬地を設けるようになった。[23] そして、火葬墓の分布は寺院と同様に律令国家の領域とほぼ重なるが、役所の仕組みがゆらぐ九世紀以後には、再び土葬・厚葬が復活していく。

このように律令時代の仏教の役割は非常に高かったが、精神文化は場や目的によって多様であった。[24] 特に道教の伝来は古く、唐神に馬牛を捧げる風習があったが、七世紀後半以後には人《ひと》形《がた》・呪文木簡・呪符木簡・人面墨書土器・胞衣《えな》壺のような新しい道教的祭祀具が出現し、伝統的な木製鳥形《とりがた》や舟形《ふながた》とあわせて使用する祭りを活発に行った[25]（図12-13）。

天武天皇は、天武五年（六七六）に仏教儀礼である放生《ほうじょう》[26] を諸国に命じて、翌年高市大寺を大官大寺に改めて官寺の基礎を作ったが、同じ年に大祓《おおはらえ》の起源となる「四方大解除《おおはらえ》」を行っている。大祓は、六月と十二月の晦日に、皇親や百官が朱雀門外に集まってケガレを取り除く儀式であり、中臣氏や卜部氏が執行した。大祓は、大嘗祭のような臨時の儀式や、災害・病気の流行時にも行った神祇的な儀式であるが、神祇と道教とは深く関わっていた。

天武天皇の諡《おくりな》である天渟中原瀛真人《あまのぬなはらおきのまひと》は、道教三神山の一つである瀛洲《えいしゅう》や、神仙世界の上位者である真人の文字を含むことから、その影響が推定されている。[27] 藤原京が大和三山と一体となる構造であり、皇族の葬地が都城の南にあることも、道教思想と関わる可能性が高い、とされる。

22 上原真人「火葬が始まった理由」『古都発掘』岩波書店、一九九六年。
23 金子裕之『平城京の精神生活』角川書店、一九九七年。
24 千田稔編『道教と東アジア文化』国際日本文化研究センター、二〇〇〇年。
25 金子裕之編『律令期祭祀遺物集成』律令祭祀研究会、一九八八年。
金子裕之『平城京の精神生活』角川書店、一九九七年。
26 捕らえた生き物を放って、功徳とする行為。
27 福永光司『「馬」の文化と「船」の文化』人文書院、一九九六年。
金子裕之、前掲書。

また、平城京二条大路から出土した、「南山の下の水に住む九頭一尾の大蛇が、唐鬼を朝に三千、夕に八百食べる」という意味の呪文木簡の表現が、唐の医学書と関わることから、道教は医学の役割をもったことが推定されている。道教寺院（道観）と確認できる例は仏教寺院に比べて少ないが、その思潮は日本社会に広く浸透して大きな影響を与えていた。[28]

さらに、道教・神祇的な祭りの目的の一つには、悪霊を打ち払う祓《はらえ》があり、都城から国境地帯の沖ノ島に至るまで、何

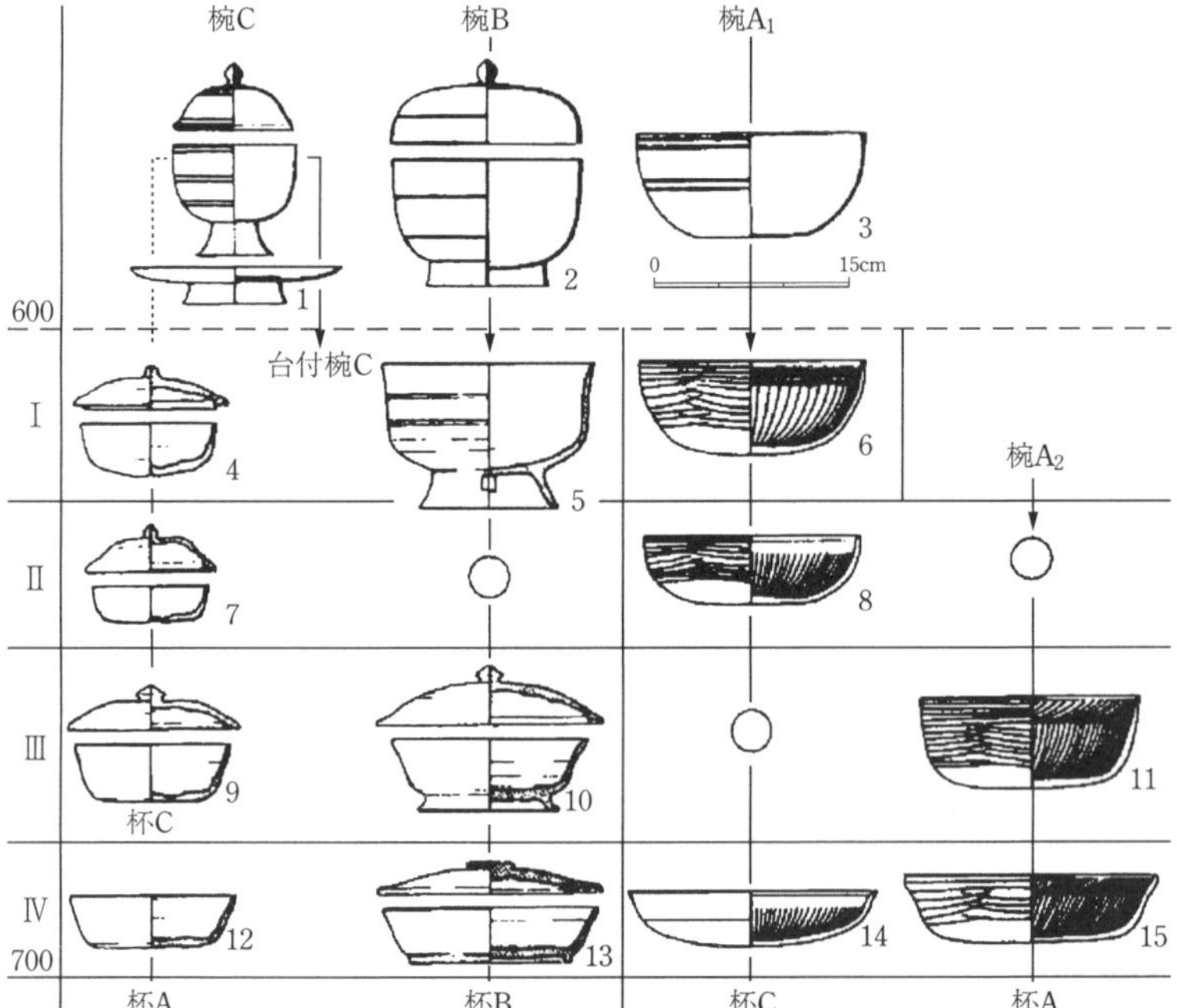

図 12－12　**金属器と焼物の写しの関係**（上：金属器、下左：須恵器、下右：土器。西1986から）

28　千田稔ほか『日本の道教遺跡を歩く』朝日新聞社、二〇〇三年。

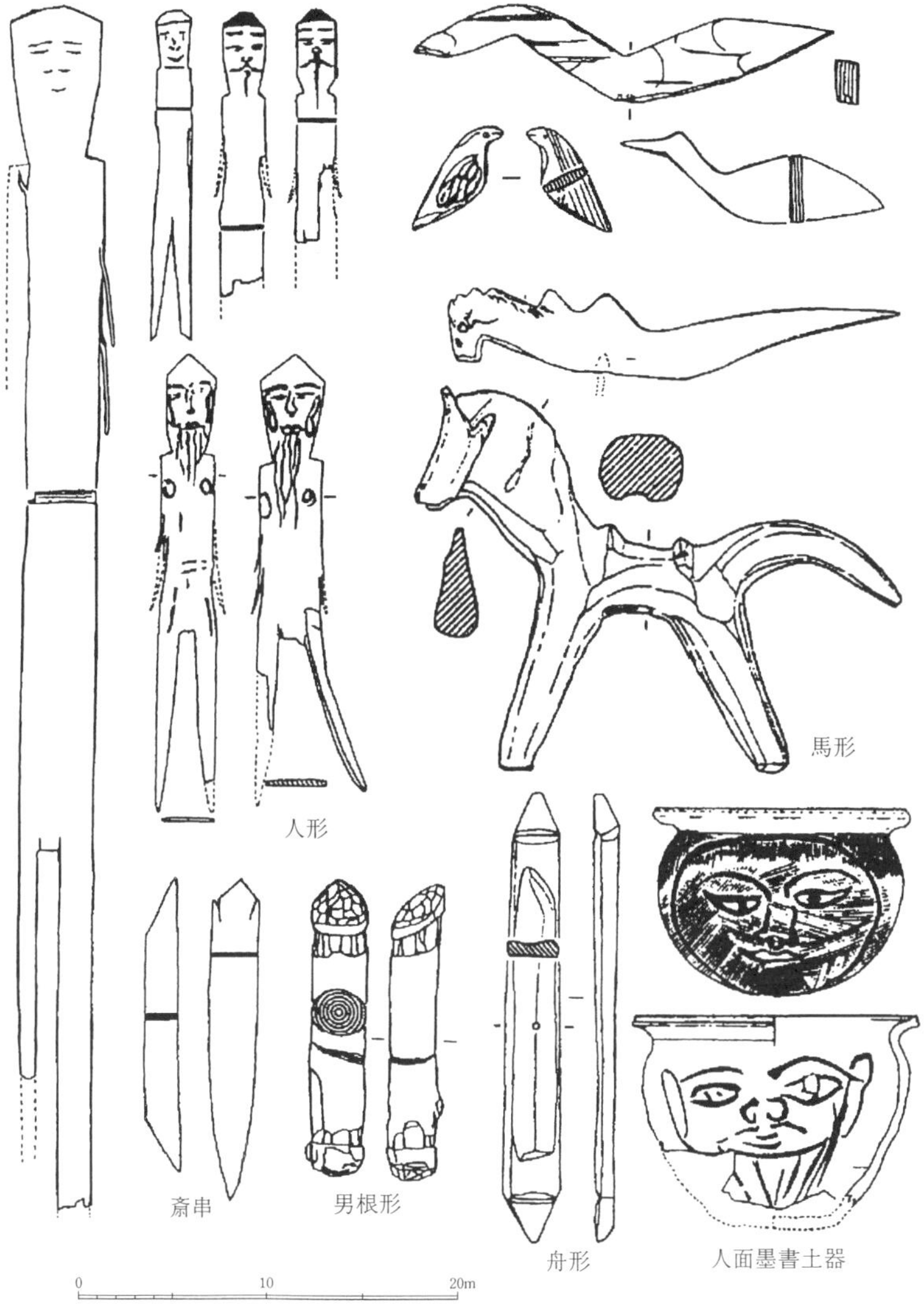

図 12 - 13　律令時代の祭祀具（神祇・道教の儀式に用いた。金子編1988から）

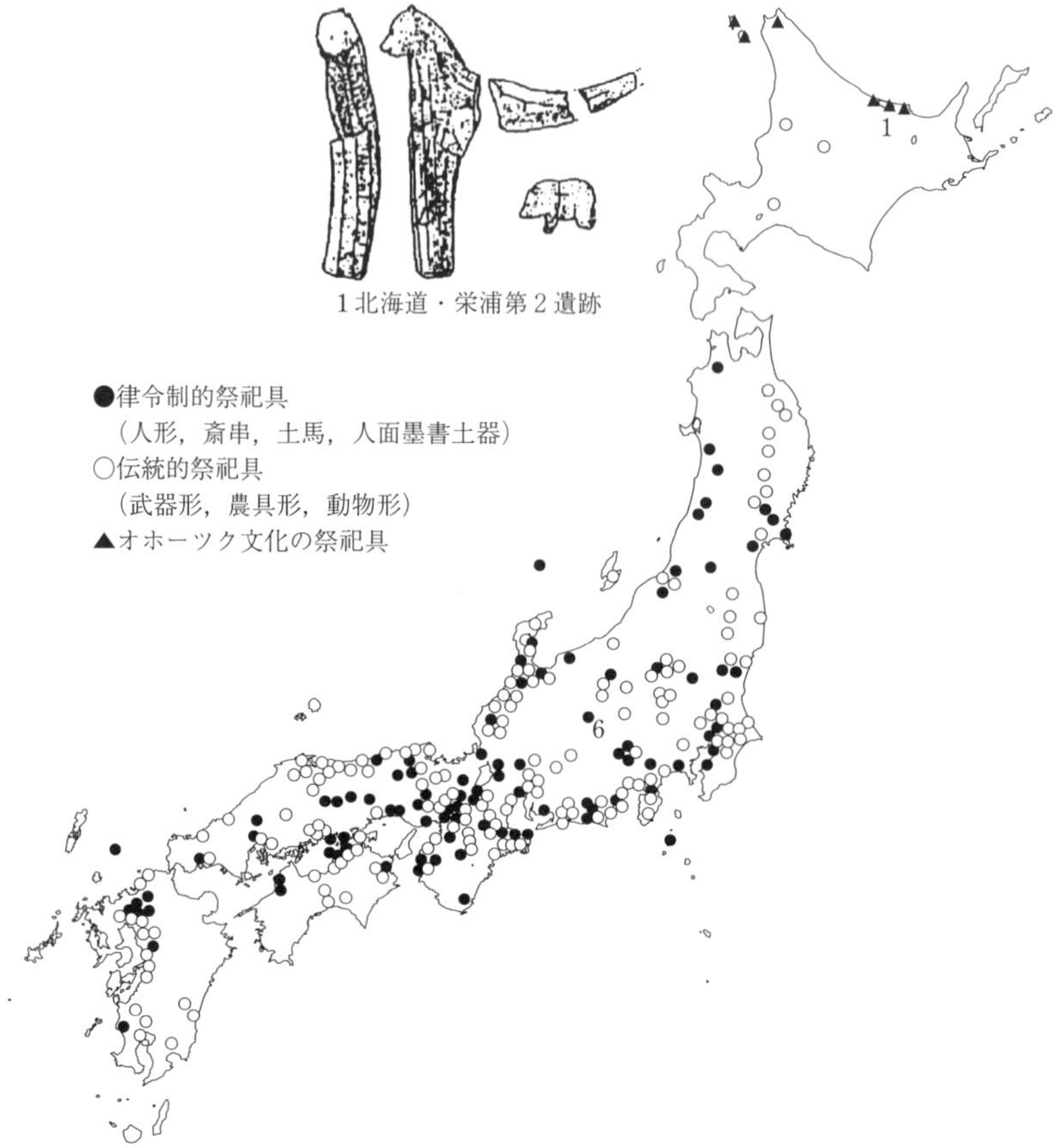

図 12－14　祭祀具出土遺跡の分布（高野1992から）

重も の宗教的バリヤーを張り巡らせた。また、国府のような政治拠点から荘園の荘所（管理事務所）に至るまで、その縮小版といえる祭りを行っている。このことが、これらの祭祀具の分布が律令国家の領域とほぼ一致する理由である[29]（図12-14）。

●律令時代の文化の特質

律令時代の精神文化において、仏教は大変に重要な役割を果たした。それは律令社会形成の推進役を担い、物質文化にも大きな影響を与えている。しかし、七世紀末頃に官寺の仕組みを作る段階では、仏教だけを重視したのではなく、役所や産業と同様に各思潮の役割分担を明確にしたようである。

二官八省の官僚制度では、二官の一つが神祇官であり、もう一つの太政官は儒教色が強い世界であった。これらに対して道教は、主に私的な望み（長寿、健康、立身、富貴、呪詛など）をかなえる手段を位置づけるとともに、神祇信仰とも深く関わっていた。律令国家はこれらを巧みに組み合わせて複雑な宗教体系を作りあげた。

このように、分業的であった律令時代の精神文化も時とともに変化する。高度な思想を背景とした仏教は国家的な場で重要な意義をもったが、荘園経営のような営みを行う一方で、次第に神祇・道教の役割にも進出していく。その結果、王朝国家期には密教が栄えて神仏が習合することになる。この頃本家であるインドの仏教は高邁な教理を守りながら衰退していったが、分家である日本の仏教は、貴族・武家・民衆との接点を開拓して新しい道を歩みはじめた。

29　高野学「祭祀」『図解・日本の人類遺跡』東京大学出版会、一九九二年。

四、結び

日本の律令時代には、弥生・古墳時代の社会の充実を基礎としながら、隋唐帝国に匹敵する国家を形成する営みがなされた。律令や官僚制度の内容において、国情の違いに由来する未成熟にみえる点も少なくないが、政治だけではなく産業や精神文化にまで大きな変化が生じたことは、この時代の変革が決して形だけのものではなかったことを示している。

産業においては、上は都城建設・官営工房の編成から、下は集落の再編・集落内手工業の編成に至るまで有機的な関係をもちつつ進行した。この結果、技術官人・臨時工・役夫を組み合わせて、手工業生産や国家的に必要とした土木・開発事業を遂行する体制が整った。

精神文化においても仏教の導入を梃として、古墳築造に象徴される在来の思潮を強く否定した。さらに、律令時代の盛期に至ると、仏教寺院を官寺の仕組みに組み込み、仏教・儒教・道教・神祇という多様な思潮を組み合わせて、国家的儀式の執行体制を整えた。

他方、産業においても宗教活動においても、必ずしもすべてが国家的に編成されたのではなく、律令制という枠の中で多彩な営みがあった。このような産業と文化の新しい動向と律令国家の接点を示すものが、東大寺領荘園を代表とする古代荘園であり、その充実は次の時代を生みだす原動力となった。

参考文献

1. 西弘海『土器様式の成立とその背景』真陽社、一九八六年。
2. 町田章編『古代の宮殿と寺院』古代史復元八、講談社、一九八九年。

3. 金子裕之編『古代の都と村』古代史復元九、講談社、一九八九年。
4. 金子裕之『平城京の精神生活』角川書店、一九九七年。
5. 山中敏史『古代地方官衙遺跡の研究』塙書房、一九九四年。
6. 宇野隆夫『律令社会の考古学的研究—北陸を舞台として—』桂書房、一九九一年。
7. 宇野隆夫『荘園の考古学』青木書店、二〇〇一年。

13 中世の人々と暮らし

小野正敏

中世は、律令体制の崩壊した後、既存の権力や権威の低下の中で、再び統一政権ができるまでの混沌と再統合への変化の時代である。国家体制や地域の分立をはじめ、政治・社会・身分など極めて多様で流動的である。その状況をうけて、列島の各地に急速に展開した町や宿、市《いち》などの都市的な場、そしてその住民のエネルギーを軸にして、時代のさまざまな動きが収斂したのである。この章では、中世都市遺跡の中から発掘によって全体像がわかる戦国大名の城下町一乗谷（福井県福井市）を主要な例にとりながら、都市の構造や景観を概観し、都市に住んだ人々の生活をみてみよう。

一、「中世考古学」は町の発掘から

●草戸千軒町遺跡の発掘

一九六一年（昭和三十六年）夏、広島県福山市の芦田川河床が発掘され、江戸時代の地誌「備陽六郡志」などに散見された幻の町草戸千軒町が広く河床の下に埋没していることが確認された。調査は、わずか一週間という短期間であり、特別な宝物が出土したわけでもなかった。しかし、考古学にとって、この出来事は非常に大きい意味をもつ。それは、「中世の町」を考古学的に「発見」した初めての遺跡であり、比ゆ的にいえば、それが「中世の考古学」の発見といえるからである。

中世遺跡の発掘調査は、すでに戦前より行われていたが、その多くは、窯跡、経塚や墓、城跡などのように、特殊な機能の遺跡が主であったといってよい。その視点は、陶磁史、墓制、城郭史といった個別の調査・研究にあった。一方で、本来最も一般的で列島に普遍的に存在した人々の日常生活の主舞台である町や村、都市などを対象とした発掘調査は皆無だったのである。

町は、単に衣食住という日常生活が存在するだけではなく、さまざまな階層職種の人々が活動する有機的な場として、多様な問題が統合的に関わる小宇宙である。町を調査することで、衣食住の復元にとどまらず、政治、経済、文化など、中世に関わるさまざまなテーマを、遺跡遺物を通じて考古学の視点から統合的に研究することが始まったのである。そして、草戸千軒町のように、名もない場所で突然地中から中世の町が出現したことは、大きな驚きであるとともに、新たな歴史資料として無限の可能性を予感させるものであった。それはひとり草戸千軒町のみにとどまらず、全国に数え切れない同じような町が埋もれていることを意味していたからである。

二、戦国城下町一乗谷にみる景観と人々（図13-1）

一乗谷は、戦国大名朝倉氏が越前一国を支配した文明の初め（一五世紀後半）にその首都として新たに作られた町である。その後天正元年（一五七三）に織田信長に焼き討ちされると、

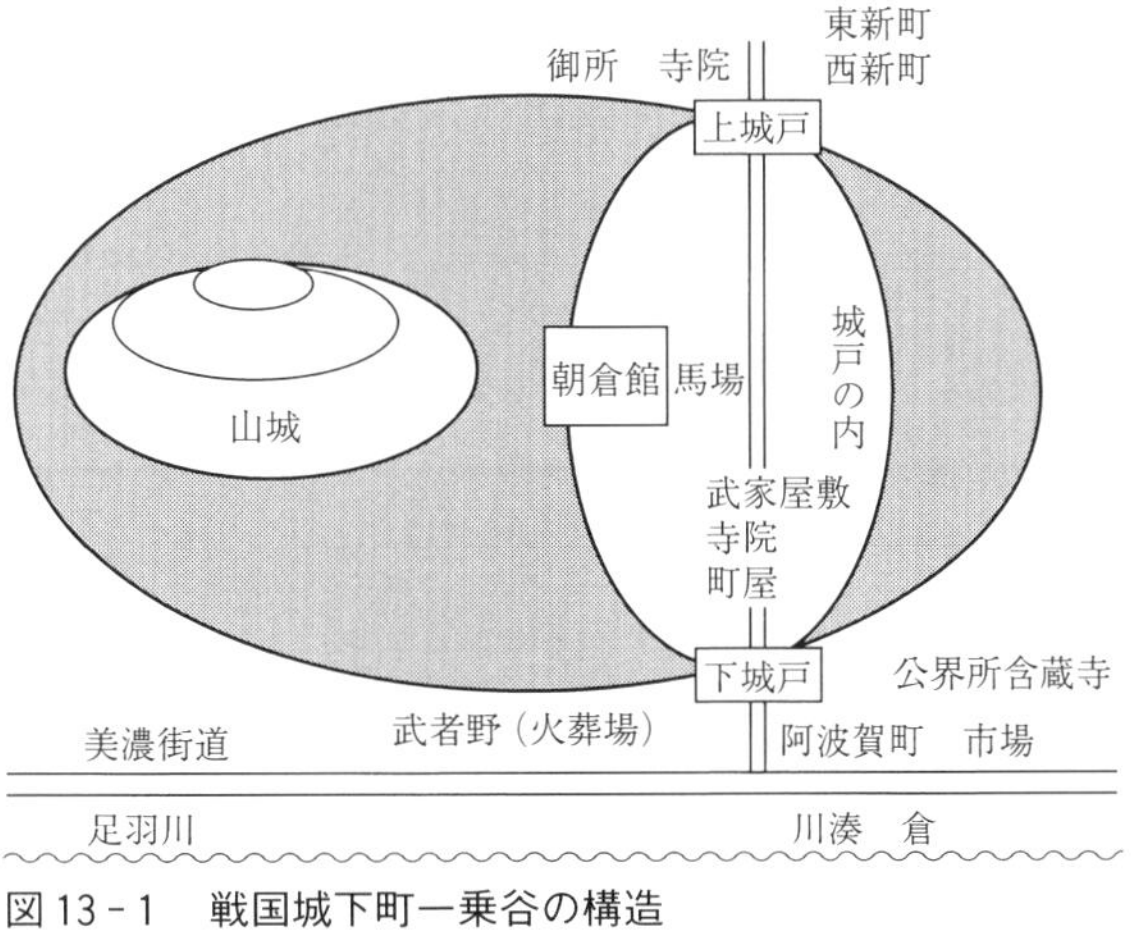

図13-1　戦国城下町一乗谷の構造

町が現在の福井市がある北の庄に移転されたため、約百年間の戦国時代の姿がそのまま地中に保存された。この一つの町が、三十年以上にわたり継続調査され、町の全体像が明らかになりつつある。一乗谷の発掘成果は、それまでの軍事的理解に偏っていた戦国時代城下町像を大きく変えたのである。

戦国城下町としてのイメージは、険しい山と閉鎖的な谷地形に防御された姿であり、とりわけ高い東の山稜には山城が築かれ、山城と平地との隔絶性が強い。山の上は軍事専用、日常生活や政治・経済の場は平地と分離が明確である。一方、山の下では、大名館や武家屋敷のみならず、町割(都市計画)された町並に武家屋敷とともに存在した商人や職人の住む多くの町屋、寺院、婦女子の存在、さらに城戸の外にあった流通の町など、中世都市の実像が初めて明らかにされた。

●城戸の内

町は、土塁と濠による城戸で閉塞され、その内と外にわけられる。「城戸ノ内」は、大名朝倉氏の館を核として朝倉氏から屋敷を宛がわれ集住した人々が暮らす主従制原理が支配する空間である。朝倉館は、山城を背負う城戸の内の中央にあり、濠と土塁で区画される。周辺にはその母親の館や近親等の屋敷など朝倉宗家の地区があり、館の前に犬の馬場・柳の馬場と呼ばれる広場が付属する。谷の中には、重臣たちはもとより、多くの武家屋敷が集住していた状況が発掘された。「朝倉英林壁書」にいう、「朝倉が館の外、国内に城郭を構えさせまじく候、惣別分限あらん者、一乗谷へ引越し、郷村には代官ばかり置かるべきこと」という一乗谷への家臣団集住は、かなり実現しており、領国内に城をもつ支城主の出仕用の屋敷も含め、文字通り一定の身分の者は一乗谷に屋敷を構えていた。

城戸の内の景観を特徴づけるのは、計画的な町割である。町割は、谷を南北に縦貫する幅員八メートルの幹線道と、それに直交する「〇〇橋ノ通」と呼ぶ川の東西を結ぶ八メートル、「〇〇小路」と呼ぶ六メートルの街路で構成され、さらに三メートル以下の道路が屋敷の間を結んだ。これらの道路間や大きな屋敷の区画は約三〇メートルを基準にその倍数で設計されている。

館の対岸の地区では、道路に面して土塁と土塀に囲まれた大きな武家屋敷が並ぶが、他の地区では、寺院や町屋が集まるなど、地区ごとに異なった景観があった。

とくに赤渕・奥間野地区では、町屋・武家屋敷・寺院が規模を揃えて道路から山際に帯状に配され、最も都市的な景観がみられる。幹道に面した町屋は、間口が六メートルから九メートル、奥行がその倍程の短冊形地割りで、棟を接して家並が続いていた。各敷地には建物がいっぱいに建ち、各戸に井戸、便所をもつ。町屋の多くは表に商品を陳列する見世棚を出した店舗と考えられ、中には棹秤《さおばかり》の分銅、紺屋や醸造かと推定できる大甕をたくさん床に据えた家、檜物師、鋳物師、塗師、壁塗り師、数珠師など、多様な職業が判明している。大甕をもつ家の分布などをみると、近世城下町に特徴的な同じ職種のものが同じ町に集住することは、まだ実現されていないようである。

一乗谷の人口は、城戸の外も含め、一万弱とも数万とも言われ、正確な数字はわからないが、この谷に分布する三千体をこえる石塔石仏を調査すると、その六五パーセントが婦女子のものであり、当時の乳幼児死亡率の高さを配慮しても、婦女子の比率がかなり高いものであったことが推定される。

●城戸の外の町

城戸の外は、この町と外の世界との結接点であり、独特の空間機能をもっていた。まず、人・

物・文化等の有形無形のものを運ぶ街道と水運がある。美濃街道、朝倉街道は、北庄、府中で北国街道と結び、さらに美濃へと継ぐ。足羽川は北庄を経て日本海航路の拠点三国湊を結ぶ。下城戸の外の阿波賀は、文献史料によれば、「越前一乗の入江、唐人の在所」と呼ばれていた。そこには集散地として川湊があり、市町が発達した。京都など首都圏と為替取引もする商人の倉が建ち、唐物の売買さえも盛んな流通の町であった。また、市が日を決めて開かれ、米、麦、綿などの主要な相場が決められた。

もう一つの特徴は、「無縁・公界《くがい》」の地である。都を追われた前の将軍足利義材を庇護した阿波賀《あばか》の含蔵寺は「公界所」と呼ばれ、街道のはずれ武者野の「三昧谷」に火葬場や骨捨場が発掘された。城戸の外全体が、無縁・公界を原理とする中世的な平和領域、朝倉氏の主従関係によって編成されない無縁の人々の住む、世俗権力からニュートラルな世界であったことをよく示している。

こうした一乗谷の構造は、戦国城下町の空間が、物構=城戸の中側の大名居館と家臣団、直属商工業者の居住域と、外側の市町から構成される二元的なモデルをよく説明する。この城下町の二元構造は、織田信長の作った安土城段階で大名支配に一元化され、近世の城下町構造へつづくとされる[1]。

三、もの資料が語る生活

中世は「商品・流通の時代」ともいえる。中世においては、その都市内の消費は原則的にすべて商品であり、大はアジア的規模のものから、小は周辺農村との毎日の青物や薪炭に至るまで、都市は数ランクの流通によって支えられていた。陶磁器は、考古資料の中でも最もよく生

1 小島道裕「戦国城下町の構造」『日本史研究』二五七、一九八四年。

産地と時期がわかる遺物であり、それが消費地遺跡で採集されることで、生産、消費、流通を跡づけるのに適した資料である。戦国期の陶磁器を主な材料にその様子をみてみよう。

●焼物の用途と流通

図13-2は、一乗谷における焼物の産地と機能分担を示したものである。各産地の焼物は、物理的な性質や値段、流通量などを反映して使い分けられ、生活の各機能を満たした。中国製陶磁・朝鮮製陶磁と施釉した瀬戸美濃焼は、遠隔地からの流通品であり、土器（かわらけ）と施釉しない越前焼が地元産で、土器はこの町の中のかわらけ職人、越前焼は領国内の製品である。つまり一つの都市の生活を全国各地からの流通がその裏で支えていたのである。

産地別に用途をみると、かわらけは灯明具と儀式や饗宴などのハレの場の酒杯や皿、越前焼は、擂鉢など調理具や壺甕の貯蔵具を担い、職人の藍甕など職能的な場でも使われた。瀬戸美濃焼と中国産陶磁は、主として碗皿などの日常的な飲食器と、茶の湯、花、香などの付加的な機能という同じ分野で競合し、相互補完している。そこでは品質やデザインで先進地の中国産磁器がモデルとなり瀬戸美濃がコピー商品の関係にある。

全国の遺跡にみる陶磁器の機能分担は、全国流通する中国産陶磁と瀬戸美濃焼は共通しており、各地域ごとに異なるのが、地元産土器の様相と、広域流通の商圏を反映する甕壺と擂鉢である。戦国時代には、広域流通品は、備前焼、常滑焼、越前焼の三大産地の製品が、流通手段である各地の回船と結合して列島を三つの商圏に分けていた。若狭湾より北の日本海側は越前焼で小浜、敦賀の北国船、伊勢湾以東は常滑焼の甕と瀬戸美濃焼の擂鉢がセットで桑名や大湊を代表とする伊勢湾の船により、畿内以西は備前焼が瀬戸内の船により流通した。

また、畿内周辺には、信楽焼や丹波焼が中規模の流通をしている。さらに各地には、広域流

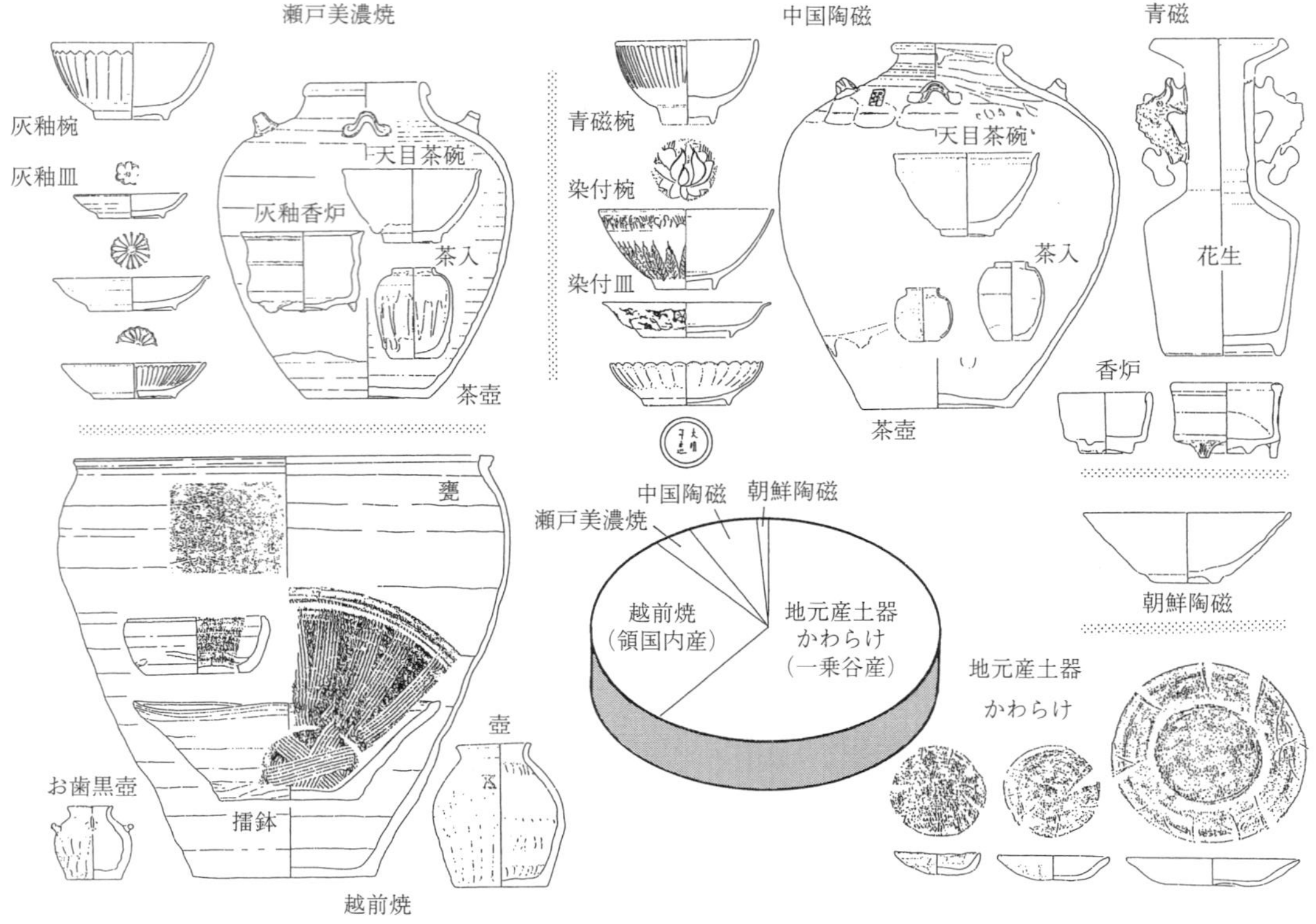

図13-2　生活を支えた焼物（福井県一乗谷）

通品を模倣した在地生産の土器の擂鉢や土鍋が一国程度の小流通圏を構成した。在地製品は広域流通する上級品に対して質が劣るが、廉《やす》さを求める消費者層の需要を対象とし、同じ地域に重層的に流通したのである。

●陶磁器からみた消費の格差

鎌倉や一乗谷など、同じ都市内で諸階層の屋敷の陶磁器消費を比べると、量や組み合わせが比較的均質である。これは陶磁器の大部分が日常生活用具として必須の分野であり、量的に少ない身分や富を表現する威信財を除くと、身分や階層に関係なくよく似た日常消費財の所有を示しているといえる。都市内での消費格差を示すのは、日常品ではなく、茶の湯、花、香などの特別な観賞用陶磁器の所有が、大名館や寺院などに偏ることであるが、これらは少数なため数値には表現されない。しかし後述するように物価からみると非常に高価で少数でもその意味は大きい。

一方、都市と村を比較するとその差は顕著で、一平方メートルあたりの陶磁器の出土点数で消費量を比べると一〇倍以上となる。農村は首都近郊でさえも消費財が貧弱である。ただ陶磁器消費は、一般に西国は高く東国は大変低い傾向があり、地域を超えると単純な比較はできない。

都市と村では消費の形態にも違いがみられる。例えば、戦国期にモデルチェンジのサイクルが短かった染付の碗皿を例にみると、都市では多くの型式が発見されるが、同じ時間幅でも農村では型式の組み合わせが単純で貧弱である。つまり都市では、最新の流行品が次々に使われ、農村では、村ができた時や火事で焼けて道具を買いなおした時などに一括購入されたものが長く使われた傾向がうかがわれる。都市では、整った流通システムにより、誰でも銭を払えば欲しい商品が得られる状況にあり、また、戦乱や火災など都市災害も多く住民の移動が頻繁で、村に比べると消費のサイクルが短いことを暗示する。

応仁文明の内戦の後、各地に城下町をはじめ新しい都市が急増し、その需要が流通や生産を促した。都市遺跡から出土する中国製染付碗皿や、瀬戸美濃焼の天目茶碗、灰釉皿などの新商品の爆発的な消費量増大がそれを示している。とくに一五世紀後半に染付など中国陶磁が、日常什器として大量流入を始め、同じ用途を分担した瀬戸美濃に対し、流通量においても低廉な価格においても市場を支配し、また商品モデルとしても国内生産地をリードした。都市民の需要と中国陶磁の果たした牽引力としての効果は大きい。

●戦国時代の物価と生活（図13-3）

こうした商品流通を実現したのが、銭の流通拡大であり、銭使いが本格的になった時代ともいえる。中世は、古代、江戸時代との間で、国内で銭を鋳造することなく、大量の北宋銭をはじめ中国からの輸入銭で貨幣経済を展開していた特徴ある時代である。

遺跡からの銅銭の出土状況をみると、一二世紀後半から宋銭の大量流入が始まった。これは中国産陶磁器の出土量が一二世紀から全国規模で増えることと符合し、この時期に宋を中心とした東アジア全域の交易システムに組み込まれたことを示している。一三世紀にはいると急激に銭の流通量が増加し、各地で大量の銭をいれて地中に埋めた甕や木箱などが発見されるようになる。これは蓄財のための備蓄銭とか土地神に埋納したものといわれ、最も枚数が多いのは函館市志苔館の近くで発見された例で三つの甕に納められた三八万枚である。

銭の種類には、宋・元・明などの中国が発行した銭だけではなく、それを中国や日本で模して鋳造した模鋳銭・私鋳銭などがあり、一四世紀頃から増加する。また、日本で流通した銭の

陶磁器

- 0.5文・油坏・1422年
- 1文 — かわらけ（基準1文）
- 3・ほうろく・1569
- 15・土鍋・1246＊
- 18・スリコ鉢・1400＊
- 30・擂鉢・1430
- 35・酢皿・1576
- 40・火鉢・1545◎
- （47・茶わん皿・1489）
- 50 — 50・四方火鉢・1488
- 100 — 100・火鉢・1453
- 100・火鉢・1462
- 110・火鉢・1446
- 110・備前茶壺・1406

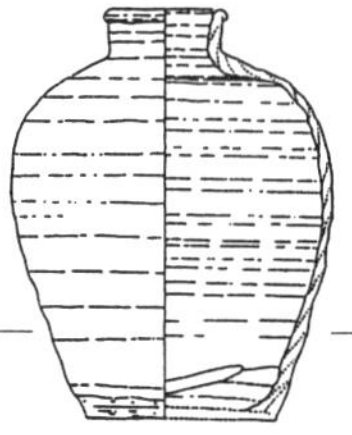

- 200
- 450・備前茶壺・1406
- 1000
- 1400・茶わん皿（30）1489

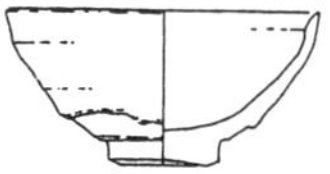

- 7000 — 7000・建盞（台付き・3個）1493
- 8000 — 8000・建盞（台付き）1492

金属・木製品

- 0.2・はし木・1572年
- 1・かんなかけ・1491
- 4・京くれ・1492
- 4・金剛1足・1480
- 12・火箸・1545◎
- 12・金剛1足・1477
- 20・鎌・1568
- 21・小刀・1517◎
- 24・まき（1把）1470
- 25・三毬丁・1492
- 25・鎌・1560
- 25・上金剛・1422
- 30・たらい・1439
- 32・菜刀・1499
- 35・刈鎌・1545◎
- 50・金輪・＊
- 50・包丁・1522＊
- 54・丹波筵・1492
- 60・菜鍋・1568
- 70・金輪・＊
- 75・潤鍋・1575
- 85・金輪・1468
- 85・鍬・1567
- 100・草履・1550
- 100・鉄鍋・＊
- 120・胡銅香炉・1491
- 120・三升鍋・1572
- 130・硯箱・1459
- 130・金輪・1439
- 150・鍋・1439
- 150・鋤・1564
- 150・轡・1477
- 175・雨傘・1488
- 180・つき臼・1480
- 194・雨傘・1488
- 200・畳・1471
- 250・小釜・1487
- 250・湯釜・1517◎
- 300・畳・1486
- 400・井筒・1488
- 1100・美濃紬（1反）1492
- 1300・釜（口1尺2寸）1487
- 1500・笙・1488
- 2000・茶の湯釜・1582
- 5000・風炉釜・1493
- 5000・懸絵・1493

農水産品・他

- 0.08・梅干し・1489年
- 0.2・梅干し・1491
- 0.5・鰯（1コン）1492
- 0.7・茄子・1491
- 1.2・牛蒡（1把）1489
- 1.6・大根（1把）1491
- 2.3・蓮葉（1把）1489
- 6・小たい・1492
- 12・はたご（1人）1419＊
- 14・海老（1コン）・1492
- 25・素麵（1把）1517◎
- 25・ハマチ・1491
- 25・うさぎ・1401＊
- 36・鰹・1492
- 50・薬缶鋳掛け・1590
- 60・桶作り手間日当・1574
- 85・いも（1斗）1491
- 100・大工手間日当・1490
- 100・壁塗手間日当・1492
- 100・大工手間日当・1419＊
- 100・鍛冶手間日当・1419＊
- 110・大工手間日当・1470
- 200・砂糖（1斤）1517◎
- 350・小釜鋳掛け・1590
- 618・年地子（3×9間）1558＊

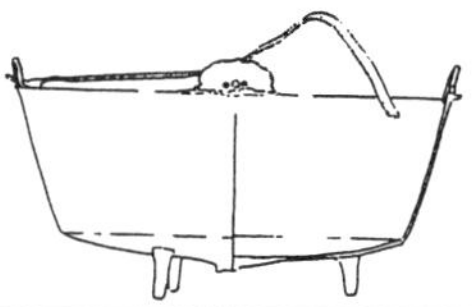

（＊は地方の物価）

図13－3　奈良・京都を中心にした15・16世紀物価比較

中には、琉球・朝鮮・安南の銭なども混じっており、こうしたことから中国銭が共通して流通する東アジア規模の同一経済圏の存在が指摘できる。

一五、一六世紀の畿内の物価表で、当時の都市生活を体感してみよう。陶磁器関係では、かわらけが標準で一文かそれ以下である。土器の浅い土鍋――ほうろくが三文とか五文、ブランド品の備前焼の擂鉢が三〇文、染付と推定する酢皿が三五文。瓦質の四角の火鉢は五〇文。大きめの瓦質火鉢は一〇〇文になる。町の中や近郊で生産された素焼きのかわらけが三〇枚ほどで中国産磁器の染付皿が買える。洗面器程の大きさの桶かたらい一個と近い値段である。三升入りの鉄鍋が一二〇文、鎌が二〇文である。他の商品やサービス料と比べてみても、戦国期の都市で流行した染付はかなり安い。同じ頃、桶屋の材料費抜きの日当が六〇文、大工が一〇〇文または一一〇文であり、大工が一日働けば、擂鉢が三個、染付皿なら三個、鉄鍋なら一個買える勘定になる。

一方、日用品に対し、茶の湯、花、香などの道具は大変高価である。例えば、建盞（中国産天目茶碗）は八貫文（八〇〇〇文）、茶の湯釜は二貫文である。およそ染付皿二三〇個と天目茶碗一個が同じ値段、大工なら八〇日間働かなければならない勘定である。

また、手工業製品に対して、相対的に農水産品が高いことも興味深い。例えば、鰹一匹が三六文で染付皿と同じ。ハマチ四匹と鉄鍋が同じ値段になる。中世というと、手工業品が高くて農水産品が安いという先入観をもちそうだが、考え直す必要がある。このようにみると遺跡から採集される日常生活品は、都市民にとってそれほど高いものではなかったといえよう。また、住居環境については、例えば、越前の代表的な都市敦賀湊中心街の東町の町屋借家料が年に六一八文である。家は間口三間（六メートル）奥行九間で、表通りに面している。いまの感覚からいえば非常に安いが、京都でも大略似た水準であり、借家が普通であった都市の実態を示している。

この物価表は畿内周辺の物価であり、当然ながら地方での値段は流通コストが加わり、より高いと推定されるが、残念なことに比較になる東国や農村の物価は文献史料が少ないためまだ作成できない。

ついでに海外との価格を比べてみよう。遣明船の副使策彦周良が、一五四八年に明国寧波でみやげに大量に購入した染付皿の値段は、レート換算すると約一文であった。これは先の三五文の酢皿と同程度のものと考えられ、商人が交易で大きな利益を上げていたことが説明できる。また、戦国時代に中国の貿易商人は、染付の碗皿を主として次々に新しいデザインの商品を日本に送りこんだ。その典型が菊花形や木葉形の皿など、「倭好」と呼ぶ日本向け商品である。染付には「大明嘉靖年製」などの中国製を示すブランド銘をつけるものが多いが、倭好商品には「天文年造」と日本の年号がかかれた皿まで作られた。値段から見ると、流行の倭好商品は割高で、策彦周良が購入した「白菊前塩小皿」＝白磁菊花皿は普通の染付「酢塩皿」の九倍であった。まさに商品流通の時代であった。

四、人々の祈りとまじない

●中世の不安、都市の不安（図13-4）

「さ夜更けて、鬼人衆こそ歩くなれ、南無や帰依仏、南無や帰依仏」『梁塵秘抄』に歌われたように、夜は、「百鬼夜行」の世界で、昼間の人の世界ではなかった。中世は、夜の闇をはじめ、あの世とこの世、町や村の外、家の外などさまざまなランクの異界があり、そこには人々

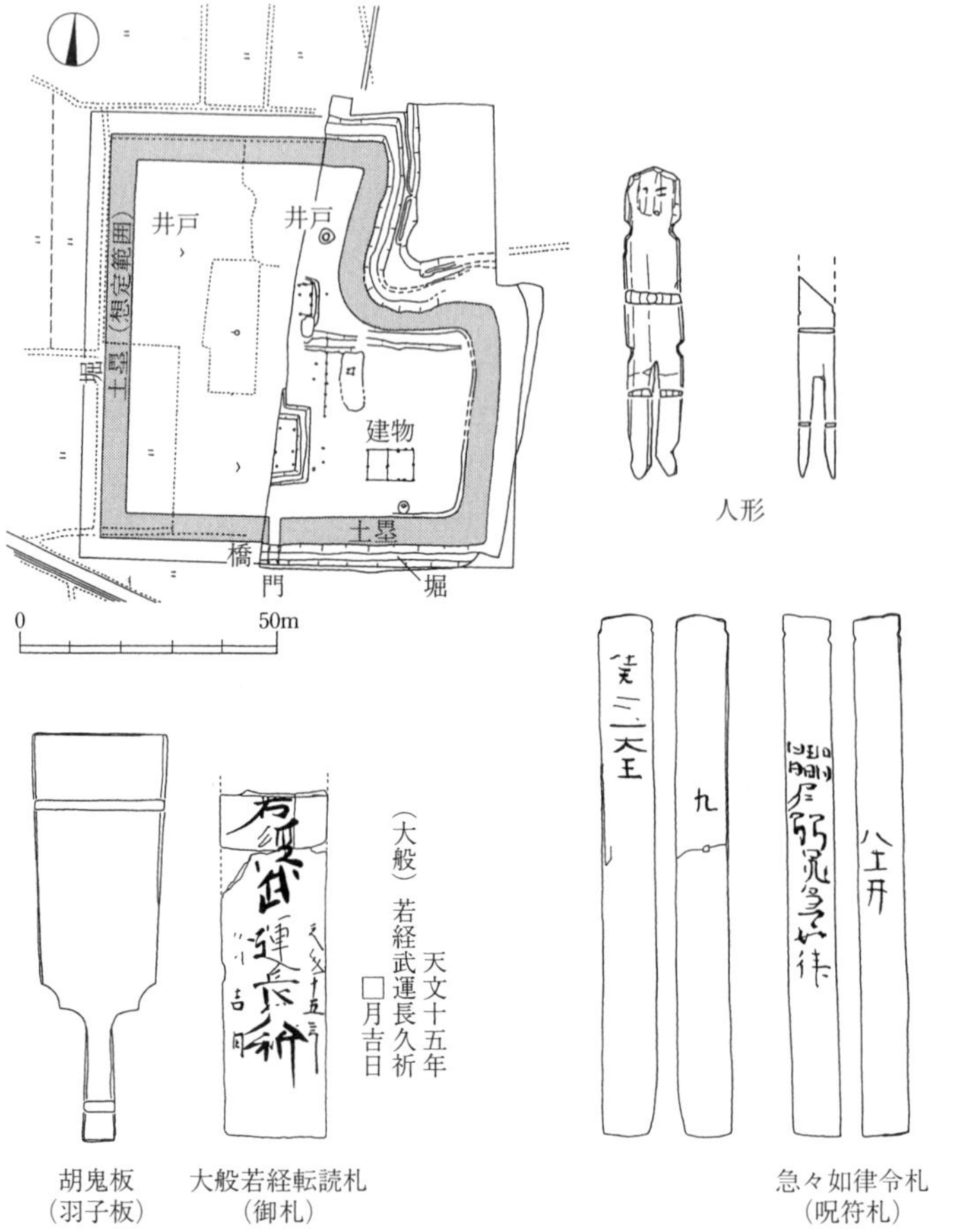

図13－4　館を守る呪符・御札（兵庫県初田館：兵庫県教育委員会「初田館跡」1992から）

に災いをもたらす鬼に象徴される疫神が満ちていた。そうした異界からの鬼神を防ぎ、結界するために、いろいろな場面で祈願や祓いが必要であった。

都市もその例外ではない。むしろ都市は人工的であるからこそ、内部にたまる穢《けが》れを排出する浄化装置が不可欠であった。一二二四年に、疫神が鎌倉へ進入するのを防ぐ陰陽道の四角四境祭が行われた。その場所は、東は六浦、南は小坪、西は稲村崎、北は山内であり、鎌倉の四至と意識されたところと、御所の四隅である。

家や館の入口を守ったのは、「急々如律令」札や「蘇民将来」札、「大般若転読」の御札などである。現在では「カンジョウツリ」と呼ばれる、札やさまざまな下げ物をつけて村境にはる注連縄《しめなわ》も、中世には家や館の入口も守っていた。大般若経は、あらゆる祈願に効能があるとされ、多くの中世遺跡から御札が出土する。「蘇民将来子孫也」と書かれた札は、武塔神に一宿一飯を提供して保護を約束された蘇民将来伝説から、瘧瘡などの疫神牛頭天王をはじめ、悪神から家を守るとされ、現代にも残る風習である。

金沢市堅田B遺跡の館入口の堀からは、弘長三年（一二六三）正月八日銘の般若心経巻数板が出土し、「一遍上人聖絵」の民家門口に描かれた絵画資料や、越後の国人領主色部氏年中行事に記された、領主が館の門で行う正月八日の巻数板つりと同じ世界を裏付けている。色部氏年中行事には、このとき蘇民将来の儀も行ったとある。[2] 出土するこれらの札には、釘穴や紐でくくるえぐりがあり、注連縄につけたり、釘で門口に打ちつけて、家内を守ったことがわかる。ポルトガルの宣教師ルイス・フロイスは、「われらは聖像と護符とを部屋の中におく。日本人はこれらを道路に面した門口に釘付にする」と比較している。

人への疫病や災いは、形代《かたしろ》によって祓い、川や堀などの水辺に流された。人形《ひとがた》は、身体を撫

2　中野豈任『祝儀・吉書・呪符』吉川弘文館、一九八八年。

で息を吹きかける「一撫一吻」に使われ、最も多く出土するものである。舟形、馬形も鬼や疫神の乗り物として、祓いに使われた。兵庫県初田館からは、御札や人形、羽子板が館周囲の堀などから発見されている。

人形が、流し雛に姿を変えたのはよく知られるが、室町時代から流行する正月の羽子板も、「胡鬼板《こま》」と呼ばれ、西の異界胡国から来る災いをもたらす鬼を払うための行事であった。同様に独楽回しも「胡魔」を打ち払うこととされる。逆に遺跡からよく出土する遊戯具で、いまでは知られない例が毬杖《ぎっちょう》である。これは木の股の部分で作った杖で木球を打ち合う正月行事の遊びで、この球が鬼の頭とされ、「散鬼杖」とも書かれ、いまに伝わる小正月の左義長にその名をとどめる。[3]

遺跡から発見される中世の呪いの道具には、道教や仏教、神道などがさまざまに習合され、いまではその意味を説明できないものもたくさんある。そうした有形無形のものが、中世人の不安を救う手助けをしていたのである。

3 志田原重人『中世の民衆とまじない』広島県立歴史博物館、一九九〇年。

参考文献

1. 網野善彦『無縁・公界・楽』平凡社、一九七八年。
2. 石井進・大三輪龍彦編『武士の都鎌倉』よみがえる中世3、平凡社、一九八九年。
3. 水藤真・小野正敏編『実像の戦国城下町越前一乗谷』よみがえる中世6、平凡社、一九九〇年。
4. 松下正司編『埋もれた港町　草戸千軒・鞆・尾道』よみがえる中世8、平凡社、一九九四年。
5. 中世都市研究会編『津・泊・宿』中世都市研究3、新人物往来社、一九九六年。
6. 鎌倉考古学研究所編『中世都市鎌倉を掘る』日本エディタースクール出版部、一九九四年。

7. 網野善彦『日本中世都市の世界』筑摩書房、一九九六年。

14 中世の社会

小野正敏

中世には、古代以来の宮都があった西国の天皇・公家による朝廷と、新たな東国の武家政権である幕府が東西に二つの政権を並立させたことが特徴で、政治のみならず、その枠組みが国内のさまざまな地域や分野に影響し変化を促すことになる。その一つが、武力を基調とした時代の変化であった。また、列島史の視点からは、武家政権鎌倉が東国に成立したことにより、それまでの京都・奈良の首都圏を一極とする構造から、新たな極として鎌倉が加わり、畿内と鎌倉、さらに、鎌倉をもう一つの極とする地方との新しい関係が生まれ、多極化し、流通や生産システムが大きく変化した。

一方、外の世界に目を向けると、宋の建国により東アジア全体が大きく変化を始めていた。それは宋を中心とした中華世界の一員に組み込まれたという建前の同心円関係だけではなく、東アジアの海を共有の場とした、人・もの・文化が活発に往来する国境を越えた世界の成立でもある。一二世紀から急増する中国銭や中国陶磁器の出土は、その影響が列島の隅々まで及んだことを示している。南の島嶼部沖縄でも中国との貿易利権を軸にして国家が成立し、北の地域では、国家成立には至らなかったが、元のサハリンや北海道などへの北進の刺激を受けて、豊かな北の産物を軸にした中世アイヌと大陸との盛んな交流が確認される。そうした枠組みが中世日本の化外の地である北や南への国土拡大指向や、積極的な交易となって現れるのである。

そのような視点で、考古学からのキーワードをつけるとしたら、1．都市と商品流通の時代といえる。それに加えて、さらに、2．館と城に顕著に示される武力と戦闘の時代と、3．アジアの中の日本へということになろう。

一、都市・町・宿の景観

中世前期では、鎌倉（神奈川県鎌倉市）と、それに先行する都市平泉（岩手県平泉町）を西国と比較しながらこの時期の特徴をみる。後期は、城下町が各地の政治経済の拠点となり、近世へ続く都市として発展する大きな存在であり、代表例として前章で具体的に一乗谷（福井県福井市）を紹介した。もう一つが守護町や港町のような流通に関わる都市であるが、ここでは守護町から国際交易都市となった豊後府内町の調査が進展しており、その成果を見てみたい。加えて、近年調査例が増加している都市の原型ともいえる、街道に伴う宿《しゅく》として堂山下遺跡（埼玉県毛呂山町）をみてみよう。

●武家政権都市・鎌倉（図14-1）

・源氏将軍の時期の鎌倉

治承四年（一一八〇）、源頼朝が武家の棟梁として鎌倉に入り大倉に御所を構えると、三一一人の御家人が宿館を構えたと『吾妻鏡』は伝える。それは、寿福寺付近に推定される先祖の義朝館から東へ、六浦道に沿った地区といわれ、発掘においても一二世紀末から一三世紀初めの遺構がここに集中する。その構造は、源氏の象徴である鶴岡八幡宮を核に、東隣に頼朝の館である大倉御所（大倉幕府）を構え、さらに、奥羽戦争鎮魂の永福寺を建立したものである。それを核に御家人の宿館群が集合したのが初期の鎌倉であった。

そのモデルは、古代から中世へ変化する院政期に、平安京の外に新たに作られた白河や鳥羽であった。この時期に共通する構成原理は、例えば、白河が院の御所「白河南殿」と御堂「蓮華蔵院」に「御倉町」が付属するように、御所＋御堂を核に家政機関が集合した性格が強く、またそこが流通拠点であることも共通する。

東国における典型例が、奥州藤原氏の平泉である。平泉の発掘調査は近年進展し、約四〇〇尺（一二〇メートル）を単位とする街区が復元されるが、基本は、初代清衡の中尊寺と柳の御所、二代基衡の毛越寺と観自在王院の前身の館、三代秀衡の無量光院と伽羅御所というように、御堂と御館の各代のセットが場所を移転しながら作られた結果といえる。無量光院は宇治平等院を模したと記録されるように、当時の都で流行する町造りが平泉に導入されていたのである。

このように初期の鎌倉は機能や規模において都市的な景観にはほど遠いものであったと推定されるが、一三世紀になると、「町人以下鎌倉中諸商人の員数を定めるべき」（一二一五）と、町人、商人の活躍が確認される。また、例えば、一二一九年には、浜から出火した火災で永福寺惣門から名越の山際、若宮大路の間が広範囲に被災するなど、都市型災害が頻繁に記録されるようになり、発掘でも都市域が面的に連続していることがわかる。

鎌倉が都市としての景観を整えたのは、承久の変（一二二一）に勝利した執権北条泰時が実権を握った時で、源氏将軍の故地はそのままに、海に開いた新たな都市に改造した。それは源氏将軍から執権北条氏への権力移転や、京都に対する東国「武家の都」の宣言という象徴的な意味と、政治・経済流通のセンターとしての都市機能の充実という実質的な必要があったからであろう。

・鎌倉の都市空間

図14-1は、鎌倉が最も発展した一三世紀後半から一四世紀中葉の概念図である。鎌倉は、七口と呼ぶ切り通しによって地形的に境され、海に開いた谷である。この内が「鎌倉中」と呼ばれる都市空間であり、「地奉行」によって管掌された。この頃の人口を、河野真知朗は地区ごとの発掘成果をもとに、約六万から一〇万人と試算している。

若宮大路を南北軸に四方を大路で囲んだ中心地区は、「丈尺を打った」＝都市計画された街路と、戸主制という宅地配分の基準で構成された街区が作られた。発掘された若宮大路は路面が一〇丈（三〇メートル）で、横大路は二一メートル、小町大路が一一メートルの幅員であった。主要街路は、柱や板で護岸された一丈（三メートル）の側溝をもち、路面は泥岩で舗装された。

中心地区の北半は、若宮大路の東に執権邸や将軍御所など幕府関係の大型区画が並び、西側は、北条一門の屋敷などが占めていたと推定されている。南半では、方形竪穴建物と呼ぶ、住宅や工房、倉などに使われた

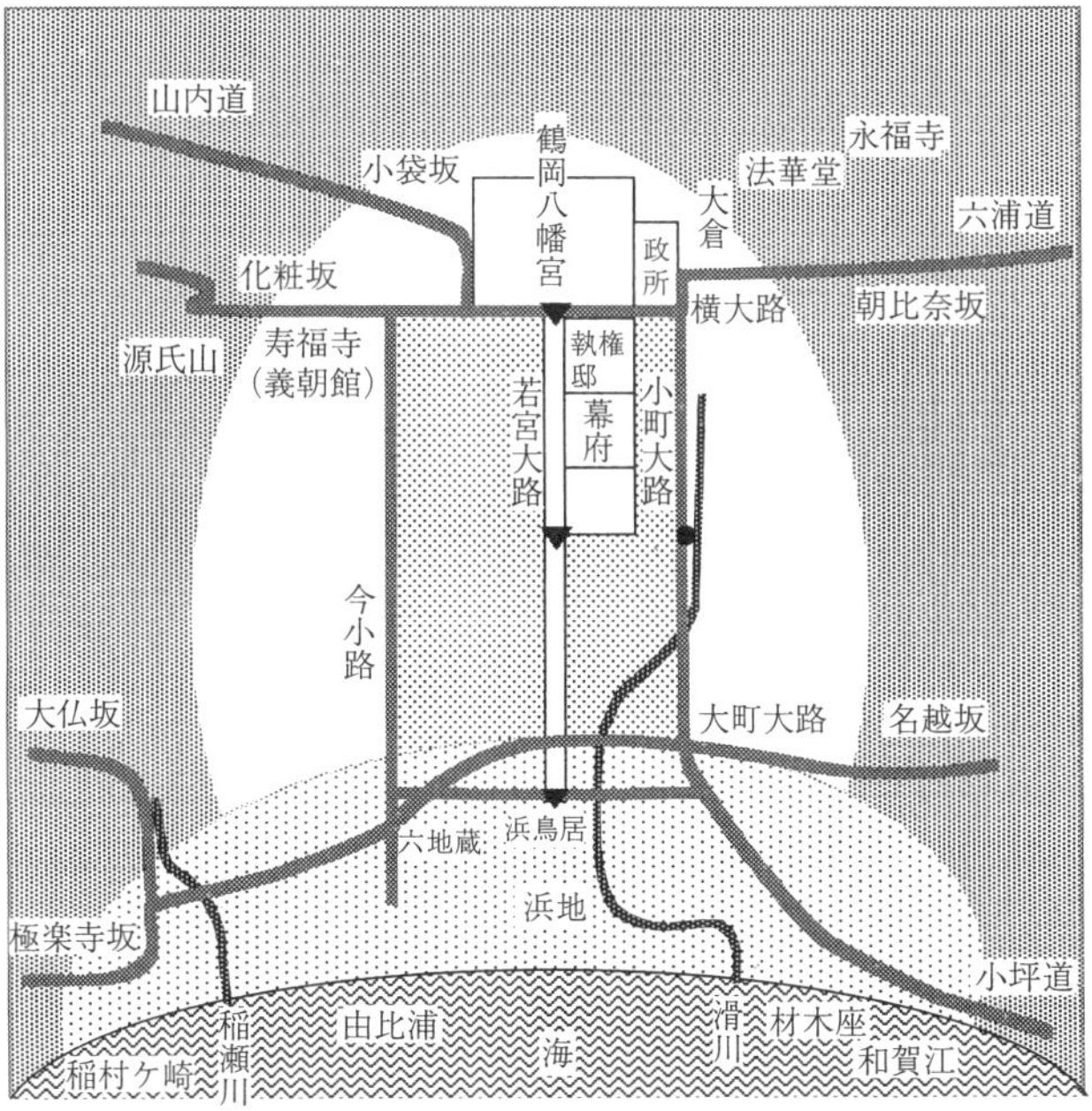

図14-1　鎌倉模式図

半地下式の町屋や、板壁掘立建物と呼ぶ転用材などの細い柱と板壁を組み合わせた粗末な構造の町屋などが発掘され、被官や商人、職人などのいわば一般的な都市民の空間だったと想定されている。とくに小町大路沿いは、滑川を運河として物流拠点が作られ、半地下式石倉が発掘される。また一二六五年には、幕府により商店街が一〇箇所に限定、公認されるが、それは小町、大町、米町、大倉辻など、中心地区縁辺の大路や辻に相当し、とくに栄えていた。

中心地区から周囲の山裾までの谷戸地区は、比企谷や千葉谷の名が残るように谷を単位として、寺院や有力御家人の屋敷などが展開し、谷の奥の山裾には僧侶や武士階級の「やぐら」と呼ぶ横穴式墓が作られた。今小路の西側の発掘さでは、南北に二軒の大型武家屋敷が並び、北の屋敷は、間口五〇メートル以上、奥行約七〇メートルで七棟以上の建物と遣り水をもつ庭がある。南の屋敷は、東西六〇～七〇メートル、南北が六〇メートルで、先の単位では八戸主《へぬし》にあたる。

景観が大きく異なるのが大町大路以南の砂丘から浜辺へかけての「浜地」である。ここからは方形竪穴建物群とともに土坑墓や頭蓋骨の集葬墓などが多数発掘される。出土遺物を中心市街地と比べると、陶磁器では、中国陶磁やかわらけが極端に少なく、石製品・骨角製品が多く、中でも材料や加工途中のものなどがあり、動物の骨や角、皮を加工して刀装具や笄《こうがい》などを作る職人、銅の鋳物職人などの存在が報告されている。[1] このように浜地は、都市周縁にあって、滑川河口や由比浦の流通の場と共に都市民の墓域であり、さらに庶民や下層民の生活が重層する空間であった。史料によれば、浜地は、律宗極楽寺が和賀江島の港とともに前浜の管理や下層民の支配をまかされていたとされる。浜地との境界は、車大路沿いの六地蔵、浜鳥居、閻魔堂など、明確な地上標識で強く表現され、機能、景観のみならず支配、管理からも異なるふたつ

1　由比ヶ浜中世集団墓地遺跡発掘調査団『由比ヶ浜中世集団墓地遺跡発掘調査報告書』一九九七年、など。

の世界から構成されていたのである。[2]

●国際交易都市・豊後府内町

豊後国守護大友氏は、一六世紀には戦国大名としてひろく北部九州を支配したが、その中心が豊後府内町であった。近年、義鎮（宗麟）によって整備された都市の全体像が発掘で明らかにされてきた。豊後府内町については、江戸時代に描かれた古絵図や地形・地名などから復元されてきたが、それを裏付ける発掘結果がではじめている。

町は、大友館を中心にした南北四本、東西五本の大路や小路で方形に街区が作られ、館の周囲にはお蔵場、菩提寺の万寿寺がならぶ。たくさんの町屋が軒を連ねて発掘され、館の東北隅の街路辻には町ごとに作られた木戸が見つかり、絵図に描かれた景観が確認された。また府内教会であるダイウス堂や西洋式病院などがあったとされる付近からはキリシタン墓が発見されている。

大友館は、方二町約二〇〇メートル四方で南側に東西六〇メートルに及ぶ大きな庭園をもち、その区画は堀や土塁ではなく、築地塀で直接街路に面していたことがわかり、まさに京都の将軍邸や管領邸をモデルにした様子がみられる。また町の整備とともに、儀礼用に京都系のかわらけが導入されている。

それは、府内町が寺院や町屋を主体としており、武家屋敷がほとんどないこととも連動している。唐人町や横小路町の発掘では、中国南部の華南産陶磁器やタイ、ベトナム、ミャンマーなどいわゆる南蛮物が多いことやキリシタン遺物の出土もあり、大友氏のポルトガルや南蛮への指向性が顕著な、海外貿易のための機能を主体に作られた町がそこにあった。館や唐人町と辻をなす桜町の北辺木戸に面して発掘された大きな商人屋敷からは、分銅などを鋳造した遺構

2　大三輪龍彦「都市鎌倉の道と地域」『中世日本の諸相』一九九〇年、馬淵和雄「都市の周縁、または周縁の都市」『青山考古』九号、一九九一年、松尾剛次『中世の都市と非人』宝蔵館、一九九八年、など。

も見つかっている。こうした大型商人屋敷の中には、文献史料にある「計屋」と呼ばれる御用商人などもいたと推定される。宣教師フロイスの記事には、河口に「沖の浜」という大友氏が支配した博多の港と同名の大きな港があったことが記される。

このように、遣明船にも関与し、博多経営とともに、戦国大名の中では、最も貿易に熱心だった大友氏の町の様子が発掘を通じて明らかになってきている。一方、山の上には堀と土塁で防御された上野原館があり、さらに高崎山には山城があり、国際的な貿易都市としての府内町と戦国の城館機能をセットにして使い分けていたこともう一つの大友氏の特徴として忘れてはならない。[3]

●鎌倉街道の宿・堂山下遺跡（図14-2）

鎌倉街道の越辺川《をごせ》の渡河地点に発掘された堂山下遺跡の成果から一五世紀頃の宿の景観を描いてみよう。[4]

集落の東側を南北に走る幅員四メートルほどの鎌倉街道にそって二間×三間ほどの建物群がならび、その奥側の溝で区画された屋敷地には庇をもつやや大きい建物が散在していた。街道に沿った井戸の一つから、板金加工の職人などが使う「けがき針」が出土し、農村とは異なる住人がいたことがわかる。集落の北には蛇行するをごせ川が流れ、街道が渡る。南西には、崇徳寺と伝える土塁で囲まれた辻堂的な小規模寺跡があり、大きな板碑が立ち、蔵骨器をもつ墓地が発掘された。街道沿いの南方には、字「市場」があり、市が伴うこともわかる。発掘された陶磁器から遺跡の年代は、一四世紀前半から一六世紀初頭頃までとされ、金沢文庫文書の永徳二年（一三八二）の史料にある「苦林宿《にがばやしのしゅく》」が、この集落に比定された。

寛文五年（一六六五）の「赤沼村絵図」は、この宿と街道との密接な関係を雄弁に語る。絵

3　大分県立先哲史料館『府内と臼杵から戦国時代が見える』一九九九年、など。

4　宮瀧交二『堂山下遺跡』埼玉県埋蔵文化財調査事業団、一九九一年。

けがき針

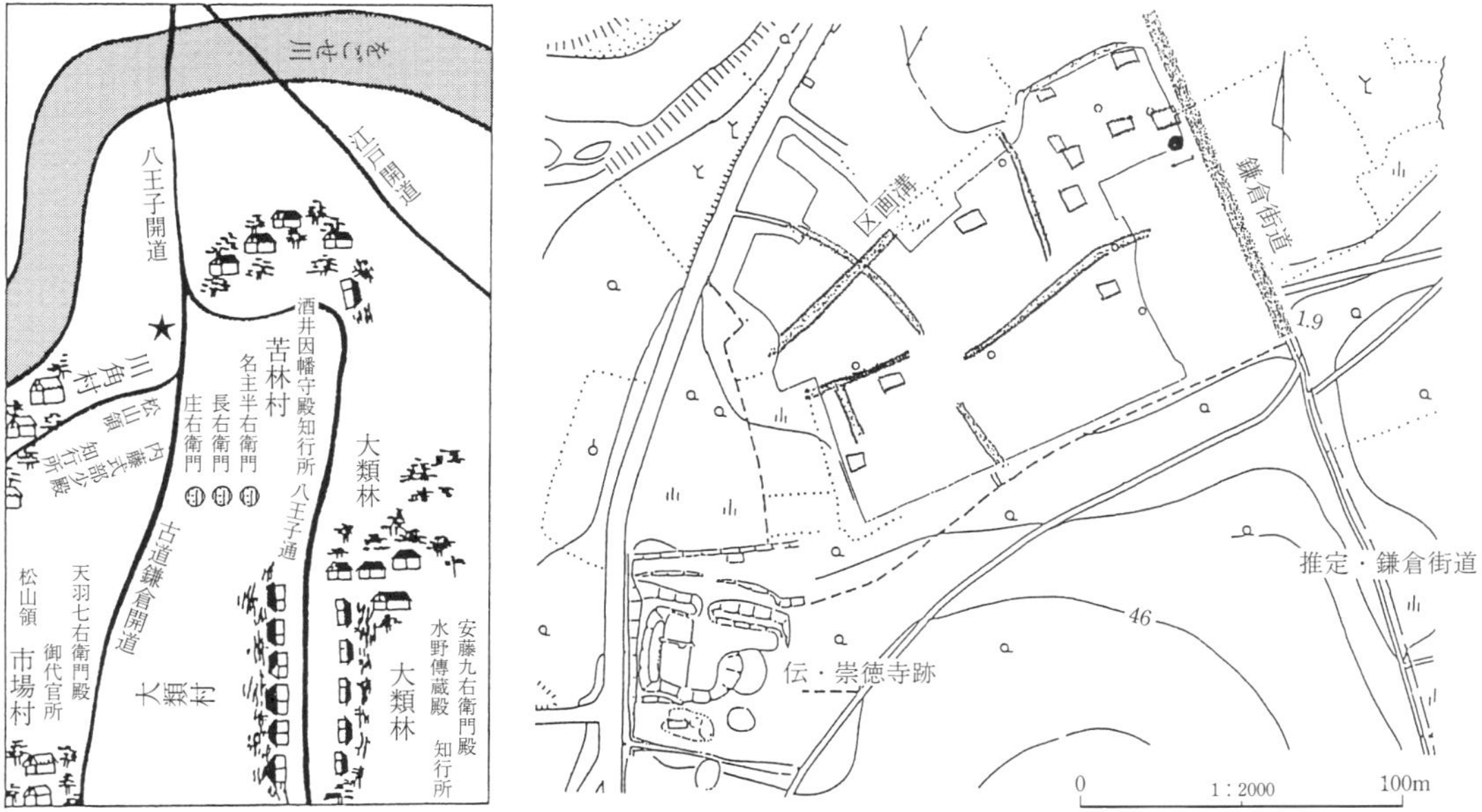

図 14－2　埼玉・堂山下遺跡（宮瀧交二1991から　埼玉県埋蔵文化財事業団による）

図には同じ渡河地点から「古道鎌倉開道」、「八王子開道」、「江戸開道」の三つの街道が方向を変えて描かれ、各時代の中心地へ向かう街道の変遷が示される。戦国期に後北条氏により新たな街道が整備されると、苦林宿は、八王子街道沿いにある苦林村の位置に移動したと推定され、遺跡の位置にはすでに家並は描かれていない。さらに近世に江戸街道が整備された頃には、宿としての機能を失ったらしく苦林村と記され、川の対岸に新たに「今宿」が栄えている。

宿《しゅく》は、人や物資が移動する街道沿い、とくに河川との交差点や河口の津の近くなどに存在することが多く、地域における流通の結節点である。当然、市場が併設されることも多い。堂山下遺跡を構成した「河川（河原）＋街道＋辻堂＋市場」のキーワードは、本来特定の領主の所有とならない「無主」の地、「無縁」の人々の活躍する場であることを示しており、農村とは違う原理と景観をもつ市と並び最小単位の都市的な場である宿の実像を見せている。河原や堂、石塔の立つ墓地などの景観は、無主の地の原理を保証するための宗教性を語る装置であり、市場にも共通するものである。

二、館と城

近年の城郭研究では、城郭化する村や寺院などを明らかにし、城を媒介として領主と地域住民の関係を見直すなど、新たな成果があるが、主たる城館は、武士の活動に関連した遺跡であることは変わらない。中世を語るに最も典型的な要素であるといえる。

●方形館の出現

元来、館と城は原理的に異なるものである。古代末から鎌倉期には、武士の日常的な政治・生活空間は、館（屋形）・家・宅などと呼ばれた。とくに「館《たち》」は中世初期には、館の主人が地域で公的な地位をもち、そこが政庁的な機能をもつときに呼称された。それに対して「城・城郭」は、合戦や紛争などの非日常的な事態がおきたとき、堀、城壁、木戸、矢倉、垣楯《かいだて》、逆《さか》茂木《もぎ》、乱杭などの武力装置を施すことで、時限的に創出された空間とされる。その状態を「平家物語」や「吾妻鏡」などの史料は、臨戦態勢になると日常の館・宅・家・寺院を「城に構え」、平時に戻ると「城を解く」と記している。[5]

かつては、足利館とされた栃木・鑁阿寺などを典型例に、東国をはじめ各地に残る堀と土塁で囲まれた方半町から一町ほどの方形の館を、中世前期の在地領主としての武士の居館に比定することが通説化していた。とくに東国では館の堀がもつ灌漑用水の支配機能に注目し、館を核とする鎌倉時代の開発領主像が描かれたが、この図式は、近年では、発掘資料や絵画資料の分析による年代観から否定されている。[6]

地域支配の武士の拠点として、屋敷から館へ防御機能に注目してみると、一二世紀末から一三世紀に、堀や溝で区画されたおよそ方形で一辺半町から一町の館が、東国、西国で普遍的に確認されるようになる。西国では条里地割に則った堀による方形区画が明瞭で、大阪・長原遺跡、和気遺跡など方一町程の規模をもち、和気遺跡ではさらに機能差をもつ複数の郭から構成される。東国では、神奈川・宮久保遺跡、上浜田遺跡のように、丘陵上や丘陵裾の段切りに溝や柵で方形に区画される館もある。埼玉・大久保山遺跡の成果では、一三世紀中頃に溝で区画された不整形な館から堀で区画された方形の館への変化、また同じ丘陵裾に並ぶ複数の館と寺や祠など、武士の本拠の複合的な景観が発掘されている。そして、こうした館は、茨城・赤浜堀の内遺跡、大阪・日置庄遺跡例のように、東国、西国ともに遅くとも一三世紀末には堀と土塁をもつ方形の館となり、防御性とともに、支配拠点としての象徴性を高めていった。

5 中澤克昭『中世の武力と城郭』吉川弘文館、一九九九年。

6 橋口定志「中世居館の再検討」『東京考古』5、一九八七年。

●館と山城（図14－3）

南北朝期には、各地での戦乱に際して多くの城が築造されたが、この時期の城は、合戦時の臨時の施設であることが多い。例えば、「太平記」は、一三三八年の越前府中の合戦に際して、「三千余騎をば一国に分遣て山々峰々に城を構え兵を二百騎、三百騎づつ三十余箇所にぞ置かれける」、「国中の城の落事、同時に七十三箇所也」と、小さな山城が臨時に方々に築かれ、それらが短期間で滅んでいった状況を記している。山城が、地域領主の拠点として恒常化、常住化するのは、一五世紀前半からである。

静岡県菊川町の横地氏城館群で館と城の関係をみてみよう。横地氏は、御家人として鎌倉幕府に武芸で使え、室町期には足利将軍の奉公衆として将軍に仕えた在地領主である。ここは横地氏の名乗りの地で、本拠を移動しなかったため、同じ場所で鎌倉期から戦国期の景観変化を追うことができる珍しい例である。

一二～一四世紀代は、「館の時代」で、丘陵の

図14－3　横地氏城館模式図

裾に館と寺院とがセットで点在した。Aの殿ケ谷が横地氏惣領の館で三光寺が伴う。同じような単位がB、Cとあり、この地に一族が一揆結合して本拠を構えていた様子がうかがわれる。この単位に相当する範囲に現在でも「殿ケ谷」「中上」「大上」という地区名が残されている。Cの慈眼寺には御堂地名があり、それらが先に見た御館と御堂のセットになっていると理解できる。一四世紀中頃になると、その地点ごとに一族の結合を象徴する石塔が立てられる。

一五世紀中頃には、丘陵の上にD山城が造られ、「城と館の時代」となる。そこには戦乱が多くなった時代背景とともに、在地へ戻り、武力をもって領地経営をする領主へと変質していく横地氏の姿があると思われる。城は、自然地形を活かした山城の初期様相で尾根を切る堀切と小さな曲輪、縦堀からなり、また一族連合を反映して、東、中、西城の独立性の高い集合体となっている。横地氏は、応仁の乱が始まると、今川義忠により攻められ一四七六年に滅亡した。そのため、戦国時代に発展する前の初期的な山城の姿を残している。

また、近年の調査では、東西に延びる谷の中にも鎌倉期からの堀で区画された屋敷群が発掘され、館と寺院だけがある武士の本拠というこれまでの像が再検討される。[7]

●政庁としての居館（図14-4）

一五世紀以後、守護所や戦国大名の居館は、政庁としての機能を充実させ、中央の将軍邸などをモデルとして規範化が進んだ。西国では、山口・大内館や大分・豊後府内の大友館などにみるように、方一町から二町の大型の方形館を典型とし、方形街区の町割など、周囲の景観までも「小京都」化した。館の構造は、東面または西面に表門を開き、内部は、南半をハレの空間、北半をケの空間とした。ハレの空間には主殿と会所を中心に大きな庭園が併設されるのが特徴で、当時の京都を描いた「洛中洛外図屏風」の足利将軍邸、細川管領邸と類似する。この

7 菊川町教育委員会『横地城総合調査報告』一九九九年。

規範は東国でも山梨・武田館や福井・朝倉館などで確認されている。また、大名だけではなく、岐阜・江馬氏館、長野・高梨氏館などの国人クラスの館にも受容された。

さらに、こうした館では、空間構造のみならず、出土遺物にみる唐物などの威信財や儀式に使われたかわらけなどのあり方にも共通点があり、座敷飾や儀式・宴会なども京都をモデルにしたと考えられる。地域の政治拠点として、館がもつ権威の源を都の将軍に求め、それを象徴的に規範化しているといえる。地方においては、都の将軍と同じ文化を視覚化することは槍や鉄砲とは異なる「もう一つの武器」ともなったのである。

●織豊系城郭から近世城郭へ

戦国時代に急速に発展した城郭の到達点が織豊系城郭である。天下統一に向かって、戦乱の中、統廃合を繰り返した結果、軍事施設として堀、石垣、虎口と呼ぶ出入り口などの諸機能が完成された。また、領主権力の象徴としての「見せる城」としての意味もさらに大きくなった。その画期が、織田信長による滋賀・安土城であり、具体的には高い石垣・瓦葺き・礎石建物が要件で、その統合された姿が天守閣であった。また、城郭が城下町＝都市プランをも包摂した空間の一元的な求心性を象徴することも特徴である。

信長のもと、同じ論理が天下人を頂点とする全国規模のヒエラルキーを明示する表現装置となった。それは、各々豊臣秀吉の大坂城、徳川家康の江戸城を頂点とした構図に継承され、江戸幕府の元和一国一城令による大名の居城のみを残す究極の形をとって完成したのである。

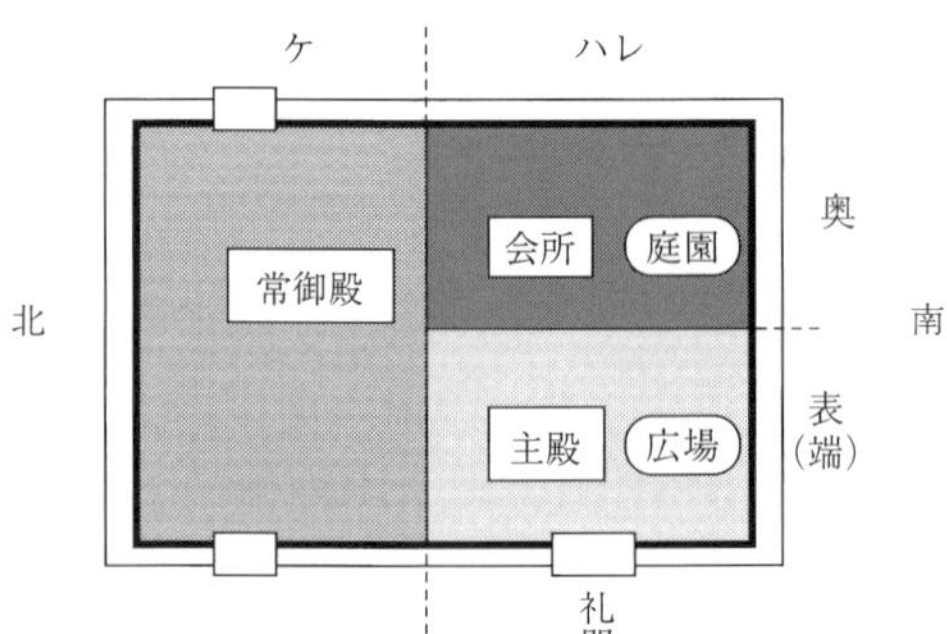

図 14－4　戦国期館の空間構成

三、アジアと日本、拡大する世界

●日元貿易のタイムカプセル・新安沈没船

新安沈没船は、一九七五年、朝鮮半島南西部韓国全羅南道新安郡の水深二〇メートルの海底から偶然漁師の網に陶磁器がかかったのがきっかけで発見された。その後、韓国文化財管理局の九年に及ぶ調査が続けられ、水中考古学のモデルともなった。

船長は約三〇メートル、幅九メートルで、七室の船倉と二本マストをもつ船体が引き揚げられた。現在の二〇〇トン相当である。船体の断面は竜骨をもつV字で、朝鮮半島で発見される底の平らな内海用の船ではなく、外洋船である。船の構造や使われた木材の一部に中国南部特産の材があることから、中国で建造されたと推定されている。当時、中国の明州や温州などで造船が盛んであった。

船には、中国産を主に二万点以上の陶磁器と二八トンの中国銭、一〇〇〇本の紫檀木、錫のインゴット、胡椒などの香料が積まれていた。とくに、中国陶磁の約一割は、鎌倉などで出土する威信財の高級陶磁器類であり注目されたが、新安沈没船の重要性は、これらに加えて、積荷の荷札が発見されたことである。

三〇〇点に及ぶ荷札には、荷主、商品名、数量、日付などが、墨で書かれている。それらにより、この船は、元の至治三年（一三二三）に浙江省慶元（寧波）から博多へ向かい、東シナ海で難破、流されて新安の沖に沈没したと考えられている。荷主名には、船長・船主で貿易商人を兼ねているという「綱司」をはじめ、「又七」「道阿彌」などの日本人商人名、京都の「東福寺」、博多の「箱崎宮」などの寺社名もあり、こうした人々が資本を出し合って仕立てた貿易船とわかる。

また、引き揚げられた品には、商品ではなく、商人や乗組員の持ち物と推定される品々が含まれていた。それらには、日本式の将棋駒や下駄、中国式鍋、高麗の匙などがあり、国際色豊かな乗員がいたことがわかる。新安沈没船は、こうした豊かな資料から、年代の限定された日元貿易のタイムカプセルとして、さまざまな問題の資料となっている。[8]

●海民の世界・対馬

一四世紀後半から一五世紀前半は、いわゆる国家の狭間やその周縁の地域が活性化した時代である。中国では元から明へ、朝鮮半島では高麗から朝鮮へ、南西諸島では琉球が成立する。その変動の中で、対馬や五島列島のような東アジアの海を舞台に活躍した海商、つまり倭寇の世界をみてみよう。

対馬の西海岸、浅芽湾の入り口に発掘された尾崎地区の水崎遺跡は、そんな海商の一人早田氏の本拠とされる。一四七一年に記された「海東諸国紀」には、一五世紀の対馬がよく描かれ、尾崎地域には七〇〇戸もの集落があった。遺跡からは、大量の陶磁器が発掘されたが、その七一パーセントが朝鮮半島産、二一パーセントが中国産、五パーセントがベトナムとタイの東南アジア産、日本産はわずか三パーセントである。九割以上が海外産というあり方は、制度的には日本の対馬国である一方、朝鮮からも官職を得るなど、両属的な存在をとりつつ交易で生きていたこの地の位置づけをよく示している。[9]

しかし、水崎遺跡の陶磁器が、時代的には一四世紀後半から一五世紀前半に限定され、それ以後の時代の陶磁器は極端に少ないことが注目される。それは、対馬国守護の宗氏が文引制度や嘉吉条約という制度による優位を得たことで朝鮮との貿易を独占、統制するようになる時期

8 大韓民国文化広報部・文化財管理局『新安海底遺物(綜合編)』一九八八年、など。

9 美津島町文化財保護協会『水崎(仮宿)遺跡』二〇〇一年、など。

と一致するからである。一五世紀中頃を境に、それまで宗氏と並ぶ力をもっていたとされる早田氏のような海を舞台に自由な交易で利益を得ていた浦々の領主が活躍できた時代が終わることを示している。

琉球や五島列島の海商たちに変化があるのもこの頃で、ちょうど中国が元から明に変わり、一三六八年から始まる倭寇を理由にした明の「下海通蕃」の禁止＝貿易制限により朝貢貿易を主体に変わった影響が大きい。日本からはこの時期の中国陶磁の出土量が激減する。琉球は、アジアの国々の中でも最多の一七二回という朝貢を行っている。この国際状況を背景に、中継貿易や私的な貿易で活躍したのがそうした海を舞台に生きた国や地域ともいえる。

そのような経済的位置づけを示す資料の一つが「大銭」である。日本では、銭は一枚で一文という等価で使用されるが、中国銭の中には、一枚で三文とか十文で使われるサイズの大きい銭がある。その大銭の出土例が、対馬をはじめ、琉球、博多など、交易に関連した都市や地域に多い傾向が指摘されている。また、新安沈没船にも「大銭」と書かれた荷札があり、大銭を意識して輸入しており、国際的な交易の場では、国内の銭の使い方ではなく、東アジア的な共通の価値観が通用する世界があったことがわかるのである。

参考文献

1. 網野善彦『無縁・公界・楽』平凡社、一九七八年。
2. 網野善彦『日本中世都市の世界』筑摩書房、一九九六年。
3. 石井進・大三輪龍彦編『武士の都鎌倉』よみがえる中世6、平凡社、一九八九年。
4. 峰岸純夫編『争点日本の歴史』中世4、新人物往来社、一九九一年。

5. 村井章介『国境をこえて─東アジア海域の中世』校倉書房、一九九七年。
6. 千田嘉博『織豊系城郭の形成』東京大学出版会、二〇〇〇年。
7. 大分市教育委員会『南蛮都市・豊後府内』二〇〇一年。
8. 斎藤慎一『中世東国の領域と城館』吉川弘文館、二〇〇二年。

15 もう二つの日本文化

藤本　強

一、日本文化の多様性

日本列島は面積に比べ南北に長く、そこには多様な自然生態系を含んでいる。それは森の主要な樹木がはっきりと示している。北海道と東北にはブナなどの冬に葉の落ちる落葉広葉樹、関東以西の本州・四国・九州には冬にも葉の落ちない常緑広葉樹（照葉樹）、琉球列島（南島）には亜熱帯樹が主に成育している。落葉広葉樹は中国北部に、常緑広葉樹は長江流域に、亜熱帯樹は中国の南部から東南アジアに広がっている。

そこに暮らしていた人々は、それぞれの土地の自然環境に合わせて多彩な暮らしを作り出してきた。二千数百年以前の縄文時代に日本列島に住んでいた人々は、地域により多様な内容をもってはいるが、縄文文化として一括することができる文化を共有していた。二千数百年前に大陸からの文化要素を基にして、水田稲作農耕を暮らしの核にする弥生文化が列島の主要部分に確立すると、日本列島には三つの文化が併存するようになる。

北海道を中心にした漁撈《ぎょろう》を主にする「北の文化」、東北南部から九州北部に至る地域には、通常日本文化と呼ばれている水田稲作農耕を主にする「中の文化」、琉球列島の「南の文化」である。これは初めは珊瑚礁などの漁撈を、後には畑作農耕を暮らしの基本にするものであった。これらの地域は、その後二千年近くもの長い間独自の展開をする。また「北の文化」と「中の文化」の間および「南の文化」と「中の文化」の間には、どちらの文化にも属さないボカシの地域がそれぞれにあった（図15-1、表15-1）。

「中の文化」は、弥生時代に成立した水田稲作農耕を基にして一千七百五十年ほど前に階層社会である古墳文化になり、一千三百年前には中国から律令制度を導入して中央集権国家を成立させる。いわゆる古代である。その後、中世、近世、近代の歴史を経て現在に至る。

「南の文化」はほぼ千年前には畑作農耕を主にする暮らしになり、この頃階層社会になったものと思われる。さらに、より大きな社会を目指して争いが生じ、六百年ほど前に統一王朝、琉球王朝が成立する。その過程で「南の文化」の特徴的な遺跡、グスクが現れる。

「北の文化」では漁撈を主にした暮らしが続く。特に河川の漁撈が大きな意味をもっていたと思われる。その中でアイヌ文化が出現する。ここでもより大きなまとまりを目指した争いがあり、「北の文化」を最も特徴づける遺跡、チャシが現れる。

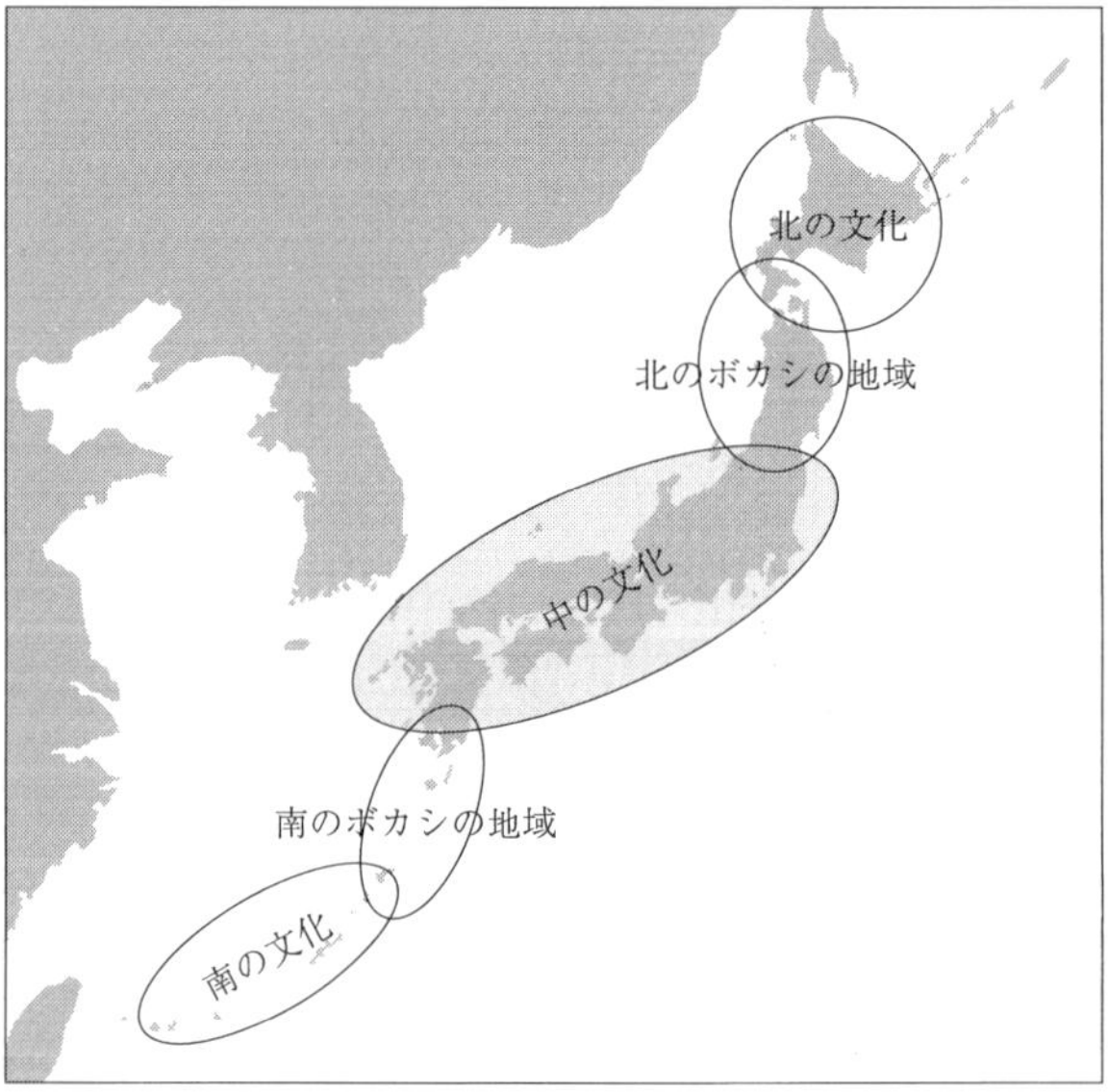

図15－1　弥生時代以降の日本列島の文化

表 15－1　弥生時代以降の日本列島の諸文化

年前	南の文化	南のボカシ地域	中の文化	北のボカシ地域	北の文化
2000		弥生文化			
		種々の墓制	古墳文化		続縄文文化
1500	貝塚時代後期文化				
				⇨城柵の設置開始	
		中の文化化 ⇦ 地方制度も実施	律令国家	水田稲作定着？ 末期古墳	
					擦文文化 オホーツク文化
1000				蝦夷館	
	グスク時代	中世国家			
500	琉球王朝				アイヌ文化
		⇦薩摩藩侵攻		⇨幕藩体制に	チャシの構築
					⇨中の文化侵攻
	薩摩藩の属国 清朝と朝貢関係	近世幕藩体制			
	近代国家「日本」				

南のボカシの地域は、「中の文化」で律令制度による中央集権国家が成立する頃、形の上では「中の文化」に取り込まれるが、その伝統は長く残る。北のボカシの地域は一千二百年ほど前に稲作農耕を取り入れるが、独自の社会を保ち続ける。生業は「中の文化」と同様になるが、社会体制は独自の制度をもっていたものと考えられる。近世になって、はじめて「中の文化」の社会の一部になると思われる。

このように日本列島には、弥生時代以降地域により多様な社会があり、その伝統は今日にも痕跡を残している。さらに言えば、同じ文化の中にも多様な要素があったことが確認されている。そのもつ意味をもう一度考える必要があろう。

二、「北の文化」

旧石器時代と縄文時代には、北海道はアジア大陸の北部と独自の交流の道ももっていたが、本州北部と類似した内容の文化が続いていた。「北の文化」として「中の文化」と異なる展開をするようになるのは、二千数百年前に本州・九州・四国に弥生文化が成立してからである。二千数百年前から一千二百年ほど前までの続縄文文化、ほぼ一千二百年前から約七百年前までの擦文文化、その後に続くアイヌ文化と「北の文化」は推移する。これらの文化は、北海道内の地域によって多少の違いはあるが、暮らしの基礎にサケやマスなどの河川漁撈を置いていた。いわば「川の民」の文化ということができる。「北の文化」の特徴とすることができる。水田稲作農耕を基盤とする「中の文化」とは大きな違いがある。

擦文文化とほぼ同じ頃にオホーツク海沿岸地帯を中心にしてサハリン（樺太）にルーツのあるオホーツク文化が現れる。オホーツク文化は海の漁撈と海獣狩猟を生活の基礎にする文化で、

「海の民」の文化とすることができる。オホーツク文化は終末期には、地域的に特殊化する。知床半島や南千島に見られるトビニタイ文化はその代表例である。クマ祭りを思わせる熊の祭《さい》祀《し》など、オホーツク文化の精神面での文化要素はアイヌ文化の中に入っているとされている。遺物の中には「中の文化」に由来するものもあるが、黒竜江流域などと共通するものもあり、これらの地域と交流があったことを示している。

「北の文化」では長い間自給自足の生活が続いていたが、七百年前頃から「中の文化」産の文物が入るようになり、生活必需品も和産物を頼りにするようになる。交易が大きな意味をもつようになる。ここで交易権をめぐる争いが深刻になる。当初は通常の土地と溝で切り離され「聖地」として成立したチャシも、戦闘用のものに性格を変えていく。この段階で階層社会成立前夜の様相を呈するようになるが、「北の文化」の独自の展開は「中の文化」の侵出により中断してしまう。

近世には、北海道の南端に松前藩が成立するが、松前藩は幕藩体制下で石高のない特殊な藩であった。松前藩が幕府から認められていたのは、アイヌとの交易権だけであった。松前藩が直接治めていたのは、渡島半島の南端のわずかの土地だけで、他はアイヌ領とされていた。当初は経済関係だけであったアイヌとの関係は次第に軍事的・政治的な支配関係になっていく。「中の文化」の侵攻があらわな形を採るようになる。アイヌの蜂起もしばしば起きるが、その度に軍事的に弾圧される。次第に独自の社会は存立の基盤を失っていく。

「北の文化」が「中の文化」に完全に飲み込まれるのは明治時代になってからのことである。自然と融和しながら、周辺の動植物と共生して、二千年近くも独自に展開した「北の文化」に学ぶべき多くの点がある。もう一度「北の文化」を見直す必要があろう。

三、「南の文化」

「南の文化」がはっきりした形をとるようになるのは、やはり弥生文化の成立する二千数百年前からである。その最初の段階は、貝塚時代後期文化と呼ばれ、千年ほど前まで続く。珊瑚礁の中の漁撈が中心の暮らしと思われる。およそ千年前に畑作農耕文化を主にする暮らしになったものと思われる。この様子は集落の分布の違いによく現れている。貝塚時代後期文化の集落は、主として海岸近くに位置しているが、グスク時代に近づくと集落は台地の上に移動する。生業の変化に対応した移動と考えることができる。

ほぼ同じ頃に「南の文化」を代表する構築物、グスクが作られ始める。ここでグスク時代に入るとされている。グスクも初めはムラの共通の祖先の祭礼場というような祭祀や儀礼的な意味が強かったと考えられるが、社会がより大きくなろうとする時に生じる争いに関連して、防御的・軍事的機能、あるいは、政治の中核としての役割を強めていく。チャシの機能の変化と同様な変化が生じたと考えることができよう。

この頃、沖縄本島の各地にムラをいくつか合わせた程度の規模の小さなクニが生まれる。そうした中でより大きなクニを目指した主導権争いが生じる。この過程では東シナ海をめぐる交易が大きな意味をもっていたと考えられる。交易が社会の展開を促す大きな契機になったものと考えられる。一時期ではあるが、中国大陸、朝鮮半島、日本列島の東シナ海をめぐる交易は「南の文化」が握っていた。「中の文化」産の品物、中国産の品物などが「南の文化」の地域に移入される。貝塚時代後期文化の時期には、自給自足で独自の経済圏をもっていた「南の文化」の地域が、「中の文化」の交易圏、東アジアの交易圏に組み込まれたことを意味している。

小さなクニグニは次第に数を減じ、より大きなまとまりになっていく。沖縄本島の南半部に成立した北山、中山、南山による三山鼎立《ていりつ》と呼ばれる時期を経て、交易面で主導権を握った首里グスクを本拠にする勢力が抜け出し、琉球王朝という「南の文化」地域の統一王朝が誕生する。六百年ほど前のことである。

琉球王朝はそれまで独自の展開をしていた石垣島、宮古島などの先島諸島をも勢力圏に組み込み、文字通り南島の全域を治める統一王朝を確立する。「中の文化」の政治勢力とも一定の関係をもつが、中国の王朝とも朝貢を基礎にした交易関係を維持している。興味深いのは、琉球王朝では王朝にとって重要なものであった暦に中国の暦を採用していたことである。琉球王朝にとって中国がどんな意味をもっていたかを示す事実である。

四百年ほど前に琉球王朝は薩摩藩の侵攻を受け、形の上では薩摩藩の属国になるが、清朝との間の朝貢関係も続き、独自の歩みをしている。「南の文化」が独自性を保ち続けたことを示している。「南の文化」の地域が、名実ともに日本の一部になるのは明治時代からのことである。長期にわたって独自の歩みをし、自らの手で統一王朝を作り上げた「南の文化」のもつ意味を改めて考える必要があろう。

四、ボカシの地域

ボカシの地域というのは、「北の文化」と「中の文化」の間、「南の文化」と「中の文化」の間にあったそのどちらにも属さない地域のことである。具体的には、北は東北地方北部と渡島半島、南は九州南部と種子島、屋久島などの薩南諸島である。これらの地域の中でもどちらかにより近い様相を示すところがあるのは当然である。境界は、時期や指標として採る文化要素により変化する。それ故、ボカシの地域という呼び方をする。

弥生文化は形の上では、本州の北端近く、九州の南端近くにまで達している。しかしながら、本当に定着したかは疑問がある。弥生文化を受け継ぐ古墳文化を象徴する古墳、特に日本の古墳文化の指標である前方後円墳の分布は、東北南部から九州中部までであり、これが当時の「中の文化」の分布範囲と考えるのが妥当である。

南のボカシの地域は、古墳時代には独自の特殊な墓制をもち、「中の文化」とは異なる様相を示す文化であった。古代になると、形の上では「中の文化」の一部になったように見える。律令制度下の地方制度も実質はともあれ、形の上では実施されている。南のボカシの地域の文化は「隼人《はやと》」に関連した文化と考えられている。南のボカシの地域特有の文化伝統は「中の文化」に組み込まれた後も根強く残るようである。

北のボカシの地域は一千二百年ほど前に水田稲作農耕を取り入れるが、その後も独自の社会を保ち続けた。独自の展開の中でこの地域特有の構築物が作られる。一つは末期古墳と呼ばれる墳墓である。古墳と呼ばれるが、通常の古墳に比べ奈良から平安時代と時期は遅く、この地域独自の階層化に伴い現れたものと考えられる。関連すると思われるものに、北海道の札幌低地帯に少数ではあるが、北海道式古墳と呼ばれる墳墓がある。どちらも径一〇メートルほどの円形の範囲を幅一メートルほどの溝で囲み、その中央に埋葬施設を設けたものである。

他は蝦夷舘と呼ばれる防御的集落である。丘陵の頂部などを溝でとり囲み、その中に住居を設けるものである。チャシやグスクと同様に、地域内の主導権をめぐる争いに関連するものであろう。末期古墳も蝦夷舘も独自の社会の展開の中で、社会の階層化・主導権争いの過程で出現したものと考えられよう。こちらは「蝦夷《えみし》」に関連する文化とされている。

一方、律令制度下の「中の文化」は一千三百五十年ほど前から、現在の新潟と仙台を結ぶ線の北に「城柵」という拠点を次々に設け殖民政策を採るが、強い抵抗に遭い北進が阻まれる。このことは、北のボカシの地域の社会が強固なものであったことを示していよう。この地域の文化は、その後も独自の展開をするが、四百年ほど前に「中の文化」に組み込まれる。

五、グスクとチャシ

グスクとチャシは「南の文化」と「北の文化」を代表する構築物である（図15-2、15-3）。どちらも社会が大きく変わろうとする時に出現する。「中の文化」の弥生時代の高地性集落や、北のボカシの地域の蝦夷舘などと同様な性格の構築物であろう。

グスクは、およそ千年ほど前から丘の頂部というような周囲から目立つ位置に構築される。こちらも初めは、集落の共通の祖先を祀《まつ》るというような宗教的な意味をもって作られたものと思われる。社会がムラからクニへ、クニから統一王朝へと大きく変わった時期にその性格を変え、軍事的・防御的な性格を強め、最終的には政治的な拠点へと姿を変えたものと思われる。チャシと違い、石垣で強固に築かれた構築物である。規模は数百メートルに及ぶものもあり、チャシとは比較できない。丘や谷の中を幾重にもとりまく石垣は見事なものである。多くの人々が共同して構築にあたらないと、グスクは作ることが困難であったものと思われる。最も典型的なグスクである首里グスクのような、多くの郭《くるわ》をもつグスクは地域社会の政治の中核として機能していたことを示している。

チャシは五百～六百年ほど前から、北海道の主として河川沿いに構築される。当初は集落のアイデンティティの象徴としての性格をもっていたものと思われるが、社会が変わろうとする

図 15－2　「南の文化」のグスク、勝連グスク

図 15－3　「北の文化」のチャシ、オンネモトチャシ

際に生じる軋轢《あつれき》に関連して軍事的・防御的な性格に変化し、砦《とりで》として認識されるようになった。「北の文化」の場合には交易をめぐる主導権争いがその主な原因と思われる。チャシには種々のものがあるが、時期、用途、位置に応じて作られたものと思われる。大きさは数メートルから一〇〇メートルを超えるものまであり、形も方形の溝のあるもの、丘の先端に形ばかりの溝を設けたものなどいろいろある。いずれにせよ、ただ単に溝を掘っただけでそれ以上のものではない。最後のチャシは、アイヌの最後の蜂起として知られる一七八九年の「目梨・国後の乱」に関係したものとされている。

　このように日本列島には、多彩な文化が各地に展開していた。大きな「新中の文化」が各地にあった多様なものを呑み込み単一化している。もう一度、地域とは何か、文化伝統とは何か、を考え直す必要があろう。日本文化は各地にあった多様な文化要素の統合体として成立していたものである。それ故、活力を中に秘めていた。そうしたものを無視して単一化すれば、その活力も根本から失われよう。

参考文献

1．赤坂憲雄・中村生雄・原田信夫・三浦佑之編『いくつもの日本1．日本を問いなおす』岩波書店、二〇〇二年。

2．安里進『考古学から見た琉球史 上・下』おきなわ文庫、一九九〇～一九九一年。

3．安里進『グスク・共同体・村』榕樹社、一九九八年。

4．宇田川洋『増補 アイヌ考古学』北海道出版企画センター、二〇〇〇年。

5. 工藤雅樹『古代蝦夷』吉川弘文館、二〇〇〇年a。
6. 工藤雅樹『古代蝦夷の英雄時代』新日本新書、二〇〇〇年b。
7. 工藤雅樹『蝦夷の古代史』平凡社新書、二〇〇一年。
8. 野村崇・宇田川洋編『北海道の古代』1〜3、北海道新聞社、二〇〇三年。
9. 藤本強『もう二つの日本文化』東京大学出版会、一九八八年。

総合文献目録

※ここには、この講義の全体に関わるものを掲げた。個別のテーマに関するものについては、各章の末尾の文献を参照されたい。

□考古学入門

●浜田耕作『通論考古学』（復刻版）雄山閣出版、一九八四年。
●水野清一編『世界考古学大系』16（研究法）、平凡社、一九六二年。
●甘粕健編『考古資料の見方』（遺跡・遺物編）、柏書房、一九八一年。
●岩崎卓也ほか編『考古学調査研究ハンドブックス』全3巻、雄山閣出版、一九八四～八五年。
●鈴木公雄『考古学入門』東京大学出版会、一九八八年。
●田中琢・佐原真編『発掘を科学する』岩波新書、一九九四年。
●藤本強『考古学の方法―調査と分析』東京大学出版会、二〇〇〇年。

□日本考古学および考古学による日本古代史研究の成果に関する概説書

●小林行雄『日本考古学概説』東京創元社、一九五一年。
●大塚初重・戸沢充則・佐原真編『日本考古学を学ぶ』(1)～(3)、有斐閣、一九七八～七九年。
●斎藤忠『日本考古学概説』吉川弘文館、一九八二年。
●坂詰秀一・森郁夫編『日本歴史考古学を学ぶ』上・中・下、有斐閣、一九八三～八六年。
●田中琢『倭人争乱』日本の歴史②、集英社、一九九一年。
●藤本強『モノが語る日本列島史』同成社、一九九五年。
●白石太一郎編『倭国誕生』日本の時代史1、吉川弘文館、二〇〇二年。

□最近の日本考古学の成果

●麻生優・加藤晋平・藤本強編『日本の旧石器文化』全5巻、雄山閣出版、一九八三〜八四年。

●加藤晋平・小林達雄・藤本強編『縄文文化の研究』全10巻、雄山閣出版、一九八二〜八五年。

●金関恕・佐原真編『弥生文化の研究』全10巻、雄山閣出版、一九八五〜八九年。

●石野博信・岩崎卓也・河上邦彦・白石太一郎編『古墳時代の研究』全13巻、雄山閣出版、一九九〇〜九三年。

●近藤義郎・横山浩一ほか編『岩波講座日本考古学』全9巻、岩波書店、一九八五〜八六年。

●坪井清足監修『図説　発掘が語る日本史』全6巻、新人物往来社、一九八六年。

●田中琢・佐原真監修『古代史復元』全10巻、講談社、一九八八〜九〇年。

●田中琢・佐原真監修『歴史発掘』全12巻、講談社、一九九六〜九七年。

●網野善彦・大塚初重・森浩一監修『シンポジウム　日本の考古学』1〜5、学生社、一九九八〜九九年。

●大塚初重・白石太一郎・町田章・西谷正編『考古学による日本歴史』全18巻、雄山閣出版、一九九八年〜（刊行中）。

□考古学と文献による古代史研究の成果を総合したもの

●竹内理三ほか編『古代の日本』角川書店、一九七〇〜七一年。

●岸俊男・森浩一・大林太良編『日本の古代』全16巻、中央公論社、一九八五〜八八年。

●坪井清足・平野邦雄監修『新版古代の日本』全10巻、角川書店、一九九一〜九三年。

●鈴木公雄編『争点日本の歴史』1原始編、新人物往来社、一九九〇年。

●白石太一郎・吉村武彦編『争点日本の歴史』2古代編Ⅰ、新人物往来社、一九九〇年。

●鈴木公雄・石川日出志編『新視点日本の歴史』1　原始編、新人物往来社、一九九三年。
●白石太一郎・吉村武彦編『新視点日本の歴史』2　古代編Ⅰ、新人物往来社、一九九三年。
●金関恕・佐原真・田中琢・都出比呂志編『古代史の論点』全6巻、小学館、一九九八〜二〇〇〇年。

□考古学に関する辞典・その他

●水野清一・小林行雄編『図解考古学辞典』東京創元社、一九五九年。
●『世界考古学辞典』平凡社、一九七九年。
●日本考古学協会編『日本考古学辞典』東京堂出版、一九六二年。
●斎藤忠『日本考古学史辞典』東京堂出版、一九八四年。
●大塚初重・戸沢充則編『最新日本考古学用語辞典』柏書房、一九九六年。
●大塚初重・桜井清彦・鈴木公雄編『日本古代遺跡辞典』吉川弘文館、一九九五年。
●竹内理三ほか編『日本歴史地図』原始古代編　上・下・別巻、柏書房、一九八二〜八三年。
●日本第四紀学会・小野昭・春成秀爾・小田静夫編『図解・日本の人類遺跡』東京大学出版会、一九九二年。
●小野正敏ほか編『図解・日本の中世遺跡』東京大学出版会、二〇〇一年。
●田中琢・佐原真ほか編『日本考古学事典』三省堂、二〇〇二年。

分担執筆者紹介

執筆章の掲載順

●今村　峯雄●

（いまむら・みねお）

一九四二年　福井県に生まれる
一九六五年　横浜国立大学工学部応用化学科卒業
一九六七年　東京大学大学院理学系研究科化学専攻修士課程修了
一九七〇年　東京大学大学院理学系研究科化学専攻博士課程修了
現在　国立歴史民俗博物館名誉教授、総合研究大学院大学名誉教授
専攻　歴史資料科学（年代測定）、核・放射化学
主な著書　「考古学における^{14}C年代測定」『考古学と化学をむすぶ』（東京大学出版会　二〇〇〇年）
『年代をはかる』（日本規格協会　一九九一年）

●今村　啓爾●

（いまむら・けいじ）

一九四六年　東京都に生まれる
一九七〇年　東京大学文学部考古学専修課程卒業
一九七五年　東京大学大学院人文科学研究科博士課程中退
現在　東京大学名誉教授
専攻　考古学
主な著書　Prehistoric Japan（ロンドン大学出版）
『縄文の実像を求めて』（吉川弘文館）
『縄文の豊かさと限界』（山川出版）
『戦国金山伝説を掘る』（平凡社）
『富本銭と謎の銀銭』（小学館）

●宇野　隆夫●

（うの・たかお）

一九五〇年　熊本県に生まれる
一九七四年　京都大学文学部卒業
一九七七年　京都大学文学部文学研究科博士課程一年中退
現在　国際日本文化研究センター教授
専攻　考古社会史
主な著書　『考古資料に見る古代と中世の歴史と社会』（真陽社）
『律令社会の考古学的研究』（桂書房）
『都市と工業と流通』（小学館　共著）
『東アジアと「半島空間」』（思文閣出版　共著）

●小野　正敏●

（おの・まさとし）

一九四七年　神奈川県に生まれる
一九六九年　明治大学文学部史学地理学科卒業
現在　人間文化研究機構理事
専攻　考古学
主な著書　『戦国城下町の考古学』（講談社）
『図解・日本の中世遺跡』（東大出版会　共編著）
『戦国時代の考古学』（高志書院　共編著）
『実像の戦国城下町一乗谷』（よみがえる中世6　平凡社　共著）
「中世の考古資料」（『岩瀬講座日本通史』別巻3　岩波書店　共著）

●藤本　強●
（ふじもと・つよし）

一九三六年　東京都に生まれる
一九五九年　東京大学文学部考古学科卒業
一九六五年　東京大学大学院人文科学研究科単位取得満期退学
　　　　　　東京大学名誉教授
二〇一〇年　逝去
専攻　先史考古学
主な著書　『もう二つの日本文化』（東京大学出版会）
　　　　　『埋れた江戸』（平凡社）
　　　　　『東は東、西は西』（平凡社）
　　　　　『モノが語る日本列島史』（同成社）
　　　　　『考古学の方法』（東京大学出版会）

編著者紹介

●白石　太一郎●
（しらいし・たいちろう）

一九三八年　大阪市に生まれる
一九六八年　同志社大学大学院博士課程単位取得満期退学
奈良県立橿原考古学研究所、国立歴史民俗博物館、奈良大学などを経て、現在、国立歴史民俗博物館名誉教授、総合研究大学院大学名誉教授、大阪府立近つ飛鳥博物館館長
専攻　日本考古学
主な著書　『古墳とヤマト政権』（文春新書　一九九九年）
『古墳と古墳群の研究』（塙書房　二〇〇〇年）
『古墳の語る古代史』（岩波現代文庫　二〇〇〇年）
『考古学からみた倭国』（青木書店　二〇〇九年）
『考古学と古代史のあいだ』（ちくま学芸文庫　二〇〇九年）

放送大学教材　1656511-1-0411

考古学と歴史

発行――二〇〇四年三月二〇日　第一刷
二〇一六年二月二〇日　第八刷

編著者――白石太一郎

発行所――一般財団法人　放送大学教育振興会
〒一〇五―〇〇〇一
東京都港区虎ノ門一―一四―一
郵政福祉琴平ビル
電話　（〇三）三五〇二―二七五〇

市販用は放送大学教材と同じ内容です。
定価はカバーに表示してあります。
落丁本・乱丁本はお取り替えいたします。

Printed in Japan

ISBN978-4-595-23768-3　C1321